Fr Kopp

Charakterbilder aus der Geschichte des Methodismus

Fr Kopp

Charakterbilder aus der Geschichte des Methodismus

ISBN/EAN: 9783743600799

Hergestellt in Europa, USA, Kanada, Australien, Japan

Cover: Foto ©ninafisch / pixelio.de

Weitere Bücher finden Sie auf **www.hansebooks.com**

Charakter-Bilder

aus der

Geschichte des Methodismus.

Vierzehn Vorlesungen

über außerordentliche Persönlichkeiten und Hauptbewegungen des
Methodismus in Amerika und Deutschland,

gehalten von

verschiedenen deutschen Predigern

vor den Studenten des deutsch-englischen Collegiums zu Galena, Ill.,
im Frühjahr 1881.

Cincinnati:

Druck und Verlag von Walden & Stowe.

1881.

Vorwort.

———

Dieses Buch ist einem dringenden Bedürfniß entsprungen und greift in das praktische Leben ein. Denn der Mensch, besonders aber die Jugend, lernt durch nichts so leicht und so schnell als durch Beispiele.

Wir wollten letzten Winter der theologischen Klasse unseres Collegiums nicht nur die geschichtlichen Thatsachen unserer Kirche und besonders auch des deutschen Werkes ins Gedächtniß einprägen, sondern vor Allem den selbstaufopfernden, weltverläugnenden und missionirenden Geist der Väter in ihre Herzen pflanzen, und daher die „Lebensbilder aus der Geschichte des Metho=dismus."

Auch sollten nicht nur die theologischen Studenten, sondern alle deutschen Zöglinge des Collegiums die Gelegenheit haben, von einigen der gediegensten Kanzelredner unseres Zions in unserer schönen Muttersprache kernige Vorträge zu hören. Dieselben wur=den auch mit gespannter Aufmerksamkeit angehört und mit Begei=sterung aufgenommen.

Daß aber diese Vorträge mit ebenso großem Interesse gelesen werden von Jung und Alt, dafür bürgt nicht nur die Mannig=faltigkeit, die aus dem Inhalts=Verzeichniß zu ersehen ist, nicht nur die großen Persönlichkeiten und die wichtigen Begeben=

beiten, welche in dem Buche abgehandelt sind, sondern besonders
auch das Verlangen der Studenten, die den Vorlesungen
beiwohnten, das Buch sobald als möglich zu bekommen.

Und da auch nahezu zwanzig Bilder das Buch zieren, so ist
es in gewissem Sinne eine illustrirte Geschichte unserer Kirche, und
können wir den deutschen Lesern in dieser Beziehung etwas ganz
Neues bieten.

Daß dem pennsylvanisch-deutschen „Gruber", „Dr. Nast
und der Geschichte des deutschen Methodismus",
„Dr. Ludwig S. Jakobi" und dem „Methodismus in
Deutschland" je ein Vortrag gewidmet ist, wird dem Buche
viele Freunde unter dem deutschen Volke gewinnen.

Auch ist Papier, Druck, Einband und die ganze
Ausstattung so gut und schön, daß es sich für ein Geburts-
tags-, Hochzeits- oder Weihnachts-Geschenk sehr
gut eignet.

Und da der Preis verhältnißmäßig sehr niedrig ist, so kann nur
von einem Gewinn die Rede sein, wenn eine große Anzahl verkauft wird; da aber der etwaige Gewinn dem deutsch-englischen
Collegium zu Galena, Ills., zufällt, für welches auch alle die Redner
ihre Arbeit ohne Vergütung geliefert haben, so wünschen wir dem
ausgezeichneten Buch selbstverständlich eine weite Verbreitung.

Daß dasselbe dem geneigten Leser zum reichen Segen gereichen
möge, ist unser aufrichtiger Wunsch.

Galena, Ills., im Mai 1881.

Fr. Kopp.

Inhalts-Verzeichniß.

Lehrsaal für die gesammte Menschheit. Der Unterricht, welchen der
Welterzieher hier leitet, ist Anschauungs=Unterricht in großartigen,
lebendigen Bildern. Die Zeittafeln, welche in diesem Saale benutzt
werden, enthalten auf der einen Seite in dramatischen Kampf= und
Schlachtenbildern die Philosophie der göttlichen Weltregierung, —
und auf der andern Seite in friedlichen Pfingst=Scenen, in gewal=
tigen Reformations=Gemälden und in belebenden Erweckungs=
Bildern die Philosophie des Reiches Gottes. Oben lesen wir die
leuchtende Ueberschrift: „Die Hand Gottes in der Geschichte." —
Wenden wir nun unsere Aufmerksamkeit für eine kurze Zeit jenen
höchst interessanten Zeit= und Charakterbildern der von Gott er=
wählten Persönlichkeiten zu, welche bei der Gründung des amerika=
nischen Methodismus zuerst auf der Bildfläche der Kirchengeschichte
erscheinen und seither mit immer wachsender Prominenz die Bewun=
derung der Welt herausfordern.

Der Anfang des amerikanischen Methodismus bezeichnet eine
neue Aera in der Geschichte dieses Landes. Die Geschichte seines
Entstehens und seine wundervolle Ausbreitung läuft parallel mit
dem wundervollen Aufblühen dieser großen Republik. Zugleich mit
der riesenhaften Entwickelung dieses herrlichen Freistaates entwickelte
sich auch zu ihrer nun macht= und einflußreichen Stellung die
Bischöfliche Methodisten = Kirche. Geschichtsschreiber nennen den
Methodismus mit Vorliebe „ein Kind der Vorsehung", ja, man
hat behauptet, daß die Vorsehung Gottes den Methodismus mehr
für die n e u e , als für die alte Welt ins Dasein gerufen zu haben
scheine. In der That ist die Aehnlichkeit seiner Geschichte mit der=
jenigen der Ver. Staaten so a u f f a l l e n d , daß bei einer Ver=
gleichung die göttliche Vorsehung nicht zu verkennen ist. Hätte
anfänglich eine solche Ansicht nur als eitle Anmaßung dargestellt
werden können, so ist dieselbe jetzt durch die wunderbaren Erfolge des
Methodismus, welche aus den Statistiken und dem Zustand des
Landes nachgewiesen werden können, zur Genüge berechtigt. — Der
Geschichtsschreiber der Republik (Bancroft) nennt die Glieder der

Bisch. Meth. Kirche in Amerika die Pioniere der Religion und sagt, daß der Athem der Freiheit ihre Botschaft den Massen des Volkes zugetragen und sie ermuthigt habe, Weiß und Schwarz, Herren und Sclaven unter dem Laubdach der Wälder zur Betrachtung der göttlichen Liebe und voller Versicherung der Gnade zu versammeln und so göttlichen Trost, himmlische Lieder und Gebete bis in die Hütten der fernsten Einöden gebracht hat. Und ein anderer Geschichtsschreiber (Baird), dessen Ansichten über den moralischen Zustand des Landes als die beste Autorität gelten, erkennt in den Einrichtungen des Methodismus sowohl als in dem Eifer, der aufopfernden Frömmigkeit und Tüchtigkeit seiner Prediger eines der mächtigsten Elemente, die das Gedeihen der Ver. Staaten beförderten, sowie eine der festesten Stützen ihrer bürgerlichen und politischen Institutionen. Jeder unparteiische Geschichtsforscher wird sich genöthigt finden, den Methodismus anzuerkennen, seinem Ursprunge nach als ein Kind der göttlichen Vorsehung; seinem Geiste und Wesen nach als eine mächtige religiöse Erweckung, welche bereits über ein Jahrhundert fortdauert; seiner Organisation nach als eine Missionskirche im apostolischen Geiste, deren Kirchspiel der Weltkreis ist; seiner beispiellos schnellen und mächtigen Entwickelung nach als ein Wunder der Kirchengeschichte; und seinem ganzen Wesen und Charakter nach als „Christenthum im Ernst", dessen einzige Mission es ist, biblische Heiligung über das Land zu verbreiten.

Den Geburtstag des amerikanischen Methodismus bezeichnet uns die Geschichte als den 10. August 1760. An diesem Tage landete im Hafen von New-York das Schiff, welches die Gründer der Methodisten-Kirche in Amerika von Irland herüber brachte. Welcher unter der Menge, die an diesem Tage die Ankunft dieser schlichten Pilger beobachtete, hätte es wohl ahnen mögen, daß unter ihnen die zwei auserwählten Rüstzeuge ans Land kamen, welche von der Vorsehung erwählt waren, die Gründer einer mächtigen Kirchengemeinschaft zu werden. Dennoch war dem so! Unter diesen anspruchslosen Emigranten befindet sich Philipp Embury, der

erſte Lokal-Prediger und Klaſſenführer der Meth. Kirche in Amerika;
und Barbara Heck, welche mit Recht die Mutter des amerika-
niſchen Methodismus genannt wird. Nebſt dieſen noch einige
jener deutſchen Koloniſten, welche in Irland ſchon Glieder der
Wesleyaniſchen Kirche waren.

Dieſe kleine Geſellſchaft war gleichſam das Senfkorn, aus
welchem ſich die Biſch. Meth.-Kirche entwickelt hat zu einem herrlichen Lebensbaum, deſſen Zweige ſich über alle Welttheile ausgebreitet haben.

Die Gründer der Meth. Kirche in Amerika kamen zwar von
Irland, aber ſie waren trotzdem von Hauſe aus ächt deutſche
Naturen. Ihre Eltern waren deutſche Exulanten, welche durch
den römiſchen Fanatismus Ludwigs XIV von Frankreich um
ihres proteſtantiſchen Glaubens willen aus der Rheinpfalz von
Haus und Hof vertrieben wurden. Tauſende dieſer Flüchtlinge
wandten ihre Blicke nach England. Die Königin Anna nahm ſich
ihrer aufs Freundlichſte an, Viele fanden in England eine neue
Heimath, — eine kleine Kolonie aber ging nach Irland, nach der
Grafſchaft (County) Limerick, unter ihnen finden wir die Familien,
aus welchen Barbara Heck und Philipp Embury herkommen. Beinahe fünfzig Jahre lang leben dieſe Verbannten in ihrem Exil ohne
alle religiöſen Vorrechte und ſittliche Pflege, bis allmählich die deutſche
Kolonie als ein abſchreckendes Bild der Gottloſigkeit und Sittenverderbniß die ganze Umgegend weit übertrifft. Da kommen eines
Tages die Reiſeprediger des Methodismus aus England in dieſe
deutſche Anſiedelung. Auch Herr Wesley ſelbſt, welcher Tag und
Nacht predigend Irland durchzieht, kommt in dieſe Kolonie und
predigt in ſeiner feurigen Weiſe die Buße zu Gott und den Glauben an Chriſtum. Die gewaltigen Bußpredigten zünden bald in
den Gemüthern dieſer von Hauſe aus zur Frömmigkeit angelegten
Deutſchen. Von der Macht der göttlichen Wahrheit ergriffen, wird
bald die ganze Anſiedelung wahrhaft zu Gott bekehrt, — die
einſt gottloſe deutſche Anſiedelung iſt wie durch ein Pfingſtwunder

in eine betende christliche Gemeinde verwandelt. — Wir können
nicht umhin, schon hier zu bemerken, wie der Methodismus gleich
in seinem Anfange gerade in diesen deutschen Gemüthern einen
empfänglichen, fruchtbaren Acker fand! Wenn uns daher die idea=
listische Schulweisheit der Staats-Theologen von drüben zuruft,
der Methodismus sei dem deutschen Gemüthe eine exotische Pflanze
und habe unter dem deutschen Volke keine Zukunft, so erwidern
wir getrost, daß die Geschichte des Methodismus, sowie das rich=
tige Verständniß des zur wahren Frömmigkeit angelegten Gemüths
des Deutschen gerade das Gegentheil beweisen. Ebenso müssen
wir in der Wiedergeburt dieser deutschen Ansiedelung die mannig=
fache Weisheit der Vorsehung bewundern, wie sie sich in ihrem
souveränen Walten dadurch verherrlicht, daß sie den Rath der
Fürsten und Gewaltigen so wunderbar zu Schanden macht. —
Ludwig XIV hatte die teuflische Absicht, den Protestantismus in
der Pfalz gänzlich auszurotten. Aber unter der wundervollen
Führung Gottes muß ein Häuflein der Verjagten nach Irland
kommen, durch den Methodismus zur Erkenntniß wahrer Gott=
seligkeit gebracht werden, um so der Anfang zu der größten Er=
weckung und Neubelebung der protestantischen Kirche zu werden, von
der die neue Geschichte weiß. Wahrlich! Wenn Fürsten wüthen,
legt der Herr Ehre ein! — Schon heute, nach Verlauf eines Jahr=
hunderts, ist der Methodismus der mächtigste und gefürchtetste
Gegner der römischen Kirche in Amerika. — So waltet Gott in
der Geschichte.

Unter den Neubekehrten in der deutschen Kolonie finden wir die
Eltern von Philipp Embury und Barbara Heck. In dieser einst
wüsten Ansiedelung, nun durch die Reformation des Geistes zu
einem lieblichen Gefilde des Herrn verwandelt, wollte sich das Haupt
der Kirche die auserwählten Rüstzeuge zubereiten, welche später die
große Einöde dieses Continents durch ihre geistlichen Kinder in einen
lieblichen Garten Gottes verwandeln sollten. Barbara Heck wurde
geboren im Jahr 1734 in der Grafschaft Limerick in Irland. Sie

war das Kind von der deutschen Familie Ruckler. Von Jugend auf unter der gottseligen Erziehung ihrer frommen Eltern und unter dem Einfluß der Kirche stehend, sehen wir sie heranwachsen zu einer edlen Jungfrau, welche in ihrem 18. Jahre die große Veränderung des Herzens — die Wiedergeburt aus dem Geiste an sich erfährt. Von nun an war sie eine entschiedene, ernste Christin; sie nahm die Gelübde der Kirche öffentlich auf sich und schloß sich der Methodisten = Gemeinschaft an. Von ihrer Bekeh= rung an lebt sie in stiller, ernster Frömmigkeit als eine ächt christ= liche Jungfrau, welche sich bereit hält auf das Kommen ihres himmlischen Bräutigams. Ihr Wandel mit Gott ist so beständig und ihre Gemeinschaft mit dem Vater und dem Sohn so ununter= brochen, daß sie am Abend ihres langen Lebens zu Denen, welche um ihr Lager stehen, das herrliche Bekenntniß ablegen kann: Von meiner Bekehrung an habe ich nicht für vierundzwanzig Stun= den das Zeugniß des heiligen Geistes von meiner Gotteskindschaft verloren.

Es ist zu bedauern, daß die Aufzeichnungen über persönliche Geschichte und Lebenserfahrung dieser ausgewählten Jüngerin des Herrn so spärlich ausgefallen sind, daß es rein unmöglich ist, einen befriedigenden Abriß ihres Lebens zu geben. Aber selbst diese wenigen Angaben genügen, uns in allgemeinen Zügen den außer= ordentlichen Charakter, das gottselige Leben und den mächtigen Einfluß dieser wunderbaren Persönlichkeit zu veranschaulichen.

Sehet zunächst das Ideal einer ächt christlichen Jungfrau! — Von mittelmäßiger Statur, in schön gegliedertem Ebenmaß nach dem herrlichen Typus der Germanen, voll fröhlicher Lebens= kraft und jugendlicher Blüthe; ein edles Angesicht, umflossen vom hellen Zauber schöner Jungfrauschaft, wie ihn nur ein r e i n e r L e b e n s = M a i verleiht; die freie Stirne geadelt mit dem holden Teint der Unschuld; aus ihren Augen leuchtet die Taubeneinfalt, welche sich mit Schlangenklugheit abwendet, wenn die eitle Welt mit ihrem Tand das Herz bezaubern will; auf ihren Wangen blühen

die Rosen der reinen Sitte und der holden Scham, — in einer
Zeit der Sittenverderbniß und der Ausschweifung.

Ihren geistigen Anlagen nach von tief ernster Gemüths=
art und von ruhig überlegendem Verstande, von gelassenem Wesen
und Temperament, aber von starkem Selbstbewußtsein, ruhig, aber
von männlicher Entschiedenheit, von mehr als gewöhnlichen Geistes=
Anlagen und natürlich starkem, festem Charakter, durch=
drungen von mehr als einer bloßen Gewohnheits=Frömmigkeit,
erfüllet mit heiligem Eifer für das Reich Gottes und das Heil
der Menschen, mit unermüdlichem Eifer wachend über ihr verbor=
genes Leben mit Gott, als die sich täglich das Zeugniß ihrer
Gotteskindschaft bewußt sein muß; — sehet da das Bild einer
wahrhaft christlichen Jungfrau, welche ihre Lampe bereit hat und
Oel in ihrem Gefäß, — das ist Barbara Ruckel, die deutsche Jung=
frau, welche in ihrem 26. Jahre am Arm ihres Erwählten, Paul
Heck, an den Traualtar tritt und von nun an den Namen Bar=
bara Heck trägt.

Das ist Barbara Heck, die Auserwählte unter Zehntausend,
gottselig und gottesfürchtig, voll Glaubens und des h. Geistes,
von nun an unter den Frauen der Ansiedelung ein leuchtendes
Vorbild in einfacher Sitte und häuslicher Tugend, in geselligem
Leben und Wandel; ihrer außerordentlichen natürlichen Begabung
wegen eine gesuchte Beratherin in Leiden und Nöthen, ein Kind
des Friedens, welches oft in ehelichen Kriegen ein Engel der Ver=
söhnung wurde, eine Freundin und Beratherin von Jung und
Alt. — So zeichnet uns die Geschichte das Charakterbild von
Barbara Heck, der gottseligen Jungfrau, der christlichen Matrone,
die Beratherin ihrer Gefreundinnen, die Mutter in Israel, die
Prophetin in der Wüste, welche einst Embury mit Wort und Thrä=
nen bewegen sollte, hier in der neuen Welt die Posaune des Evan=
geliums zu blasen, die auserwählte Gründerin des amerikanischen
Methodismus.

Der Methodismus ist nicht arm an gottseligen Frauen, deren

Namen wie helle Sterne leuchten auf den Blättern der Geschichte;
aber auf den Gedenktafeln der amerikanischen Kirche scheint kein
Stern so hell als der Name Barbara Heck! Der wunderbare
Fortschritt des Methodismus hat ohne Widerspruch ihren Namen
zu dem ersten erhoben unter der Liste gottseliger Frauen in der
Kirchengeschichte der neuen Welt. Als die Gründerin der Kirche
steht sie unter den sich wunderbar entwickelnden Resultaten der
Geschichte als ein heller Stern, der zwar am Kirchenhimmel einen
bescheidenen Platz einnimmt, aber nichtsdestoweniger sein herrliches
Licht über den ganzen Kontinent ausbreitet. Ihr Andenken wird
im Segen bleiben, ihr Leben eine Zierde der Geschichte, ihr Bei=
spiel eine Inspiration und ihr Ruhm wird wachsen in kommen=
den Zeiten, wie die Kirche wächst, mit deren Gründung er für
immer verbunden ist.

Die bescheidenen Anfänge des amerikanischen Methodismus
waren kaum geeignet, als prophetische Vorboten großer Ereignisse
im Reiche Gottes zu imponiren. Von den Pfälzern, welche mit
Philipp Embury und Barbara Heck nach Amerika kamen, waren
nur noch einige Seelen Glieder der Wesleyanischen Kirche in
Irland gewesen, die Uebrigen gehörten der Staatskirche Englands
an, die keine Erfahrung hatten von wahrer Herzensreligion, son=
dern vielmehr ächte Weltkinder waren. Die Bewohner New=Yorks
gehörten ebenfalls zum großen Theil dieser geistlich ganz erstor=
benen Kirche an. Unter dem verderblichen Einfluß dieser gesell=
schaftlichen Zustände, unter den Versuchungen ihrer neuen und
prüfungsvollen Lage in der fremden Welt, unter dem Ringen für
ihre irdische Existenz und den Sorgen um die Gründung einer
neuen Heimath scheint der glühende Eifer des kleinen Häufleins
von Methodisten erkalten zu wollen, sogar Embury, der schon in
Irland als Lokal=Prediger und Klassen=Führer in großem Segen
gewirkt, scheint in seinen Versuchen, die Gottseligkeit unter dem
kleinen Häuflein zu pflegen, entmuthigt worden zu sein, er gab
den entmuthigenden Verhältnissen nach und verstummte.

So sind sechs lange Jahre dahingegangen seit dem Landungs=
tage unserer Pilger in New=York und noch hat sich keine Stimme
eines Predigers vernehmen lassen, welche dem Methodismus den
Weg bereiten sollte. So schien die Gründung und Zukunft des
Methodismus in der neuen Welt ernstlich in Frage gestellt.

Sollte der „heilige Same" im wüsten Acker der neuen Welt
gar erstorben sein? Sollte das Salz, womit Gott diese Nation
würzen wollte, selber dumm geworden sein? Sollte das heilige Feuer,
wodurch die Vorsehung einst diese ganze Nation entflammen wollte,
gar erloschen sein auf den Herzens=Altären der frommen Pilger?

Im Kirchenhimmel herrschte eine große Stille. Sechs lange,
bange Jahre bleibt die junge Kirche verborgen in der Wüste.
Kein Johannes will noch seine Stimme erheben und zur Buße
mahnen. Der Engel, welcher das ewige Evangelium durch den
Kirchenhimmel trägt, neigt sich theilnehmend über diesen Konti=
nent und fragt: „Hüter, ist die Nacht bald hin?"

Aber die Hand der Vorsehung hatte die junge Gemeinde in
der Wüste am Leben erhalten. Das heilige Feuer glimmte noch
mächtig unter der Asche der zeitweiligen Erkaltung, ein mächtiger
Pfingsthauch war bereits im Anzuge, der es zu hellen Flammen
anfachen sollte.

In dieser Wartezeit hat Barbara Heck mit ihrem Gebet vor
Gott gelegen, wie einst ein Daniel um den Aufbau Zions. Es
erklärt sich aus der traurigen Lage der Kirche dieser Zeit, sowie
aus ihrem tief ernsten Gemüth, daß sich wohl jetzt ein Zug von
tiefer Melancholie in ihre christliche Erfahrung mischte, welche sich
zuweilen in schweren geistlichen Anfechtungen gipfelte. Aus den
Aussagen ihrer Nachkommen müssen wir schließen, daß ihre An=
fechtungen denen des großen deutschen Reformators nicht unähnlich
waren, als er auf der Wartburg die Macht der Finsterniß zu
fühlen hatte. Aber anhaltendes Gebet und ihre deutsche Bibel
waren die Waffen, womit sie aus der Stunde der Versuchung
stets siegreich hervorging.

Es ist wahrscheinlich, daß sie nach einer solchen Siegesstunde auf höheren Antrieb einen Besuch macht bei ihren Pfälzer Freunden. Aber welch' ein trauriger Anblick moralischer Verkommenheit sollte sich ihren Blicken darbieten! Beim leichtfertigen Kartenspiel mit allem frivolen Zubehör trifft sie eine Gruppe ihrer Landsleute an. Der Anblick erregt im tiefsten Grunde der Seele ihr christliches Mitleid und ihre heilige Entrüstung. Und nun erfolgt eine Scene, welche es verdient, von der Hand eines Künstlers verewigt zu werden. Im Geiste ergrimmt über die moralische Verkommenheit ihrer Landsleute wird sie plötzlich von einem wahren Elias-Eifer hingerissen, sie vergißt, daß sie hier nicht das Hausrecht habe, entreißt mit kühnem Griff den Spielern ihre Karten und wirft dieselben mit Entrüstung ins Feuer. Sich nun zu der Gesellschaft wendend, welche wie unter dem Zauber einer höheren Macht passiv und betroffen dasitzt, hält sie mit der feurigen Beredsamkeit einer Prophetin des Herrn denselben eine herzdurchdringende Buß-Ermahnung. Mit traurigem Herzen kehrt sie von ihrem Besuch heim; sie muß Philipp Embury aufsuchen und ihn im Namen Gottes auffordern, daß er eilend die Posaune des Evangeliums blase und die Gefallenen vor dem zukünftigen Zorn warne. Noch lagert die heilige Entrüstung um ihr Antlitz, welche sie überschattete, als sie mit kühner Hand jene Karten ins Feuer schleuderte; ihre Lippen glühen noch von der Begeisterung, womit sie jene Spieler ermahnt; so tritt sie in Embury's Haus und bestürmt diesen bei dem Heil seiner eigenen Seele und dem zukünftigen Zorn, unverzüglich die Posaune des Evangeliums erschallen zu lassen. Aber unter einer Anwandlung seiner natürlichen Bedenklichkeit will dieser sich noch entschuldigen, da erfüllt ein wahrer Pfingsteifer ihr ganzes Wesen; ob dem Jammer ihrer Landsleute treten die hellen Thränen in ihre Augen und in einer Mark und Bein durchdringenden Weise ruft sie ihm zu: „Wirst Du länger schweigen, so wird Gott das Blut dieser Seelen von Deiner Hand fordern!" Damit wirft sie ein „Feuer des Herrn" in Embury's Gewissen. Von nun an heißt es in

seinem Innern: „Wehe mir, wo ich das Evangelium nicht predigte."
Er willigte ein zu predigen. Sogleich eilte sie freudig zu ihren
Landsleuten und lud sie ein, mitzukommen zum Gottesdienst im
Hause von Philipp Embury. Eine kleine Anzahl folgte der Ein=
ladung und Embury hielt die erste Methodisten=Predigt in
Amerika. Dies war im Herbst 1765. Die Versammlung bestand
aus vier Personen, aber der Charakter dieser „kleinen Heerde"
war zugleich eine Vorbedeutung von der Mission, welche der Me=
thodismus in der neuen Welt ausrichten sollte. Es befanden sich
in diesem Häuflein Schwarze und Weiße, Herren und Knechte. Ihre
Namen verdienen einen Ehrenplatz in der Geschichte. Die Erste auf
der Liste ist Barbara Heck; sodann ihr Mann, Paul Heck; neben
ihm sitzt John Lawrence, sein Knecht, und an ihrer Seite das
schwarze Dienstmädchen Betty. Dies war gleichsam das Samen=
korn und der Typus der zahlreichen Methodisten=Versammlungen,
welche nun das ganze Land erfüllen von Meer zu Meer, vom meri=
kanischen Golf bis zum schneegekrönten Norden.

Von nun an vermehrte sich dieser „geringe Same" auf eine so
wunderbare Weise, daß die Geschichte fast außer Athem kommt
beim Versuch, die Resultate des beispiellosen Wachsthums alle auf=
zuzählen, und von Kritikern ohne Zweifel für einen Roman erklärt
werden dürfte, wenn uns nicht ringsum die herrlichen Thatsachen
lebendig vor Augen stünden. Die Geschichte erzählt weiter, daß
Embury's Haus sehr bald zu klein wurde für die Versammlung; daß
ein neues, weit größeres Lokal sofort zum Erdrücken voll war; daß
in Kürze zwei Klassen organisirt wurden; daß nicht eine „kleine
Aufregung" in der ganzen Stadt entstand über diese Versammlungen
und Embury bald von allen Seiten Einladungen bekam, zu kom=
men und das Evangelium zu predigen, denn die „Menge nahm das
Wort mit Freuden auf".

Das Verdienst, den Methodismus in Amerika gegründet zu
haben, theilt Embury mit Barbara Heck. — War sie es, welche ihn
zuerst zur Erfüllung seiner großen Mission bewog, so war er es, der

durch treue und unermüdliche Arbeit zuerst den Grund legte zu dem
herrlichen Bau dieser Kirche. Embury war ebenfalls ein Kind
deutscher Eltern, in der Ansiedelung in Irland geboren, war eine
Erstlingsfrucht in der herrlichen Erweckung unter den Wesleyanern
in dieser Kolonie und wurde seiner Gaben und Gnade wegen bald
der geistliche Führer der jungen Gemeinde.

Philipp Embury.

Unter den ungünstigen Verhältnissen jener Zeit gelingt es ihm
dennoch, unter der Anleitung des deutschen Lehrers Geier guten
deutschen Elementar-Unterricht zu erlangen, wozu später noch der
Besuch einer englischen Schule kommt, um so die nöthige Ausbildung
zu bekommen für seine große geschichtliche Mission.

Ueber seine christliche Erfahrung berichtet er in einem mit sicherer
Hand geschriebenen Manuscript, welches erhalten worden: „Am
Montag den 25. Dezember 1752 ließ der Herr einen Strahl seiner
Liebe in mein Herz scheinen, als Pfand seiner erlösenden Gnade
durch Christum, welchem sei Ehre von Ewigkeit zu Ewigkeit.“

Der Geschichtschreiber schildert Embury als einen edlen jungen Mann, der mehr durch den hohen Adel seines Charakters, als durch hervorragende Talente die höchste Achtung der Gesellschaft genoß. Er leuchtet in seinem Wandel als ein ehrsamer Bürger, gefälliger Nachbar, als ein nüchterner, fleißiger deutscher Biedermann, ein eifriger Christ, ein Vorbild und Führer in der Gottseligkeit, der aber trotzdem in seinem Zimmermanns-Handwerk auch kein Pfuscher ist.

In seinen persönlichen Anlagen vereinigte er die Vorzüge und Mängel eines melancholischen Temperamentes. In seiner Natur lag etwas tief Pathetisches, aber er besaß weniger Selbstvertrauen, mochte Verantwortlichkeiten nur zögernd auf sich nehmen und weinte viel während der Predigt. Aber schwerlich dürfen wir seine vielen Thränen allein auf die Rechnung seines pathetischen Gemüthes schreiben, vielmehr will es uns scheinen, daß es Thränen herzlichen Mitleids waren über die „Erschlagenen unter seinem Volk" Embury ist gleichsam der Jeremias seiner Zeit, — der weinende Prophet in der geistlichen Wüste der neuen Welt.

Das ist das schlichte Charakterbild des edlen Embury, des treuen Zeugen und auserwählten Rüstzeuges, welcher von der Vorsehung berufen, der Führer jener auswandernden Missionsgemeinde wird, welche bestimmt war, das Samenkorn des Methodismus in Amerika zu werden, der erste Lokal-Prediger und Klassen-Führer unserer Kirche; der Pionier und Gründer des Methodismus in Amerika.

Neben Embury erscheint plötzlich das imponirende Bild eines großen und edlen Zeitgenossen. Als eines Tages im Februar 1766 die Gemeinde versammelt ist, erscheint plötzlich ein hoher stattlicher Herr in der vollen Uniform eines britischen Offiziers. Sein unerwartetes Erscheinen erregt Schrecken und Bestürzung. War er gekommen, ihren Gottesdienst zu stören und sie zu verfolgen? Aller Augen sind ängstlich auf ihn gerichtet. Aber sein Betragen bereitet ihnen eine freudige Ueberraschung. Der Fremdling kniet mit ihnen zum Gebet und singt mit der Gemeinde. Nach dem Gottesdienste lernen sie ihn kennen als einen Offizier der britischen Armee, der aber

auch ein tapferer Streiter unter der Kreuzesfahne, ein geistlicher Sohn
Wesley's und ein Lokal=Prediger der Wesleyanischen Kirche war.
Es war der edle und große Kapitän Webb. Neben Embury
leuchtet in der Geschichte der Kirche außer Barbara Heck kein Name
heller als der so außerordentlich erfolgreich und unermüdlich wirkende
Webb. War Embury der Zeit nach der Erste, so war doch Webb
ihm weit voraus an hoher Begabung, an unermüdlichem Eifer,

Kapitän Webb.

Unternehmungsgeist, Einfluß und Erfolg. Thomas Webb war
eine Heldennatur von Geburt und ein Glaubensheld durch Gottes
Gnade. Seine thatenreiche Laufbahn in der Kirche hatte schon ihre
Vorbedeutung gefunden in seiner militärischen Carriere. —
Er hatte die Belagerung von Louisburg mitgemacht, hatte unter
Wolf die Höhen von Abraham erstürmt, in der Schlacht bei Quebec
mitgefochten und bei Louisburg sein rechtes Auge verloren, über

welches er beständig eine Binde trug. Eine feindliche Kugel traf
den Knochen, welcher das rechte Auge beschützt, und sprengte, eine
schräge Richtung nehmend, den Augapfel, drang durch den Gaumen
in den Mund und wurde schließlich vom Kapitän — ver=
schluckt.

Die Verwundeten werden mittelst eines Schiffes an's Land
gebracht, nur Webb soll nicht mit. — „Laßt ihn liegen,“ ruft ein
Soldat, „er ist bereits todt.“ Der Kapitän ist gerade zum Be=
wußtsein gekommen und ruft eben hörbar, „nein, ich bin nicht todt!“
Nach drei Monaten ist er wieder genesen, — ein wahres Wunder
göttlicher Hülfe. — Hätte jene Kugel ein wenig weiter unten oder
oben getroffen, so wäre er augenblicklich getödtet worden! Aber er
hatte noch eine große Mission im Reiche Gottes, — deshalb war er
„unsterblich bis sein Werk vollbracht.“

Acht Jahre nach jenem Ereigniß wurde er unter der Predigt von
John Wesley bekehrt und erwies sich bis an sein Ende, sowohl in
der alten wie in der neuen Welt, als ein unermüdlicher Evangelist,
indem er predigte, Gemeinden gründete, Conferenzen besuchte und
der Evangelisation der Massen sein ganzes Vermögen widmete. Er
legte den Grund zur Methodisten=Kirche in Philadelphia, half in
New=York den Grund legen zur ersten Methodisten=Gemeinde in
Amerika, wo er vier Monate später eintraf, nachdem Embury ange=
fangen zu predigen; verschaffte dem Methodismus Eingang in
Baltimore, in Delaware; reiste in 1772 nach England, um die
Wesleyaner für die Colonie zu interessiren, und Wesley um Mis=
sionäre für Amerika zu ersuchen, worin er auch Erfolg hatte; durch=
reiste England, überall predigend, und zündete in der Stadt Bath
und in Winchester durch seine gewaltigen Straßenpredigten ein
großes Feuer an, welches sich bald nach den normanischen Inseln
und von dort sogar nach Frankreich ausbreitete; kehrte 1773 nach
Amerika zurück und arbeitete hier als unermüdlicher Evangelist bis
zum Ausbruch der Revolution.

Der Geschichtschreiber entwirft ein wahrhaft entzückendes Bild

dieses herrlichen Gottesmannes. Ein Mann von imponirender Statur und martialischer Haltung, von hohen Geistesgaben, berühmt durch eine klassische Erziehung und einen Schatz praktischer Lebenser=
fahrung. Ein Bibel=Christ, der mit Vorliebe sein neues Testament in griechisch las, welches Testament als kostbares Andenken sich heute noch in der Bibliothek unseres Ehrw. Bischofs Scott befindet. Von Asbury genannt „Ein Israelit ohne Falsch;" ein Sol=
dat, der seinem König nicht weniger treu gedient, weil er seinem Gott noch treuer diente; ein Evangelist, der mit der Aufopferung aller Kräfte, aller Zeit und seines ganzen Ver=
mögens in zwei Welttheilen unermüdlich wirkte bis an sein Ende; ein Prediger von Gottes Gnaden, dessen natürliche Beredtsamkeit von so gewaltiger Wirkung auf seine Zuhörer war, daß manche Zeitgenossen ihn dem eloquenten G. Whitefield zur Seite stellten. Präsident J. Adams bewunderte ihn als einen der beredtsten Män=
ner, die er je gehört. John Wesley zählte ihn zu seinen Lieblings=
Söhnen, machte zwölf Jahre lang Notizen über ihn in seinem Journal, worin er einmal schreibt: „Webb ist ein Mann voll Le=
ben und Feuer, dessen Predigten stets von göttlicher Kraft begleitet werden, und obgleich er nicht tief ist und unregelmäßig auslegt, zieht seine lebhafte und ernste Weise Tausende an, welche den besten Kanzelredner nicht hören würden, und Viele werden durch ihn bekehrt."

Seine Predigten hielt er in voller Uniform, aber er vergaß dabei nie den ganzen Harnisch Gottes anzulegen. Vor ihm auf dem Tisch lag sein Schwert von Stahl und Eisen, während er in der Kraft des Herrn das Schwert des Geistes schwang, mit einer Hal=
tung, die den Kriegsmann verrieth, mit einer klangvollen Stimme, im Kommandoton gehalten; aber gemildert durch die warme Sym=
pathie des Missionärs war er in seiner gewaltigen Beredtsamkeit ein wahres „Donnerskind," unter dessen kraftvoller Predigt die Zu=
hörer erzitterten, weinten und niederfielen. Die Leute strömten in Schaaren herbei ihn zu hören und in zwei Welttheilen nennt eine

große Anzahl ihn ihren geistlichen Vater. Dies ist das unvergeß=
liche Bild des edlen und großen Webb, dessen Leben und Wirken
für immer ein inspirirendes Beispiel für jeden Methodisten sein
muß und dessen Name in der Geschichte der Kirche hell leuchtet als
der des ersten Evangelisten, des größten Laienpredigers und neben
B. Heck und Ph. Embury als der Hauptgründer des amerikanischen
Methodismus.

Diese beiden Gottesmänner, Embury und Webb, wirkten in
New=York mit solch herrlichem Erfolg, daß nicht nur Emburys
Haus, sondern der große Tafelboden (Rigging Loft), den sie ge=
miethet hatten, bald die Hälfte der Zuhörer nicht fassen konnten,
welche sich zu den Versammlungen herbeidrängten.

So war die erste Methodisten=Kirche ein abso=
lutes Bedürfniß. Webb erkannte sofort, daß der Bau einer
Kirche zur Nothwendigkeit geworden, aber B. Heck war ihm bereits
zuvor gekommen, als ob sie von Anfang eine prophetische Ahnung
von der herrlichen Zukunft des Werkes gehabt, hatte sie die Ange=
legenheit dem Herrn im Gebet vorgelegt und die innere Gewißheit
erlangt, Gott werde diesen Wunsch erfüllen. In dieser freudigen
Zuversicht entwarf sie sogar einen einfachen Bauplan, den sie als
vom Herrn eingegeben betrachtete, und welcher auch von der Ge=
meinde angenommen wurde. Webb und Embury waren außer=
ordentlich thätig und liberal in der Förderung des Baues; auch
fand die kleine Gemeinde bei den Einwohnern New=Yorks recht
willige Unterstützung. Auf einer Liste der Beiträge finden sich noch
250 Namen, darunter die angesehensten Familien, vom Mayor der
Stadt bis zur farbigen Magd. Embury arbeitete selbst unermüd=
lich und fertigte mit eigener Hand die Kanzel, von welcher er so
erfolgreich das Wort vom Kreuz verkündigt hat.

Die feierliche Einweihung dieser Kirche fand statt den 30. Ok=
tober 1768. Embury selbst hielt die Einweihungspredigt über den
Text Hosea 10, 12.

Stellen wir uns aber unter dem Bilde dieser ersten Kirche nur keinen modernen Kirchen-Palast oder gar eine prächtige Kathedrale vor. Es war im Gegentheil ein von rauhem Stein erbautes, ganz bescheidenes Gebäude, 42 Fuß breit und 60 Fuß lang, erbaut auf demselben Grunde, wo die heutige John Straßen Kirche steht. Die innere Ausstattung war höchst primitiv und blieb lange unvollendet. Da waren einfache Bänke, welche noch auf ihre Rücklehne warteten; die Treppe zur Gallerie ließ sich noch lange durch eine rauhe Leiter vertreten, das Geländer der Gallerie bestand noch in der Einbildung; das Ganze war das getreue Bild einer Frontier-Kirche. Aber die Herrlichkeit des Herrn wohnte in diesem Hause. Der Zulauf des Volkes war bald so groß, daß die Kirche die Menge nicht fassen konnte, und wurden in dieser „Wiege des Methodismus" in Amerika dem Herrn Kinder geboren wie der Thau aus der Morgenröthe. So begann das Haupt der Kirche durch Embury und Webb die mächtige Erweckung und Neubelebung dieser Nation. New York zählte damals 20,000 Einwohner und die Kolonien etwa drei Millionen. Der Methodismus aber war bestimmt fortan mit der Stadt und dem Lande zu wachsen und zu gedeihen.

Ungefähr zu derselben Zeit als Embury in New York anfing zu wirken, ließ sich Robert Strawbridge, ein Lokalprediger von Irland, in Frederick County, Maryland, nieder und gründete dort einige Gemeinden. Auch er baute bald eine Blockkirche, ein plumpes Gebäude, 22 Fuß im Quadrat, welches zwar lange benützt, aber nie vollendet wurde. Von diesen Gemeinden aus wurde der Grund gelegt zum Methodismus im ganzen Staat und aus ihrer Mitte gingen eine Anzahl Reiseprediger hervor. Unter diesen ragt besonders hervor Richard Owen, als der erste eingeborene Methodisten-Prediger in Amerika. So faßte die Kirche beinahe zu derselben Zeit, im Norden wie in der Mitte des sich öffnenden Kontinentes festen Fuß. Seine zwei ersten Kirchen, einfach und anspruchlos, ganz dem Geiste und der Mission des Methodismus entsprechend, waren Leuchtthürme, deren helle Strahlen die Nachbarschaft beleuchteten und sich ausbreiteten, bis sie, einer göttlichen Illumination gleich, die ganze Nation überstrahlten und wie die Morgenröthe des nahenden Milenniums alle Theile der Erde beleuchteten.

Der herrliche Fortgang des Werkes erforderte bald mehr tüchtige Arbeiter. Das Feld war weiß zur Ernte; aber der Arbeiter waren wenige. Die Gemeinde in New=York scheint eine Ahnung von der großen Zukunft des Werkes gehabt zu haben. Sich an Herrn Wesley wendend um Prediger, schrieben sie: „Wir bedürfen einen fähigen, erfahrenen Prediger, welcher sowohl die Talente als Gnade für die Ausübung seines Amtes hat; wenn die Reisekosten nicht beschafft werden können, so werden wir unsere Röcke und Hemden verkaufen, um aus dem Erlös die Ueberfahrtskosten zu bezahlen. Es sind viele Personen hier, nach dem Wort Gottes verlangend, daß unser Versammlungsort seit den letzten sechs Wochen nicht die Hälfte der herbeiströmenden Menge zu fassen vermag. Sendet uns einen Prediger, der von ganzem Herzen die vorliegende große Aufgabe zu lösen sucht, und es wird ein Feuer werden, welches sich bald bis zum stillen Meer verbreiten wird.“

Auf diesen macedonischen Ruf sandte die Wesleyanische Konferenz zwei tüchtige, erfahrene Arbeiter, Richard Boardman und Philipp Pillmoore. Nach einer höchst gefahrvollen Seereise landeten sie am 24. Oktober 1769 in Philadelphia. Kapitän Webb hieß die Missionäre herzlich willkommen und nun begannen sie sofort ihre große Mission. Sie entwickelten eine rastlose Thätigkeit und arbeiteten mit einer solchen Hingabe, daß es zu weit führen würde, wollten wir in diesem Vortrag reden von den Missionsreisen, welche sie nach allen Richtungen des Landes machten, von dem unermüdlichen Eifer im Arbeiten, Predigen und Ermahnen, von den Entbehrungen, Strapazen und Selbstverläugnungen, die sie auf sich nehmen mußten, und von den offenen Thüren und Herzen, welche sie aller Orten fanden, von den herrlichen Siegen des Evangeliums, den reichen Seelenernten und den jungen Gemeinden, welche sie gründeten. Der Herr förderte das Werk ihrer Hände wunderbar; bald wird das

Feld für sie zu groß und die Arbeit für sie zu viel, sie wandten sich
abermals mit einem Hilferuf an die Conferenz in England, worauf
F. Asbury und Richard Wright zu ihrer Hilfe herüber kamen, denen
später noch Thomas Rankin und George Shadford folgten. Durch
Asbury wurde das Reisesystem in Amerika bald förmlich organisirt,
und die Boten des Methodismus durchzogen bald nach allen Richtungen das Land, drangen in die Ansiedelungen der Urwälder vor
und folgten dem fernsten Pionier auf frischer Spur.

Embury hatte während der Zeit New-York verlassen und war
mit seiner Familie nach der Ortschaft Camden in Washington Co.,
N. Y., gezogen. Einige der Pfälzer Familien waren ihm nachgefolgt,
sowie auch Barbara Heck mit ihrer Familie. Auch hier sollten sie
ihrer „göttlichen Mission" treu bleiben; sie gründeten die erste Gemeinde der Troy Conferenz, welche nun bereits 200 Prediger und
25,000 Glieder zählt. Hier lebte Embury im hohen Ansehen, und
starb plötzlich „sehr beliebt und tief betrauert", wie Asbury berichtet.

Auch in Canada sollte Barbara Heck nebst einigen der Pfälzer
Familien, ihrer „göttlichen Mission" getreu bleibend, dem Methodis-
mus Bahn brechen. Beim Ausbruch der Revolution verließ die
Familie Heck nebst anderen Gliedern die Kolonien und zog nach
Camden, New-York, nach dem unteren Canada; nach elfjährigem
Aufenthalt in Montreal ziehen sie weiter in die Wildniß und lassen
sich nieder in der Gegend des heutigen Augusta, im oberen Canada.
Als ächte Pioniere des Methodismus gründen sie bald eine Klasse
in ihrer Nachbarschaft und bereiten den Reisepredigern den Weg in
dieser Wildniß. Nach etwa fünf Jahren kam William Losee, der
erste Prediger des Methodismus in Canada, in diese Gegend. Mit
unermüdlichem Eifer durchreiste Losee die Ansiedelungen in dieser
Wildniß, eine reiche Seelenernte lohnte seine Arbeit und Entbehrungen. Bald folgten ihm Gehülfen in diesem großen Arbeitsfeld,
das weiß zur Ernte war, herrliche Resultate sollten ihnen folgen,
tüchtige Arbeiter traten ins Feld, Gemeinden wurden aller Orten
gegründet, Kirchen gebaut, Missionen unter den Indianern angelegt,

ein Buchgeschäft, Zeitschriften, Kollegien sollten gegründet werden, und die Methodisten-Kirche die einflußreichste Gemeinschaft in Canada werden, die ein Viertheil der Bevölkerung zu ihren Gliedern zählt.

Hier, in Canada, vollendete Barbara Heck ihren segensreichen Erdenlauf. Im Hause ihres Sohnes, nahe Augusta, im Jahr 1804, im reifen Alter von 70 Jahren, ging diese außerordentliche Jüngerin des Herrn heim zur Herrlichkeit seines Reiches. Sie starb, wie sie gelebt, selig im Herrn „und ihre Werke folgen ihr nach". Ihr sanftes Ende gleicht mehr einer Entrückung als einem wirklichen Sterben. Ohne schwere Krankheit oder Leiden, von den Ihrigen eine Zeit allein gelassen mit ihrer deutschen Bibel, nahen sich in der Stille die „Wagen Israels" — und ihre Seele war daheim bei dem Herrn. In ihrem Lehnstuhl sitzend finden sie die Ihrigen entschlafen, auf ihrem Schooß liegt die offene deutsche Bibel. Sie ging zu ihres Herrn Ruhe ein, diese gottselige Magd des Herrn, welche mit solcher Glaubenstreue, solch' göttlichem Eifer den Grund gelegt zu einer der größten Kirchengemeinschaften unserer Zeit.

Und noch in ihrem Tode sollte sie eine Weissagung sein von der zukünftigen Mission der Kirche, deren Gründerin in der Hand der Vorsehung sie geworden. Die vielbenutzte deutsche Bibel in ihrem Schooß, der Wegweiser ihrer Jugend, der Heilsborn ihrer Seele während der Verweltlichung ihrer Landsleute in New-York, ihr Reisegefährte in der Wüste des nördlichen New-York und Canada, ihre Waffe in den Anläufen des Bösen war nicht nur ihr Trost in der letzten einsamen Stunde, da sie ihre Augen im Tode schloß, — diese offene deutsche Bibel in ihrem Schooß war vielmehr eine Weissagung von der künftigen Mission des amerikanischen Methodismus, welche er auszurichten haben werde unter dem deutschen Volke dieses Landes! — Wie der Methodismus im Grunde ja seine ersten Anregungen von deutschen Christen empfing, so hat ihm Gott eine, noch leider von der Kirche nicht völlig erkannte große Mission an dem deutschen Volke zuerkannt.

Wurde doch John Wesley zuerst angeregt zu wahrer Gottseligkeit
durch die deutsche Brüder-Gemeinde, durch den Deutschen Spangen-
berg, wurde er doch in einer deutschen Versammlung in London beim Lesen der Einleitung des deutschen Dr. Luther zum Rö-
merbrief kräftig bekehrt, und waren unter seinen Erstlingsfrüchten
sogleich wieder die deutschen Exulanten in Irland, deren deutsche
Kinder — Embury und Barbara Heck — den Methodismus in
Amerika gründen und mit der offenen deutschen Bibel im Schooß
sterben! Kann die Bedeutung dieser offenen Bibel etwas Anderes
bedeuten, als eine deutliche Weissagung, daß der Methodismus berufen sei, dem deutschen Volk das Wort des Lebens, die Schrift,
recht zu öffnen? Leider scheinen die Väter der Kirche, sogar ein
Asbury, die Weissagung noch nicht verstanden zu haben! Ohne
Zweifel hätte sonst das deutsche Missionswerk 50 Jahre früher
seinen Anfang genommen, als die Vorsehung den ersten Ruf dazu
durch Albrecht an die Kirche ergehen ließ. Möge aber nun unsere
Kirche ihre Mission an dem deutschen Volk immer deutlicher erkennen
und immer bereitwilliger ausrichten!

Die Methodisten, welche im Jahr 1804 Barbara Heck zu ihrem
Grabe geleiteten, konnten mit Recht ausrufen: „Wie Großes hat
der Herr gethan!" Das Senfkorn war zu einem Baum geworden,
der seine Zweige über das ganze Land ausbreitet. Ueber die Ver.
Staaten und die beiden Canada's hatte sich der Methodismus bereits ausgebreitet. Er zählte 7 jährliche Conferenzen, 400 Reiseprediger und über 104,000 Glieder. Blicken wir einen Augenblick
auf die wundervollen Resultate, wie sie heute vor unsern Augen
stehen, so sehen wir, daß Gott den amerikanischen Methodismus
mit größerem Erfolg gekrönt hat, als irgend einen andern Zweig
des Methodismus. Aus der kleinen Versammlung von fünf Personen
im Hause Embury's im Jahr 1766 sind bis heute, ohne die südliche
und die Farbigen-Methodistenkirche, etwa zwei Millionen Glieder geworden in den Ver. Staaten und Canada, 14,000 Reiseprediger,
15,000 Lokalprediger, über 200 Lehranstalten, die größte Buchanstalt

der Welt mit vielen Publikationen und eine Missions-Gesellschaft, deren Boten in allen Welttheilen die frohe Botschaft verkündigen.

Wollen wir aber die wundervollen Erfolge des Methodismus in diesem Lande völlig würdigen, so bleibt uns noch übrig ein Rückblick auf den Charakter der Zeit, des Volkes, der sozialen und kirchlichen Zustände, der gewaltigen Hindernisse und Feindseligkeiten, welchen er in seinem Siegeslauf zu begegnen hatte.

Das kirchliche Leben jener Zeit bot ein trauriges Bild dar. Die englische Hochkirche in den Kolonien als Staatskirche herrschend, war durchweg verweltlicht und geistlich erstorben; sie war nur eine Mumie, eingewickelt in den Ellenwaaren köstlicher Priester-Gewänder. Unter den unabhängigen Kirchen stand es nicht viel besser. Die Erweckung unter Edwards war nicht nur vorüber, als die Apostel des Methodismus auftraten, sondern es war bereits eine Reaktion eingetreten und der religiöse Zustand der Kirche war gleich Null. Die Boten des Methodismus wurden als unberufene Eindringlinge angesehen und von dem strengen Calvinismus als gefährliche Irrlehrer bekämpft.

Ebensowenig günstig waren die gesellschaftlichen Verhältnisse dem Gedeihen des Methodismus. Die Nation stand in der Kindheit ihrer geschichtlichen Entwicklung, die neue Welt in den ersten Stadien ihres Werdens. Weltliches Streben, politische Gährungen und soziale Kämpfe erstickten das religiöse Interesse. Eine Völkerwanderung, größer als die, welche einst das mächtige römische Reich zertrümmerte, begann diesen Kontinent zu überfluthen. Die verschiedenen Völkerstämme und Racen mit ihren Vorzügen und ihren Fehlern, mit ihren Sitten und ihren Lastern strömten hier zusammen zu einer Nation. Die schnelle Zunahme der Bevölkerung übertraf die kühnsten Erwartungen. Sie vermehrte sich von einer viertel Million Einwohner in 1750 auf fünf ein drittel Million in 1800 und bis 1820 auf neun einhalb Million Einwohner, ein Zuwachs von 33⅓ Prozent in zwei Jahrzehnten. Wie eine Lawine drangen diese Ansiedler in die Urwälder

des großen Westens und wie mit einem Zauberschlag entstanden
jenseits des Mississippi junge, blühende Staaten. Ja, man sah
bald an den Ufern des Stillen Meeres mächtige Staaten empor-
blühen. Es giebt heute noch Personen, welche lebten, als die Nation fünf Millionen Einwohner zählte, während sie nun ihre fünfzig Millionen zählt! Diese beinahe fabelhafte Ansiedlung, besonders nach dem Unabhängigkeits=Krieg, gab der religiösen Welt
eine neue und schwere Aufgabe zu lösen. Die Revolution brachte
in ihren entsittlichenden Folgen soziale und kirchliche Verhältnisse,
wie sie in der religiösen Geschichte der Völker bisher ohne Beispiel
waren. Ein Gebiet, größer als das irgend eines Staates in der
civilisirten Welt, öffnete sich der Kirche als Arbeitsfeld, aber die
bestehende Kirche war ohne Organisation, ohne Oberhaupt, ohne
Hilfsmittel, ohne geistliches Leben, ohne Missionseifer und ohne
Missionäre. Der Staat hatte sich von der Kirche getrennt, damit
fielen ihre Mittel weg. So stand eine geistlich und finanziell
bankerotte Kirche vor einer riesenhaft wachsenden Nation, welche
von ihr vergeblich das Brod des Lebens erwartete! War je ein
christlicher Staat unter solchen Mißverhältnissen emporgeblüht?
Wie sollten christliche Lehrer, Prediger und Kirchen für die Millionen dieses großen Reiches beschafft werden? Daß eine „an-
sässige," in einer Gemeinde nur predigende reguläre Geistlichkeit
diesen moralischen Bedürfnissen nicht entsprechen konnte, ist leicht
zu erkennen. Zur Lösung dieses Problems bedurfte es neuer,
außerordentlicher Mittel und Methoden. Diese fand die Vorsehung im Methodismus. Die Geschichte lehrt, daß die Hand
Gottes stets in großen Entwicklungsperioden seines Reiches sich
außerordentliche Hülfsmittel zu beschaffen wußte. Als es galt, die
deutsche Reformation in Europa zu verbreiten, erweckte ihr Gott
in dem Aufblühen der Wissenschaften und der Erfindung der
Buchdruckerkunst gewaltige Bundesgenossen. Als es endlich galt,
die Urwälder und endlosen Prärien dieses großen Kontinentes der
Civilisation zu erobern, erfand ein Watt seinen Dampfwagen, ein

Fulton sein Dampfschiff; ohne diese wissenschaftlichen Civilisatoren wären die Steppen des Westens noch eine Wüste und die mächtigen Ströme dem Handel kein Nutzen. Und als es galt den Millionen dieser neuen Ansiedelung das Evangelium zu bringen, betrat der Methodismus mit seinem apostolischen Reisepredigtamt gleichzeitig mit jenen wissenschaftlichen Mitteln im rechten Augenblick den Schauplatz. Ohne das Reisepredigtamt und die Laien-Predigt wäre die Nation moralisch und kirchlich verkommen. Die Methodisten-Kirche war berufen, vermöge ihrer biegsamen Organisation, sich den Winken der Vorsehung, den kirchlichen Bedürfnissen der Nation auf's segensreichste anzupassen. Gab es keine Lehranstalten, ihre Prediger vorzubereiten, so nahm sie ihre Evangelisten, wie einst der große Meister aus dem Volk; gab es keine organisirten Gemeinden, die einen Prediger für sich selber erhalten konnten, so organisirte sie ihr wunderbares Reisesystem und sandte bald tausende ihrer Boten aus, welche das Land unter sich in Bezirke theilten, von 100 bis 500 Meilen groß, täglich hin und her reisend, und predigend wo sie nur Gelegenheit fanden, schritthaltend mit den fernsten Ansiedlern; Tag und Nacht predigend in Häusern, Scheunen, Hallen, auf dem Markt, an den Straßen, in Wäldern; sie bauen Gotteshäuser, wo nur irgend möglich, gründen die ersten Lehranstalten und geben so den ersten Impuls zur höheren Ausbildung der Jugend, welche bald an Zahl denen der ältesten Gemeinschaften überlegen sind, und verbreiten über das Land eine segensreiche christliche Lektüre, rufen mit ihren gewaltigen Predigten Zehntausende zur Buße und erwecken die eingeschlafenen Kirchen zu neuem Leben.

So nahm, unter dem Segen des Höchsten, der geringe Anfang des amerikanischen Methodismus einen wunderbaren und herrlichen Fortgang. Nirgends verherrlicht sich die mannigfaltige Weisheit Gottes so augenfällig als in der Wahl seiner geringen Werkzeuge und in dem wunderbaren Erfolg, womit er dieselben krönt! Er gründet und bauet Sein Reich nach einem

Plane, und durch Werkzeuge, welche alle Staatsweisheit der Welt
einstimmig verwerfen würde. Er will die Reiche dieser Welt erobern
und wählt als Reichsarmee zwölf Zöllner und Fischer; er will die
Weisheit der klassischen Welt besiegen und wählt für diesen Kampf
ungelehrte Leute und Laien. Er will auf diesem Kontinent die
nöthigste und segensreichste Kirche gründen, und wählt dazu ein
bescheidenes Weib und ein paar Laienprediger. So bestätigte sich
in seiner göttlichen Reichspolitik immer wieder die wundervolle
Wahrheit: „Was thöricht ist vor der Welt, das hat Gott er=
wählet, daß er die Weisen zu Schanden mache, und was schwach
ist vor der Welt, das hat Gott erwählet, daß er zu Schanden
mache, was stark ist, und das da Nichts ist vor der Welt, das
hat Gott erwählet, daß er zu Nichte mache was Etwas ist, auf
daß sich vor Ihm kein Fleisch rühme."

Bischof Asbury, der Pionier-Bischof Amerikas.

Von Fr. Kopp, Galena, Ills.

Siehe Titelbild.

Motto: O trefflich Bild! Ein Knecht vom Herrn gesandt,
In Gottes Wort vertraut und wohlbekannt;
Mit Hirtensorgfalt, Vaterzärtlichkeit,
Im Kampf der Erste, auch für's Kreuz bereit;
Mit Herrscherwürde, mit des Sehers Blick
Scheut er vor keiner Arbeit je zurück;
Mit Trost und Rath und Salb' für jeden Schmerz,
Mit Weisheit und mit Kraft erfüllt das Herz;
Stark und doch liebevoll, ein Gottesmann,
Der's schwächste Lamm am Busen tragen kann.

Francis Asbury ward geboren nahe Birmingham, England,
den 20. August 1745. Seine Eltern waren nicht wohlhabend,
aber bieder, rechtschaffen und fromm und daher überall geliebt und
geachtet. Francis hatte nur eine Schwester, die nur etliche Jahre
als liebliches Blümchen in dem Familiengarten blühte und von
dem Herrn frühzeitig in ein besseres Klima verpflanzt wurde. Der
schnelle Tod dieser so innig geliebten Schwester machte einen tiefen
Eindruck auf ihn und bewirkte eine wunderbare Veränderung in
seinem zarten Herzen. Von nun an richtete er seine Blicke und
Gedanken mehr nach Oben, las fleißig in seiner Bibel, fand in
den Lebensbeschreibungen frommer Männer viel Aufmunterung und
schon in dem zarten Alter von sieben Jahren erlangte er den Frieden Gottes für seine Seele.

Zu dieser Zeit besuchte Asbury eine Schule, in der er viel zu
leiden hatte. Sein Lehrer war ein ungemein zorniger und un-
barmherziger Mann. Aber auch diese Leiden dienten dem frommen
Knaben zu seinem Besten. Er suchte oft in seiner Noth Trost bei

3

dem Herrn im gläubigen Gebet. Und weil er wußte, daß seinem
Vater viel an seiner Ausbildung gelegen war, ertrug er lange
Zeit stillschweigend mit großer Geduld diese rohe Behandlung.
Endlich aber fanden sich seine Eltern doch veranlaßt, ihn aus der
Schule zu nehmen, um ihren Sohn aus den Händen des Tyran-
nen zu befreien.

Aber wie Gott der himmlische Vater den Herzog unserer Seligkeit durch Leiden vollkommen machte, so wurde auch Asbury
durch diese harte Zucht vorbereitet für sein späteres eifriges, auf-
opferndes und selbstverläugnendes Leben und Wirken. Aus der
Schule kam er in eine wohlhabende aber weltlich gesinnte Familie,
wo kein Gebet und keine Gottesfurcht war; er wurde hier mit dem
Glanz und den Vergnügungen der modernen Welt umgeben und
der Umgang mit diesen weltlichen und leichtfertigen Menschen erwies sich für seinen Glauben als eine viel schwerere Probe, als
die Mißhandlungen, die er sich von seinem Lehrer hatte müssen
gefallen lassen. Er fiel zwar nicht ganz aus der Gnade und wurde
nicht offenbar gottlos, denn der Herr „hatte für ihn gebeten, daß
sein Glaube nicht aufhöre". Wie die Palme bei der Last am
tiefsten wurzelt; wie die wohl beschnittene Rebe die süßesten
Trauben trägt; wie die mit Dornen umgebene Rose unter
allen Blumen den lieblichsten Duft verbreitet — so ist eine strenge
Erziehung und eine harte Jugend zum Gedeihen 'des geistlichen
Lebens viel förderlicher, als eine zu freie, leichte und üppige: denn
„es ist ein köstliches Ding einem Manne, daß er das Joch in seiner
Jugend trage". Zum Glück blieb er nur einige Monate in dieser
weltlichen Familie. Er war nun in seinem vierzehnten Lebensjahre und sollte ein Geschäft erlernen. Dieses Mal hatte er das
Glück, in eine gute, christliche Familie zu kommen, die ihn wie
ihren eigenen Sohn behandelte. Er fing nun auch wieder an Morgens und Abends zu beten. Er konnte sich das herrliche Wort:
„Ich habe dich je und je geliebet, darum habe ich dich zu mir
gezogen aus lauter Güte" — wieder aneignen. Der hl. Geist

wirkte mächtiger in seinem Herzen als je zuvor. - Die Kirche be=
suchte er regelmäßig, wo das Wort mit Beweisung des Geistes
und der Kraft gepredigt wurde. In seinen freien Stunden las
er gute Bücher, u. A. auch Whitefield's Predigten.

Bis dahin war Asbury noch nicht mit den Methodisten be=
kannt geworden. Er hatte aber öfters gehört, wie betende Perso=
nen „Methodisten" genannt wurden. Er fragte daher seine Mutter,
was eigentlich die Methodisten für Leute seien. Sie gab ihm einen
recht günstigen Bericht und nannte ihm Jemand, bei dem er noch
Näheres erfahren könne. Bald darauf begleitete er genannte Person
in eine Methodisten = Versammlung. Mit Begeisterung erzählte
Asbury später von dieser Versammlung Folgendes: „Es war keine
Kirche, aber besser als eine Kirche. Wie andächtig waren die Leute!
Männer und Frauen knieten nieder, und nach einem Gebet im
Geist und in der Wahrheit sagten sie ein kräftiges „Amen". Dann
sangen sie ein herrliches Lied. Es war Leben in dem Gesang,
der schöner und herrlicher war, als ich je zuvor etwas gehört hatte."

Ueber die Gebete, welche ohne Buch aus dem Herzen gesprochen
wurden, verwunderte er sich sehr. Auch die einfache aber kräftige
Predigt machte einen tiefen Eindruck auf sein frommes Gemüth.
Er besuchte diese Versammlung öfter und jedes Mal steigerte sich
sein Interesse. In dieser Gemeinschaft machte er gute Fortschritte
in der Gottseligkeit. Er fand sich zu dieser Zeit veranlaßt, in dem
Hause eines Freundes eine Betstunde anzufangen. Der Schall
der Lieder und Gebete zog viele Leute an; Einige kamen aus Ernst,
Andere aus Neugierde, noch Andere um zu spotten. — Den Eigen=
thümern wurde bange und sie wollten die Versammlung nicht mehr
in ihrem Hause haben. Dieses entmuthigte jedoch den jungen
Helden nicht. Er fand bald einen anderen Ort und zwar sein
elterliches Haus. Hier führte er seine Versammlung ungestört fort.
Er redete zu den massenhaft herbeiströmenden Personen mit Be=
weisung des Geistes und der Kraft und ermahnte sie eindringlich,
dem zukünftigen Zorn zu entfliehen.

Auch an andern Orten hielt er Versammlungen und bald wur=
den Seelen unter seiner Arbeit bekehrt. Seine Beredsamkeit setzte
die Leute in Staunen. Sie fragten sich untereinander: „Woher
hat er diese Weisheit, diesen Gedankenreichthum, diese schöne,
fließende Sprache?"

In Bälde überzeugte sich die Gemeinde, daß ein Jüngling mit
solcher Gnade, mit solchen Gaben und Früchten für das Predigt=
amt berufen sei. Somit empfing er Erlaubniß zum Predigen und
mit großer Kraft verkündigte er Tausenden von staunenden, wei=
nenden Zuhörern das Wort des Lebens. Doch war es nicht nur
seine Beredsamkeit, sondern auch seine Jugend, welche die Massen
anzog, denn er war noch nicht ganz siebenzehn Jahre alt. Als
Lokalprediger predigte er wöchentlich vier bis fünf Mal, bis er in
seinem 21. Lebensjahre in das Reise=Predigtamt aufgenommen
wurde.

Fünf Jahre später reifte in ihm der Entschluß, als Missionär
nach Amerika zu gehen. Sobald er in seinem Innern die Ueber=
zeugung hatte, daß dies der Wille des Herrn sei, da „fuhr er zu
und besprach sich nicht mit Fleisch und Blut". Und als John
Wesley an der Conferenz im Jahr 1771 die Frage stellte: „Wer
ist willig, nach Amerika zu gehen?" war Asbury einer der Ersten,
der sprach: „Hier bin ich, sende mich." Doch nicht ohne schwere
Kämpfe brachte er dieses Opfer. Seiner geliebten Mutter den
Entschluß mitzutheilen, sie vielleicht auf Nimmerwiedersehen (in
diesem Leben) zu verlassen, fiel ihm schwer auf das Herz. Aber
diese edle Frau legte ihm kein Hinderniß in den Weg, sondern
ähnlich wie die Mutter Wesley's sagte sie: „Und hätte ich zwanzig
Söhne, so würde ich sie alle mit Freuden hergeben zum Dienste
der Mission."

Am 4. September 1771 bestieg er mit Richard Wright das
Schiff, welches ihn nach acht langen Wochen in den Hafen von
Philadelphia brachte. Auch auf dem Schiffe predigten sie, so oft
es ihnen möglich war.

Asbury blieb die ersten zehn Tage in Philadelphia und predigte das Evangelium mit Kraft.

Auch an verschiedenen anderen Plätzen predigte er, ehe er die
Muttergemeinde in New-York besuchte. Es schien ihm, daß die
Brüder, die vor ihm in der neuen Welt thätig waren, sich zu viel
auf die größeren Städte beschränkten und die zerstreuten Ansiedler
auf dem Lande vernachlässigten. Er machte daher ausgedehnte
Missionsreisen und predigte täglich überall, wo er Zugang fand,
„die Buße zu Gott und den Glauben an den Herrn Jesum Christum".
So war Asbury im eigentlichen und vollen Sinne des Wortes
der erste Reiseprediger in Amerika. Wohl hatte vor ihm Whitefield, gleich dem „Engel mit dem ewigen Evangelium", die Kolonien von einem Ende bis zum andern durchflogen und mit ver-
zehrendem Eifer und übermenschlicher Beredsamkeit das Wort vom
Kreuz gepredigt; jedoch war seine Arbeit nicht sowohl die eines
Reisepredigers, als vielmehr die eines Evangelisten. Asbury
wollte sich richten nach der Vorschrift Wesley's: „Gehe nicht nur
zu denen, die dich bedürfen, sondern zu denen, die dich am meisten bedürfen." Daher sagte er einst: „Meine Brüder scheinen
keine Lust zu haben, die Städte zu verlassen, darum will ich ihnen
den Weg zeigen. Ich habe nichts zu suchen, als Gottes Ehre;
nichts zu fürchten, als Sein Mißfallen. Ich kam in dieses Land
mit dem Verlangen, so viel Gutes zu thun, als mir möglich ist,
und mit der Gnade Gottes wird es mir gelingen. Niemand soll
mich mit glatten Worten oder schönen Redensarten binden. Weder
Menschenfurcht noch Menschengunst soll mich in meiner Arbeit
stören; und sollte ich mein Brot von Haus zu Haus betteln müssen,
so will ich doch treu sein meinem Gott, meiner Seele und diesem
Volke." Als er zwei Monate mit großer Selbstverläugnung und
ohne ein besonderes Arbeitsfeld gepredigt hatte, wurde ihm die
Stadt Philadelphia als seine Bestellung angewiesen. Aber auch
hier predigte er in den Wochentagen in der Umgegend und kehrte
erst am Samstag wieder in die Stadt zurück.

Am 10. Oktober 1772, also ein Jahr nach seiner Ankunft in Amerika, empfing er einen Brief von Wesley, durch den er als Superintendent über das Werk in Amerika eingesetzt wurde. In dieser Stellung fand er Gelegenheit sein administratives Talent zu entwickeln. Auf seinen Rundreisen kam er häufig mit Pastoren der englischen Kirche zusammen, die da meinten, sie allein haben die Vollmacht das Evangelium zu predigen. Aber Asbury war nicht der Mann, sich auf diese Weise abweisen zu lassen. Er stützte sich auf seinen göttlichen Beruf und wies hin auf die Unwissenheit und Gottlosigkeit des Volkes. Es ist auch hauptsächlich das Verdienst des Methodismus, daß die Priestergewalt und der Sektengeist aus Amerika verbannt und vollkommene Religionsfreiheit eingeführt wurde.

Das Jahr 1774 war ein schweres für Asbury. John Wesley hatte Rankin, einen älteren Prediger als Asbury, herübergesandt und ihn zum Superintendenten eingesetzt. Rankin, als ein frischer Mann, kannte aber die Bedürfnisse des Werkes und die Fähigkeiten der Prediger nicht hinlänglich, und doch hatte er die Autorität, die Prediger zu versetzen. Asbury war weit besser bekannt, und das Wohl des Werkes lag ihm sehr am Herzen; darum mußte es ihn tief schmerzen, wenn nach seinem Urtheil die Reichssache Gottes Schaden litt. Auch hatte er in jenem Jahre viele körperliche Leiden zu tragen. Dennoch predigte er dreihundert Mal und reiste 2000 Meilen im Sattel.

Im Jahre 1776 brach, wie allgemein bekannt, der Unabhängigkeits-Krieg aus. Dieses war eine harte Zeit für die Methodisten-Prediger, denn die Meisten von ihnen waren erst einige Jahre vorher von John Wesley aus England nach Amerika gesandt; daher standen sie im Verdacht, sie sympathisirten mit England. Rankin verließ auch gleich nach Ausbruch des Krieges Amerika und eilte nach England zurück. Asbury blieb; er war bereits ein Amerikaner mit Leib und Seele, glaubte sich aber als Diener des Evangeliums nicht berufen, sich in die Politik zu mischen.

Im Jahre 1777 hielt sich Asbury in Baltimore auf, wo man ihn zu einem Eide zwingen wollte, den er nicht gewissenhaft ablegen konnte, und somit mußte er den Staat verlassen. Er ging nach dem Staat Delaware und fand freundliche Aufnahme bei Richter White, wo er sich eine geraume Zeit aufhielt. Die Heimath bei Richter White war für den künftigen Pionier-Bischof eine „Wartburg" — wo er sich für das große Werk seines Lebens, wozu ihn Gott bestimmt hatte, in der Stille vorbereiten konnte.

Bald nach dieser Zeit entstand große Unzufriedenheit unter den Methodisten der südlichen Staaten, denn bis dahin war noch kein Methodisten-Prediger ordinirt; wenn daher unsere Brüder die Sakramente genießen wollten, so mußten sie zu den Pastoren der bischöflichen Kirche gehen. Die Meisten von diesen waren aber während des Krieges nach England geflohen und hatten ihre Gemeinden im Stich gelassen. Einige von Denen, die geblieben waren, waren so weltlich und gottlos, daß sich die ernsten Glieder der Methodisten-Kirche weigerten, aus ihrer Hand das heilige Abendmahl zu empfangen. Die Prediger des Südens hielten daher eine Conferenz, erwählten die Aeltesten und Geachtetsten unter sich zu Diakonen und Aeltesten und ordinirten sie selbst. Diese Unregelmäßigkeit konnte aber weder der streng kirchliche Wesley, noch der ordnungsliebende Asbury gut heißen. Der Letztere schrieb daher einen ernsten Brief an die Betheiligten und machte ihnen Vorstellungen über dieses unregelmäßige Verfahren.

Darauf hielten auch die Prediger in den nördlichen Staaten eine Conferenz und faßten einen Beschluß, in dem sie die Brüder im Süden baten, die Verwaltung der Sakramente für ein Jahr einzustellen, um mittlerweile Zeit zu gewinnen, sich mit Wesley zu berathen, den Uebelständen auf eine ordentliche, legale Weise abzuhelfen. Asbury selbst reiste zur südlichen Conferenz, legte dort die Beschlüsse der nördlichen Conferenz vor und verſuchte die Gemüther zu beruhigen. Darauf verließ er die Sitzung und zog ſich in ſein Quartier zurück.

Eine Stunde ſpäter ſandte die Conferenz ein Committee zu Asbury und ließ ihm ſagen, ſie könne die Bedingungen der nörd= lichen Brüder nicht annehmen. Dieſe Nachricht wirkte ſo nieder= ſchlagend auf Asbury und machte ihn ſo traurig, daß er in Wei= nen ausbrach. Das Committee weinte mit ihm. Alle Hoffnung ſchien jetzt zu ſchwinden, eine Trennung zu verhüten. Er zog ſich in ſein Kämmerlein zurück, um ſein ſchwer beladenes Herz vor dem Herrn auszuſchütten. Darauf ging er in den Conferenzſaal, um von den Brüdern Abſchied zu nehmen. Wie groß war aber auch ſeine Freude, als er vernahm, daß die Conferenz nachge= geben und die Bedingungen angenommen habe So war die erſte Gefahr der Trennung glücklich beſeitigt durch gläubiges Gebet.

Kurz nach Beendigung des Krieges, im Jahre 1784, ſandte Wesley Dr. Coke nach Amerika, um die Methodiſten, welche nun bereits 104 Prediger und 15,000 Glieder zählten, in eine ſelbſt= ſtändige Kirche zu organiſiren. Wesley hatte Dr. Coke zum Superintendenten für Amerika ordinirt und ihn beauftragt, As= bury für daſſelbe Amt einzuſegnen. Dieſe Vollmacht hatte Wesley nicht von Menſchen empfangen. Er als Stifter und wirklicher Biſchof der Methodiſten = Kirche glaubte die Vollmacht von dem Herrn ſelbſt empfangen zu haben — die ihm anvertrauten Gemeinden in Amerika mit ordinirten Predigern und Superinten= denten zu verſehen. Daher beſtimmte er Dr. Coke und Asbury zu Oberhirten über die Methodiſten=Gemeinden in Amerika, die den Vorſitz an den Conferenz zu führen, die Prediger zu verſetzen, Diakone und Aelteſte zu ordiniren und die ganze Kirche zu beauf= ſichtigen hatten. Aber es war ſein Wille nicht, daß ſie den Bi= ſchofstitel tragen ſollten. Jedoch waren die Verhältniſſe in dem jetzt freien Amerika ganz anders als in England, denn die Biſchöfe der engliſchen Kirche hatten jetzt weder Einfluß noch Autorität über die Methodiſten in Amerika. Es entſtand daher die Frage:

„Sollten die, welche in jeder Beziehung die Stellung eines Bischofs einnehmen, nicht auch den biblischen Namen tragen?" Es wurde daher im Spätherbst des Jahres 1784 in der Stadt Baltimore eine allgemeine Conferenz — oder die erste General-Conferenz — gehalten, an welcher sich die Methodisten Amerikas nach dem Rath Wesley's förmlich organisirten unter dem Namen: „Die bischöf= liche Methodisten-Kirche der Ver. Staaten." Auch wurde beschlossen, daß die Bischöfe wählbar sein sollten. Und ob= wohl Wesley Dr. Coke und Francis Asbury zu Superintendenten ernannt hatte, so erwählte jene Conferenz diese beiden Männer doch noch als iher Bischöfe. Weil aber Dr. Coke viel nach den ausländischen Missionen reiste und nach dem Tode Wesley's seine Gegenwart in England sehr nöthig war, so blieb das Gewicht und die Sorge für die Kirche in den Ver. Staaten hauptsächlich auf den Schultern Asbury's liegen.

Er war aber auch ein auserwähltes Rüstzeug für diese große Arbeit. Seine Menschenkenntniß war außerordentlich. Er konnte mit Recht zu seinen Predigern sagen: „Ihr leset Bücher, ich lese Menschen." Er schaute in die Seelen derer, die mit ihm Umgang hatten, bis in das Innerste. Sein Eifer für die Ehre seines Meisters und die Ausbreitung des Reiches Gottes war ein bren= nender, daß man mit Recht auf ihn anwenden darf: „Der Eifer um dein Haus hat mich gefressen." Er war ein moderner Cäsar, der glaubte, noch nichts gethan zu haben, wenn noch etwas zu thun war. Sein scharfer Blick übersah das große Feld, auf das der Same gestreut werden sollte; und seine große Sünderliebe und Ausdauer machten ihn stark, alle Schwierigkeiten zu überwinden. Einem bequemen und ruhigen Leben war er abgestorben, und durch die Gnade Gottes „achtete er Alles für Schaden und Unrath", was nicht zur Ehre und Verherrlichung Christi diente. Der Schmei= chelei — welcher viele große Männer zugänglich sind — war er doppelt verschlossen, erstens durch seine kindliche Demuth, und zweitens durch seine Abneigung gegen alle Menschen-Vergötterung.

Als er daher zum erften Mal an einer Lager=Verfammlung im
Weften anwefend war und eine große Maffe Menfchen fich neu=
gierig um das Prediger=Zelt drängten, um den berühmten Bifchof
zu fehen, fagte er zu dem vorftehenden Aelteften: „Du hätteft eben
fowohl einen Elephanten ins Lager bringen können.“ Nie ver=
fäumte er eine Pflicht, um das Fleifch zu pflegen und die Sinne
zu befriedigen. Er befaß den Ernft eines Apoftels und lebte in
inniger Gemeinfchaft mit Gott. Gebet war feiner Seele Kraft
und Leben. Nie ließ er den Tifch abräumen oder die Gäfte das
Zimmer verlaffen, ohne vorher mit ihnen gebetet zu haben.

Als Bifchof bereifte er die ganze Kirche. Wie Wesley durch
England, fo reifte er durch die Ver. Staaten. Er predigte täg=
lich in Hütten, Schennen, Paläften und Wäldern, wo er Gelegen=
heit fand. Er ift der eigentliche Gründer der inneren Miffion
und felber der größte Miffionär.

Die Lager=Verfammlungen kamen zu feiner Zeit in Gebrauch
und er befuchte fie, wo es ihm möglich war. Jedes Jahr reifte
er von vier bis fechs Taufend Meilen, faft immer im Sattel und
nur in feinen fpäteren Jahren auf einem kleinen Wagen. Sein
Weg führte ihn häufig über fteile Berge, rauhe Wege und große
Sümpfe. Von Eifenbahnen war damals noch keine Rede. Sein
treues Pferd trug ihn über tiefe Gräben und angefchwollene Flüffe,
denn Brücken gab es damals höchft felten. Sein Nachtlager fand
er oft in kleinen Blockhütten, nicht nur voll von Kindern, fondern
auch von einer Maffe Ungeziefer. Die Betten waren oft hart
und fchmutzig, daß er einmal fagte: „Hätte ich doch ein reines
Brett an einem ruhigen Orte, wie füß würde ich darauf fchlafen.“
Dazu kamen die Gefahren unter rohen Menfchen, wilden Thieren
und noch wilderen Indianern. Bei all' diefen Unannehmlichkeiten
fagte er aber mit dem großen Apoftel: „Ich achte deß Keines, ich
halte auch felbft mein Leben nicht theuer, auf daß ich vollende
meinen Lauf mit Freuden.“

Daß aber Asbury ein angenehmes Leben verfchmähte, kann

man nicht behaupten. Er konnte mit dem Apostel sagen: „Ich kann niedrig sein und kann hoch sein." Er wurde zu Zeiten von wohlhabenden Personen in ihren Palästen durch die herzlichste Gastfreundschaft auf's Reichlichste entschädigt für seine Entbehrungen. Dieses besonders, wenn er von seinen großen Reisen aus dem Süden und Westen wieder nach Baltimore und New-York zurückkehrte.

Am liebsten aber ruhte er sich aus von seinen Strapazen in seiner alten Heimath bei Richter White. Er konnte sich in einer gebildeten Gesellschaft ebenso leicht bewegen als unter den einfachen Ansiedlern des Westens. Als er einst die Gastfreundschaft des Richters genoß, kam ein guter Freund White's, ein Rechtsgelehrter, der künftige Gouverneur Bassett; Frau White bewillkommnete ihn freundlich und wies ihn in den Parlor. Schnell kam der Advokat zurück und frug in großer Aufregung: „Madame White, was sind das für Herren in Schwarz gekleidet?" Da diese dann wußte, daß Herr Bassett kein Freund der Methodisten-Prediger war, antwortete sie ausweichend: „Diese Herren sind hier in sehr wichtigen Geschäften." Aber Bassett fuhr fort: „Ich will wissen, wer diese Herren sind!" Die Antwort war: „Asbury und seine Prediger." Darauf sagte Bassett: „Ich muß mein Pferd haben." Aber durch freundliche Ueberredung bewog die Dame des Hauses den Herrn Bassett, über Nacht zu bleiben und so hatte er Gelegenheit, einen Abend in der Gesellschaft des Bischofs zuzubringen. Und er mußte gestehen, daß diese Gesellschaft keine langweilige war. Und aus Höflichkeit lud er den Bischof ein, ihm auch gelegentlich einen Besuch abzustatten. Als er nach Hause kam, sagte er zu seiner Frau: „Ich habe den Methodisten-Bischof eingeladen, uns zu besuchen; was wollen wir machen, im Fall er kommt?" „Wir thun so gut wir können," war die Antwort. Nicht lange danach kam der Bischof langsam vor das Haus geritten. Bassett kannte ihn sogleich und sagte es seiner Frau. Diese lief bestürzt die Treppe hinauf in den zweiten Stock. Der Advokat überlegte, wie er wohl den fast unwillkommenen Gast am besten unterhalten könne. In Eile sandte er nach einer Anzahl Herren, Advokaten, Doktoren und Pastoren, und lud sie ein, den Abend bei ihm zuzubringen. Doch der Bischof kam dadurch nicht in Verlegenheit. In kurzer Zeit hatte er durch seine Beredsamkeit und seine reiche Erfahrung die ganze Gesell= schaft so gefesselt, daß sie ihm mit Lust zuhörten. Am Schluß wurde er ersucht, auch für sie einmal zu predigen. Den folgenden Abend predigte er in der Nachbarschaft; aber aus Furcht hörte ihm Frau Bassett nur von dem Balkon ihres Hauses zu. Am zweiten Abend stellte sie sich vor die Thüre des Hauses, in dem Asbury predigte; aber den dritten Abend ging sie in die Versamm= lung und wurde kurz darauf freudig zu Gott bekehrt.

Asbury hatte nun zwar den Titel, aber nicht das Einkommen eines Bischofs. Er bezog eben so viel Ge= halt wie jeder andere ledige Prediger. Lange Zeit bekam er nicht mehr wie 64 Dollars jährlich und später 80 Dollars. Dazu kamen noch 20 bis 25 Dollars Reisekosten. Damit wäre es ihm freilich nicht möglich gewesen, sich so zu kleiden, daß er sich hätte können in den Städten des Ostens sehen lassen. Die Brüder in New= York gaben ihm daher fast jedes Jahr, wenn er von seiner großen Rundreise aus dem Süden und Westen zurückkam, einen neuen Anzug. Auch die Brüder in Baltimore unterstützten ihn. Be= sonders beschenkten sie ihn in seinen älteren Lebensjahren von Zeit zu Zeit mit einem neuen Buggy, um seine Reisen bequemer zu= rücklegen zu können.

In den Jahren 1808 bis 1812 nahm er um seines Alters willen einen Begleiter mit sich. Zu diesem Ehrenposten wählte er Henry Böhm, einen in Pennsylvanien geborenen Deutschen, damals ein rüstiger Mann von etwa 30 Jahren. Erst vor etlichen Jahren starb derselbe in süßem Frieden, nachdem er seinen hundert= jährigen Geburtstag gefeiert und die Gnade Gottes reichlich er= fahren hatte. Auf diesen Reisen predigte H. Böhm häufig zu den

Deutschen in ihrer Muttersprache; besonders in dem Staat Pen=
sylvanien und in den Städten Baltimore und Cincinnati.

Außer der Kirche hatte Asbury für nichts als für seine geliebte
alte Mutter zu sorgen, was er auch treulich that bis an ihr seliges
Ende. Folgendes Zeugniß giebt er ihr: „Fünfzig Jahre lang
waren ihre Hände, ihr Haus und Herz offen für Gottes Volk und
und Christi Diener. Sie war ein helles Licht an einem dunklen
Ort. Eine leidende aber dabei thätige Frau. Ihr großer Ver=
stand beugte sich willig unter die Macht des christlichen Mitgefühls,
das mit den Weinenden weint und mit den Fröhlichen sich freuet.“

Verehelicht war Asbury nie. Folgendes sind seine Gründe für
ein uneheliches Leben: „Ich war berufen zum Predigen mit 14
Jahren. Lizens empfing ich im 17. In das Reisepredigtamt trat
ich mit 21 Jahren. 26 Jahre alt kam ich nach Amerika. So
lange hatte ich Grund genug, ledig zu bleiben. Dann kam der
Krieg und das war keine Zeit zum Heirathen. In meinem 39.
Jahre wurde ich zum Bischof über Amerika ordinirt. Zu meinen
Amtspflichten gehörte auch die, ununterbrochen durch das Land zu
reisen, und ich konnte nicht erwarten, eine Frau zu finden, die
Gnade genug besäße, zufrieden zu sein, wenn sie nur eine Woche
aus 52 bei ihrem Mann sein könnte. Uebrigens hat ein Mann
kein Recht, die Zuneigung einer Frau zu mißbrauchen, indem er
sie ehelicht und dann doch nicht mit ihr zusammen leben kann.
Ich darf noch hinzufügen, daß ich wenig Geld hatte und mit dem
Wenigen meine geliebte Mutter unterstützte, bis ich 57 Jahre alt
war. Habe ich Unrecht gethan, so hoffe ich, daß mir Gott und
das weibliche Geschlecht verzeihen werden.“

Aber fast alle Reiseprediger jener Zeit waren ledig. Sie hatten
erstlich kein Geld, um eine Frau zu ernähren, und zweitens
keine Zeit, um sich viel bei ihrer Familie aufzuhalten. Es
machte sich daher fast jeder Prediger, sobald er in die Ehe trat,
seßhaft und erwarb sich seinen Lebensunterhalt mit seinen eigenen
Händen.

Als daher die Nachricht von der Verehelichung Dr. Coke's sich verbreitete, sagte Asbury: „Die Ehe ist ehrenwerth bei Allen, aber für mich ist sie schrecklich wie der Tod; denn wir haben durch sie für das Reisepredigtamt wenigstens 200 der besten Männer verloren."

In Virginien war ein Bezirk, wo fast jeder Prediger, der dorthin gesandt wurde, eine Frau nahm. Der Bischof glaubte, daß die Damen daran schuld seien und sandte daher zwei alte Männer dorthin in der Hoffnung, daß diese nicht in den Schlingen der Liebe gefangen würden. Aber zu seinem Erstaunen verehelichten sich jenes Jahr Beide. Als er dieses hörte, sagte er: „Ich fürchte, die Weiber und der Teufel bekommen noch alle unsere Prediger." Nehmen wir aber die Umstände jener Zeit, die Armuth der Kirche und die Bedürfnisse des Werkes in Betracht, so werden wir diese Männer nicht nur entschuldigen, sondern ihre Selbstverläugnung und ihren heldenmüthigen Missionseifer bewundern und uns fragen: „Wie viele von uns wären wohl willig, wenn es die Noth erforderte, solche Opfer zu bringen?"

Asbury war auch allem Stolz und Prunk von Herzen abgeneigt. In einem Briefe von ihm an einen jungen Prediger finden sich folgende schneidenden Worte: „Ich fürchte, die jungen Prediger sind nicht mehr so einfach und demüthig, wie in früheren Jahren. Die Sucht, durch Kleidung und Talente zu glänzen, zeigt sich je mehr und mehr. O mein liebes Kind, bleibe demüthig, wachsam, einfach, führe ein göttliches Leben, daß Du nicht nur durch Deine Predigt, sondern auch durch Dein Leben das Evangelium zierest." In seinen letzten Lebensjahren kam er auf seiner Reise durch den Staat Ohio in einer Stadt in eine wohlhabende Methodisten-Familie, wo die Tochter mit einigen nach der Mode gekleideten jungen Damen sehr aufgeputzt an dem Piano saß und spielte. Der Bischof setzte sich, und bald trat der Vater und die Mutter der spielenden jungen Dame ein. Sie begrüßten den Bischof freundlich und dann kamen auch der Großvater und die

Großmutter und reichten ihm die Hände. Er hielt die Hand der Großmutter fest, schaute ihr in das Gesicht, und während sich eine Thräne aus seinem Auge stahl, sagte er: „Ich wollte eben sehen, ob ich in deinen Gesichtszügen eine Spur von dem Bilde deiner seligen Mutter entdecken konnte. Sie gehörte zu der ersten Generation der Methodisten. Sie führte ein heiliges Leben und starb eines seligen und triumphirenden Todes. Du und dein Mann" — fuhr der Bischof fort — „gehören zu der zweiten Generation der Methodisten. Dein Sohn hier und seine Frau sind die dritte und dieses junge Mädchen repräsentirt die vierte. Sie hat gelernt sich fein zu kleiden und auf dem Piano zu spielen und ist wahrscheinlich bekannt mit allen Künsten des modernen Lebens, und ich stelle mir vor, daß nach diesem Maßstab des Fortschritts die fünfte Generation der Methodisten nach der Tanzschule geschickt wird."

Ebenso protestirte er gegen zu kostbare Kirchen, Thürme und Glocken und gegen geschlossene Kirchenstühle, die vermiethet wurden. Er suchte das Reich Gottes nicht in kolossalen Kirchenmauern und hohen Thürmen, sondern „inwendig in dem Menschen," nicht in äußerem Pomp und Pracht, sondern in Gerechtigkeit, Friede und Freude im heiligen Geist." Den Armen sollte das Evangelium gepredigt werden. Seine Reiseprediger sollten mit den ersten Ansiedlern vordringen nach allen Richtungen und daher war überall Sparsamkeit und Einfachheit nöthig.

Aber trotz seiner Einfachheit und Sparsamkeit war Bischof Asbury doch für Ordnung und Reinlichkeit in allen Stücken. Von ihm stammt die Regel für Prediger in der Kirchen-Ordnung: „Ordnung und Reinlichkeit überall anzuempfehlen." In einer Predigt sagte er einmal: „Haltet eure Hütten, eure Betten und Kleider rein um eurer Gesundheit und um eurer Seelen willen. Präget dieses euren Frauen und Töchtern ein, denn es ist keine Frömmigkeit in Schmutz und Unreinigkeit."

Asbury war ein Mann des Fortschritts. Er gründete eine

Hochschule und sammelte die nöthigen Mittel dafür. Er stif=
tete das Buch = Concern und bemühte sich nützliche und reli=
giöse Bücher im ganzen Lande zu verbreiten. Der sogenannte
Charter = Fund zur Unterstützung der ausgedienten Prediger
ist seine Stiftung. Er fing die erste Sonntagschule in
Amerika an, in Hanover County, Virginien, in welcher John
Charleston bekehrt wurde, der später ein berühmter Reiseprediger
wurde. Er machte es auch den Predigern zur Pflicht, überall
Sonntagschulen zu gründen, wo nur zehn Kinder gesammelt wer=
den können. So verlangte er auch mit allem Nachdruck, daß
Glieder unserer Kirche, welche Sklaven hatten, dieselben nach und
nach in Freiheit setzen sollten. Wenn er auf Plantagen übernach=
tete, so sammelte er Abends immer die Farbigen in der Küche und
predigte ihnen das Evangelium. Es war für die Sklaven ein
Freudenfest, wenn der Bischof auf einer Plantage erschien. Viele
von diesen Kindern Afrikas verdanken ihm die Rettung ihrer
Seele.

Asbury war zwar kein Politiker, aber er war ein Patriot.
Er liebte sein Adoptiv=Vaterland und ehrte den General Washing=
ton als Vater dieses Landes. Er und Dr. Coke waren die Ersten,
die ihm nach seiner Erwählung zum Präsidenten im Namen der
Kirche gratulirten. Sie überreichten ihm eine herzliche Adresse,
worauf Washington auf eben so herzliche Weise dankte.

Asbury hatte aber auch, wie jeder bedeutende Mann, seine
Feinde. Denn ein so thatkräftiger Mann kommt manchmal dem
gleichgiltigen Miethling etwas nahe und ein so einsichtsvoller und
willensstarker Mann macht in seiner Stellung hie und da einen
Strich durch die Rechnung seiner Untergebenen. Sein schlimmster
Gegner, der ihm so recht ein „Pfahl im Fleische" wurde, war
O'Kelly, ein begabter und fähiger Mann, der lange Vorstehender
Aeltester in Virginien war. Derselbe opponirte den Bischöfen
Jahre lang und beunruhigte die Kirche derart, daß für eine Zeit
lang eine Trennung befürchtet wurde. Er wollte die Macht der

Bischöfe bei Versetzung der Prediger beschränkt haben, und verlangte für die Prediger das Recht der Appellation an die Conferenz, wenn sie mit ihrer Bestellung nicht zufrieden sein sollten.
Dieses hätte die Bischöfe in Besetzung der Arbeitsfelder in unendliche Schwierigkeiten bringen können. O'Kelly brachte diese
Frage durch einen Beschluß im Jahre 1792 vor die General-Conferenz, die denselben nach einer dreitägigen Debatte mit großer Ma-
jorität verwarf. O'Kelly zog sich darauf mit etlichen andern Predigern von der Kirche zurück und gründete die republikanische
Methodisten = Kirche, von welcher aber gegenwärtig keine Spur
mehr zu finden ist.

Nachdem Asbury 45 Jahre in Amerika gereist, und unter
Strapazen und Anstrengungen die viele und schwere Arbeit, die
mit dem Bischofsamte verbunden ist, im Segen gethan hatte,
gab endlich seine Constitution nach, doch hörte er auch jetzt nicht
auf zu reisen. Als er so schwach wurde, daß er nicht mehr allein
in die Kirche gehen konnte, ließ er sich hineinführen und zuletzt
hineintragen. Zu schwach, stehend zu predigen, predigte er
sitzend. Schaaren von Zuhörern lauschten bewegt den aus liebe-
vollem Herzen strömenden letzten Worten dieses Vaters in Israel.
So reiste er zuletzt durch Süd- und Nord-Carolina bis nach Richmond, Virginien, woselbst er seine letzte Predigt hielt. Er hoffte
noch Baltimore zu erreichen, wo den 1. Mai die General-Conferenz zusammentreten sollte. Aber noch 20 Meilen von Friedrichsburg entfernt, kehrte er bei Georg Arnold, einem alten Freund
und Bruder ein, und fand dort das Ziel seiner Pilgerschaft. Den
29. März 1816 trug man ihn in das Haus dieses Bruders, und
zwei Tage später, an einem lieblichen Sonntagmorgen, als er
während dem Familiengebet auf einem Stuhle saß, rief ihn der
Herr von der Arbeit zur Ruhe, von der Fremde in die Heimath,
vom Kampf zum Triumph und vom Leiden zur Herrlichkeit. Dort
bestattete man ihn auch zur Erde. Aber auf Beschluß der General-
Conferenz wurde seine irdische Hülle den 10. Mai desselben Jahres
4

nach Baltimore gebracht und in einem Gewölbe neben der Kanzel
in der Eutaw Kirche beigefetzt, wo ihm folgende Grabfchrift ge=
fetzt ift:

Gewidmet zum Andenken

an

Rev. Francis Asbury,

Bifchof der Bifchöflichen Methodiften=Kirche.

Er ward geboren in England, den 20. Auguft 1745;
fing an zu predigen im Alter von 17 Jahren;
Kam als Miffionär nach Amerika im Jahre 1771;
Wurde zum Bifchof ordinirt in diefer Stadt, den 27. September 1784;
Befuchte jährlich die Conferenzen in den Vereinigten Staaten;
Mit großem Eifer „predigte er das Wort" —
Ueber ein halbes Jahrhundert.
Er hat buchftäblich feine Arbeit befchloffen mit feinem Leben,
Nahe Friedrichsburg, Virginien,
Im vollen Triumph des Glaubens, den 31. März 1816,
Im Alter von 70 Jahren, 7 Monaten und 11 Tagen.
Seine Ueberrefte wurden in diefer Gruft beigelegt, den 10. Mai 1816,
Durch die General=Conferenz, gehalten in diefer Stadt.
Seine Tagebücher werden der Zukunft eröffnen —
Seine Arbeit, feine Befchwerden, feine Leiden,
Seine Geduld, feine Beharrlichkeit, feine Liebe zu Gott und Menfchen.

Jesse Lee und die Einführung des Methodismus in Neu-England.

Von G. E. Hiller, Freeport, Ills.

Unter den vielen Helden, die vom amerikanischen Methodismus hervorgebracht wurden, kommt es Jesse Lee zu, mit in der ersten Reihe zu stehen. Mit vollem Recht trägt er den Ehrennamen: „der Apostel des Methodismus in Neu-England". Und das will was sagen.

Neu-England, wozu wir die Staaten östlich von New-York liegend — Massachussetts, Rhode-Island, Connecticut, Vermont, New-Hampshire und Maine — zählen, bildet recht eigentlich den klassischen Boden dieser Republik. Dort ist die amerikanische Nation geboren. Das Freiheitsprinzip und das Unionsprinzip, diese beiden haben diesem Lande seine politische Größe gegeben und diese haben wir den Neu-Engländern zu verdanken, denn diese Prinzipien wurden schon von den Pilgervätern über die See gebracht. Und wie treulich ihre Nachkommen bei der nämlichen Gesinnung beharrten, wie viel neu-engländische Denkweise und Thatkraft dazu beitrugen, daß diese Union aus ihren großen Gefahren gerettet wurde, wird Jeder, der die Geschichte dieses Landes vorurtheils-frei liest, erkennen müssen. Im Unabhängigkeits-Kriege, in dem langjährigen legislativen Kampfe, der sich um das Institut der Sklaverei drehte, und in dem blutigen Bürgerkriege, worin dieser Kampf kulminirte — waren es stets die Neu-Engländer, die die vorderste und mächtigste Colonne bildeten auf der Seite des Rechts. Zwar standen auch die westlichen Nordstaaten im letzten Kriege für

die Union ein, aber das kam doch hauptsächlich daher, daß Neu=
England von seinem besten Blute hatte dorthin strömen lassen.
Unsere weisesten und segensreichsten sozialen Einrichtungen, wie das
Freischulensystem, die amerikanische Sonntagsfeier, das Mäßigkeits=
system, die die mächtigsten Säulen unseres nationalen Tempels
bilden, haben wir den Neu=Engländern zu verdanken. Wehe uns,
wenn es fremdem Element gelingen sollte, diese Säulen zu unter=
graben!

Daß der eigentliche Herd des echten und edelsten Amerikaner=
thums in Neu=England zu finden ist, geht auch daraus hervor,
daß seine Einwohner den Spitznamen „Yankees" tragen. So hießen
die Engländer bekanntlich in der Revolution alle Amerikaner; so
benannten wiederum die Rebellen im Bürgerkriege alle Unions=
leute; so bezeichnet aber der eingewanderte Europäer nur die Neu=
Engländer.

Neu=England war und ist der Kopf dieser Nation. Amerikas
größte Gesetzgeber, seine Naturforscher, Redner, Philosophen, sind
der Mehrzahl nach dort entsprungen. Samuel Adams, John
Adams, John Quincy Adams, Rufus Choate, Daniel Webster,
Charles Sumner, Henry Wilson, Jonathan Edwards, William
Channing, Lyman Beecher, Ralph Waldo Emerson, William
Lloyd Garretson, Wendell Philipps, Harriet Beecher Stowe, George
Peabody, H. W. Longfellow, William Cullen Bryant und Joseph
Cook bilden eine Gruppe, deren Einfluß gefühlt werden wird, so
lange die Union besteht und die ihresgleichen in keinem andern
Theile des Landes hat. Von welcher Bedeutung es ist, daß der
Sauerteig des Methodismus in das neu=engländische Mehl ge=
mengt wurde, in andern Worten, wie viel der Methodismus dazu
beitrug, dem puritanischen Salz, das mehr oder weniger dumm
geworden war, die rechte Kraft zu geben, ist wohl noch nie ge=
bührend erwogen worden. Wir denken wenigstens optimistisch genug
vom Methodismus, zu glauben, daß weder in der glorreichen Ge=
schichte des Methodismus, noch in der stolzen Vergangenheit Neu=

Englands eine bedeutungsvollere Epoche zu finden ist, als die dortige
Einführung des Methodismus.   Die Wirkung war eine wechsel-
seitige.   Für Neu-England war diese Begebenheit ein unschätz-
barer Segen, denn neues göttliches Leben wurde ihm dadurch gebracht; aber auch der Methodismus gewann dadurch sehr viel,
denn es wurden ihm dadurch neue Kräfte zugeführt, ohne die er
wohl nie seine Mission hätte so gut ausführen können.

Es war im Jahre 1789, 169 Jahre später, nachdem die puritanischen Pilgerväter, die ersten Ansiedler Neu-Englands, auf dem
„Plymouth-Rock" gelandet waren, und 23 Jahre, nachdem sich die
ersten Methodisten in Neu-England niedergelassen hatten, als der
erste Reiseprediger, mit einem Herzen von der Liebe Jesu glühend,
die Grenze Connecticuts überschritt, um das Panier des Methodismus in den Neu-Englandstaaten bleibend aufzupflanzen.   Wir
sagen bleibend aufzupflanzen; denn es waren wohl schon früher
Methodistenprediger dort durchgereist und hatten dort gepredigt —
so Charles Wesley, als er im Jahre 1736 auf der Heimreise von
Charleston war; so später Whitefield, der dort längere Zeit mächtig
wirkte; so William Black, der im Jahr 1784 von Neuschottland
aus dort durchreiste — aber einen bleibenden Halt hatte man bis
jetzt dort noch nicht gewonnen.   Um diese Zeit befanden sich in
den Ver. Staaten ca. 200 Methodistenprediger und 43,000 Glieder;
an den schönen Ufern des Hudson, zwischen den rauhen Bergen
Pennsylvaniens, in den düstern Wäldern der Karolinas, zwischen
den Savannahs von Georgien, ertönte überall aus dem Munde
methodistischer Reiseprediger die Botschaft des freien und vollen
Heils in Christo, und erschallten aus der Brust neugeborener Seelen
Freudenlieder über ihre Annahme bei Gott; aber in Neu-England
befand sich noch nicht ein einziger Methodisten-Prediger und noch
nicht eine einzige Methodisten-Gemeinde.

Wie kam das?   Weshalb hatte jene heldenmüthige Schaar von
Reisepredigern mit dem unvergleichlichen Bischof Asbury an der
Spitze bis dahin gezögert, dieses so wichtige Gebiet zu bearbeiten?

War es etwa, weil sie ihre Arbeit für Neu-England nicht so nöthig hielten? Dieses mag zum Theil die Ursache gewesen sein. Denn es muß zugestanden werden, daß von Anfang an die kirchlichen Verhältnisse dort besser geordnet waren, als in irgend einem andern Theile Amerikas. Aber dieser war doch wohl nicht der Hauptgrund ihres Zögerns; denn es war ihnen wohlbekannt, daß trotz aller Kirchlichkeit wenig wahre Gottseligkeit dort zu finden war. Vielmehr war es deshalb, weil eben wegen dieser Kirchlichkeit der Leute sich der Einführung des Methodismus in Neu-England scheinbar unüberwindliche Hindernisse in den Weg stellten. Ein Blick auf die vorherige Entwickelung dieser Staaten wird dieses klar machen.

Die Gründer des Gemeinwesens in Neu-England waren Puritaner. Und wer waren diese viel verkannten und namentlich von Deutschen oft ganz verkehrt beurtheilten Puritaner? Sie waren keine gewöhnlichen Leute. Ein berühmter Geschichtschreiber meint, daß sie das merkwürdigste Volk waren, das die Welt je gesehen hat. Und so viel ist gewiß, die Weltgeschichte kennt keine Klasse von Menschen, die sich nach Verhältniß ihrer Zahl so gefühlt und gefürchtet machte und so mächtig in den Gang der Geschichte eingriff, als die Puritaner. Sie waren eine verbesserte Auflage der Hugenotten Frankreichs. Ihre Politik war ihre Religion und ihre Religion war ihre Politik. Durch ihre sittliche Strenge, ihre extreme Einfachheit, ihre Selbstverläugnung zogen sie sich die Verachtung und den Spott der Mitwelt zu. Gott, seine Gebote und die unsichtbare Welt war ihnen Alles, und darum schätzten sie die Reichthümer und Ehren dieser Welt und die Macht der Könige und Prälaten gering. Zwar waren sie treue Unterthanen des englischen Königs; allein sie beanspruchten das Recht, das Wort des himmlischen Königs für sich selbst auszulegen und ihm nach Gewissensüberzeugung zu dienen. Dieses Recht sich zu sichern, waren sie bereit, das Schwert zu ergreifen, oder auch, wenn es sein müßte, unter den fürchterlichsten Entbehrungen bis ans Ende

der Welt zu ziehen. An der calvinistischen Lehre von der ewigen
Vorherbestimmung jedes einzelnen Menschen, entweder zur Selig=
keit oder Verdammniß, festhaltend, betrachteten sie sich als die beson=
deren Lieblinge Gottes, um derentwillen Königreiche stürzten und der
Lauf der Sterne regulirt werde. Wer den Geist dieser Leute recht
kennen lernen will, braucht sich nur mit der Geschichte und dem
Charakter Oliver Cromwell's bekannt zu machen. „Der Puritaner",
sagt Lord Macaulay, „bestand aus zwei Menschen: der e i n e sich
beugend, büßend, duldend, voll dankbaren Staunens; der andere
stolz, ruhig, klug, berechnend, unbeugsam. Er winselte im Staube
vor seinem Schöpfer, aber setzte den Fuß auf den Hals seines Königs.
Im Verborgenen lag er vor seinem Gott mit Stöhnen, mit Thrä=
nen, mit Convulsionen; er hörte die Hymnen der Engel oder die
versuchendsten Einflüsterungen der Teufel; nun wurde seine Seele
entzückt durch die seligsten Visionen, und dann wieder erbebte er
vor Gesichtern der Hölle. Aber wenn er als Bürger auftrat oder
seinen Sitz in der Rathsversammlung einnahm, oder das Schwert
umgürtete, so war von diesen stürmischen Bewegungen seiner Seele
nichts mehr zu sehen. Nun war er ruhig, gefaßt, unerschrocken,
schlagfertig."

Solche Leute waren es, die nach einer langen, gefahrvollen und
peinlichen Fahrt am 11. Dezember 1620 Gott dankend die damals
unwirthlichen Gestade von Massachusetts betraten, um sich dort ein
neues, freies Heim zu schaffen. Mit großem Fleiß arbeiteten sie
nun, um sich ein anständiges irdisches Durchkommen zu sichern,
aber über alles Andere ging ihnen die Religion und Sittlichkeit.
Manche Einrichtungen und Bestimmungen ihres Gemeinwesens
haben sich als weise und zweckmäßig erwiesen und haben sich als
köstliches Erbgut jener Pilgerväter bis auf heute erhalten. Aber
ihre sittliche Strenge schlug doch häufig in Eigendünkel, Fanatis=
mus und Unduldsamkeit um. Es stellte sich bald heraus, daß sie
gegen Andersdenkende ebenso einseitig und despotisch sein konnten,
als ihre Bedrücker in England gegen sie gewesen waren. Die

Verbannung aus der Kolonie des edlen Roger Wil=
liams und der Frau Hutchinson und die etwas spätere
Verbrennung von vermeintlichen Heren wird immer als ein
schwarzer Fleck in der Geschichte Neu=Englands dastehen.

Die Nachkommen dieser Leute bewohnten Neu=England in
der Zeit, von der wir reden. Sie waren nun in zwei Parteien
getheilt: die eine streng orthodor, die andere liberal. Das kirch=
liche Wesen war durch das Gesetz regulirt. Jeder mußte durch
Taren die Congregationalisten=Kirche unterstützen, wenn er nicht
einer unabhängigen Gemeinde angehörte, und nur Kirchen=
Glieder hatten das Stimmrecht. Von dem religiösen
Feuer der Puritaner war wenig mehr zu finden, wohl aber ihre
kalte Strenge, ihr Stolz und Eigendünkel. Hin und wieder wa=
ren wohl noch Spuren von der Erweckung unter Whitefield und
Edwards vorhanden, aber im Ganzen war wenig Herzensreligion
zu finden. Gilbert Tennent, einer der frömmsten Männer jener
Zeit, behauptete, daß die bewußte Erfahrung der Wiedergeburt
den meisten Predigern ebenso fremd war, als einst dem Nikodemus.
Die Einen lehrten, daß die Gnade Gottes nur für einen Theil
der Menschen bestimmt und der andere Theil nach einem unerbitt=
lichen Vorsatz Gottes zur ewigen Verdammniß verurtheilt sei,
während die Andern lehrten, daß die Menschen gar keine Gnade
nöthig haben, sondern aus eigener Kraft selig werden können. So
kam es, daß ein Theil des Volkes sich entweder auf die Gnaden=
wahl Gottes oder auf ihre eigene Gerechtigkeit verließ, ein an=
der Theil sich immer mehr der Zügellosigkeit hingab.

Hieraus ersehen wir, daß der Methodismus mit seinem Reise=
system, mit seinem heiligen Feuer, mit seiner Lehre von der freien
Gnade für Alle, mit seinen durchgreifenden Bußpredigten, mit
seiner herrlichen Lehre von der Person und dem Amt Christi ein
großes Bedürfniß war. Wir sehen aber auch zugleich, welche
Hindernisse der Arbeit der Reiseprediger im Wege stehen mußten.
Sie wurden allgemein als Eindringlinge angesehen, deren man

dort gar nicht benöthigt war.   Sodann ärgerten sich die Einen über ihre Ungelehrtheit, die Andern über ihre freudige Begeisterung, die Dritten über ihre grelle Darstellung der menschlichen Sündhaftigkeit, die Vierten über ihre Lehre von der freien Gnade, und das Schlimmste von Allem war noch, daß die Pfarrer für ihr Brod besorgt waren.   Diesen Schwierigkeiten ins Angesicht zu schauen, dazu fehlte selbst vielen der ersten Methodisten-Prediger — die heldenmüthigste Klasse von Menschen, die je gelebt hat — der Muth.   Wir wollen uns nun mit dem Mann, der dem Methodismus in Neu-England mit der bewunderungswürdigsten Ausdauer und dem herrlichsten Erfolge Bahn brach, bekannt machen.

Jesse Lee wurde geboren in Prince, Georga County, Virginia, im Jahre 1758.   Seine Vorväter stammten aus England und hatten sich schon sehr frühe in Virginia niedergelassen.   Seine Eltern, die treue und angesehene Glieder der englischen Staats-Kirche waren, weihten Gott ihre Kinder in der heiligen Taufe und sorgten auch so gut sie konnten für deren religiöse Erziehung. Als er das gehörige Alter erreicht hatte, wurde Jesse Lee zu einem gottesfürchtigen Lehrer in die Schule geschickt, wo er nicht nur im Lesen und Schreiben, sondern auch in der heiligen Schrift und im kirchlichen Katechismus aufs eifrigste unterrichtet wurde. Diese Aussaat trug auch in seinem Fall sehr gute Früchte, denn nicht nur zeichnete er sich vor vielen seiner Genossen durch Gottesfurcht und Gewissenhaftigkeit aus, da ihn, wie er selbst sagt, die Erinnerung an das Gelernte stets von groben Sünden abhielt — nur einmal fluchte er, was er sogleich auf's Bitterste bereute —, sondern er hat auch später als Prediger das in seiner Jugend Gelernte auf's Beste verwerthet.

Als er vierzehn Jahre alt war, wurden seine Eltern, die sich bis dahin auf ihr Formchristenthum verlassen hatten, auf's Tiefste von der Nothwendigkeit der Wiedergeburt überzeugt und fanden, was sie suchten, durch den Glauben an Christum.   Dies brachte

auch Jeſſe zur Erkenntniß ſeiner Sünden, wodurch er zu Zeiten
in ſolche Seelenangſt gerieth, daß er ſich in die Hölle ſinkend
glaubte und laut um Gnade ſchrie. Unſer Erlöſer erbarmte ſich
ſeiner, gab ihm Frieden ins Herz und ein neu Lied in ſeinen
Mund. Im Jahre 1774 ſchloſſen ſich ſeine Eltern und er den
Methodiſten an, und von da an wurde ihr Haus zu einem re=
gelmäßigen Predigtplatz und eine Heimath der Heilsboten, und
Jeſſe arbeitete eifrig für die Errettung ſeiner Jugendgenoſſen.

Als er das Alter von ſiebenzehn Jahren erreicht hatte, verließ
Jeſſe Lee ſeine elterliche Heimath und nahm ſeinen Aufenthalt
bei einer verwittweten Verwandten in Nord = Carolina. Hier
wurde er vom Prediger des Bezirks als Klaßführer ernannt,
worauf er öfters in Klaß= und Betſtunden über göttliche Dinge
redete. Bald wurde ihm auch Erlaubniß zum Predigen verliehen
und am 17 November 1779 hielt er an einem Orte, Namens
„Old Barn,“ ſeine erſte Predigt über den Text: „Sehet, welche
Liebe hat uns der Vater erzeiget, daß wir Gottes Kinder ſollen
heißen!“

Nach dieſem trieb er einige Jahre die Farmerei und wirkte
nebenbei mit Eifer und Erfolg als Lokalprediger, bis er im Jahre
1780 als Soldat in die amerikaniſche Armee eingezogen wurde,
um im Revolutionskriege gegen England mitzukämpfen. Am
29. Juli kam er im Lager an; aber man fand bald, daß der
neue Rekrut im Kriege nicht gut zu verwerthen ſei, denn er
weigerte ſich entſchieden, Waffen zu tragen. Es war nicht, weil
es ihm an Sympathie für die Sache ſeines Volkes fehlte, noch
weniger, weil es ihm an Muth mangelte, den Gefahren ins An=
geſicht zu ſchauen, ſondern er erklärte es mit ſeinem Gewiſſen
als Nachfolger Jeſu unverträglich am Kriege theilzunehmen. Bald
nach ſeiner Ankunft im Lager kam ein Unteroffizier mit Gewehren
herum; als er aber zu Lee kam, weigerte ſich dieſer entſchieden,
das Seine anzunehmen, dann brachte der Lieutenant ein Ge=
wehr, aber er nahm es nicht. Der Lieutenant drohte mit Ein=

sperrung, besprach sich dann mit dem Oberst und kam wieder, aber
Lee blieb noch immer bei seiner Weigerung. Als man ihm das
Gewehr an die Schulter setzte, ließ er es fallen. Nun wurde er
unter Wache gestellt, bis der Oberst selbst kam und, Lee zur Seite
nehmend, ihm klar zu machen suchte, daß es sich wohl mit dem
Bekenntnisse eines Christen vertrage, Waffen zu tragen, aber seine
Gründe waren nicht hinreichend, Jesse Lee zu überzeugen. Als es
Nacht wurde, forderte er die Wache auf, ehe sie zur Ruhe gingen,
mit ihm zu beten, worauf einige Soldaten Stroh und Kleider
brachten und ihm ein recht angenehmes Lager bereiteten. Am nächsten
Morgen war es Sonntag; und, nicht willig, diese Gelegenheit un=
benützt passiren zu lassen, stellte sich unser gefangener Rekrut auf
einen freien Platz, sang mit seiner hellen, kräftigen Stimme die
Soldaten zusammen und hielt mit ihnen eine Betstunde, die Vielen
zum bleibenden Segen wurde. Hierauf kam ein Gastwirth des
Orts an ihn heran, sagte ihm, daß er ihn im Bett habe singen
hören, wodurch er sehr bewegt worden sei, und bat ihn, auch für
die Leute zu predigen. Hierzu gab Lee seine Einwilligung, im Fall
es der Oberst erlaube. Letzterer gab die Erlaubniß, aber vor der Pre=
digt nahm er Lee nochmals beiseits und machte einen zweiten Ver=
such, ihn zur Annahme eines Gewehrs zu überreden. Lee blieb
fest, sagte aber dem Oberst, daß auch ihm die Sache der Kolonien
nicht gleichgültig sei und wenn er auf irgend eine andere Weise
dienen könne, so sei er dazu bereit. Darauf setzte ihn der freund=
liche Oberst auf freien Fuß, gab ihm eine Fuhrmannsstelle und lud
ihn sogar ein, neben seinem eigenen Zelt auf einer Bank zu pre=
digen. Während der Predigt wurden viele der Soldaten und Offi=
ziere tief ergriffen und etliche nahmen sogar ihre Hüte und wollten
dem Prediger unter den Anwesenden eine Kollekte erheben, dieses
wies aber Lee mit Entrüstung zurück, indem er ihnen bedeutete,
daß er nur ein Lokalprediger sei und es als ein großes Vorrecht
ansehe, ihnen das Evangelium verkündigen zu dürfen.

Nach nur dreimonatlichem Dienst gab man ihm eine ehrenhafte

Entlassung und er kehrte mit Freuden in seine Heimath zurück.
Aber nur auf kurze Zeit. Bald darauf verließ er den Pflug, um
als Reiseprediger seine ganze Zeit und Kräfte dem Dienste des
Evangeliums zu widmen. Sein erstes Feld wurde ihm in der
Virginia Conferenz des Jahres 1782 angewiesen, als Gehilfe von
einem Prediger Namens Drumgoole. — Schon auf seiner Hinreise
zu seiner Bestellung hatte er Gelegenheit sich an Menschenkenntniß zu bereichern. In einer fremden Gegend von der Nacht über-
eilt, hielt er vor dem Hause eines Quäkers und bat um Herberge.
„Wenn Du absteigst,“ so lautete die lakonische Antwort des Haus-
herrn, „so werde ich Dich nicht fortjagen.“ Die sonderbare Manier
der Quäker noch nicht kennend, wußte Lee nicht recht, was er aus
dieser Antwort machen sollte. Doch er kehrte ein und wurde bald
gewahr, daß diese Leutchen der apostolischen Mahnung nachkamen:
„Herberget gerne.“ Als er jedoch vor dem Schlafengehen vom
Beten sagte, sprach sein Gastgeber: „Wenn Du im Sinn hast zu
beten, werden wir hinausgehen.“ Und dann entfernte er sich mit
seiner Familie aus dem Zimmer und ließ Lee seine Anbetung verrichten, wie es ihm gefiel.

In den darauffolgenden Jahren arbeitete Lee mit Segen und
Erfolg auf verschiedenen Feldern im Süden, unter denen das wichtigste die Stadt Baltimore war. Hier predigte er nicht nur in
Schul- und Wohnhäusern, sondern auch auf den Marktplätzen und
Straßen und wo er nur immer Zuhörer fand. Aber Lee hatte
im Süden keine rechte Ruhe. In Nord-Carolina hatte er einen
jungen Neu-Engländer angetroffen, der ihm schilderte, wie kalt und
leblos es in den Kirchen seiner Heimath aussähe. Und dadurch
war in Lee ein starkes und bleibendes Verlangen wach geworden,
in den Neu-Englandstaaten das Evangelium zu predigen. Dieses
hatte er auch dem Bischof und Andern wiederholt vorgelegt. Aber
es fehlte der Muth, dieses wichtige Gebiet anzugreifen. Doch
endlich gaben seine zaghaften Brüder nach. An der Conferenz zu
New-York im Jahre 1789 wurden ihm die Neu-Englandstaaten

als sein Arbeitsfeld zugetheilt und im Juni desselben Jahres betrat
er den Boden Connecticuts.

Wir haben die Verhältnisse seines Arbeitsfeldes oben geschil=
dert. Die „frommen", geschulten, selbstzufriedenen Neu=Engländer,
die noch nicht, wie Andere, den Ruf an die Methodisten hatten
ergehen lassen, „Kommt herüber und helft uns," ließen es ihn oft
fühlen, daß er bei ihnen durchaus nicht willkommen sei. Er fand
überhaupt einen kalten Stolz im Benehmen der Leute, wie er ihn
sonst noch nirgends angetroffen hatte. Aber er ließ sich nicht ent=
muthigen. Er wußte, daß dort eine Arbeit für ihn zu thun sei,
und zog voran im Namen Dessen, durch den er Alles vermochte.
Seine nun folgende Wirksamkeit erinnert uns immer wieder an die
Missionsthätigkeit des Apostels Paulus in Griechenland. Er fand
mit Ausnahme der Gewaltthätigkeit, die dem großen Heidenapostel
widerfuhr, ganz ähnlichen Widerstand, befolgte die nämliche Taktik
und hatte ähnlichen herrlichen Erfolg. Doch wir wollen ihn selbst
auf seinen Wanderungen begleiten.

Seine erste Predigt, nachdem er den Boden Neu=Englands be=
treten hatte, hielt Lee in Norwalk, Connecticut. Ueber die Um=
stände erzählt er selbst Folgendes: „Am 17 Juni, um 4 Uhr, er=
reichte ich die Stadt Norwalk und begab mich zu Herrn Rogers,
den ein Freund für mich um Erlaubniß gebeten hatte, in seinem
Hause zu predigen. Dort angekommen, wurde mir von Frau
Rogers mitgetheilt, daß ihr Mann nicht zu Hause und auch nicht
willig sei, mich dort predigen zu lassen. Wir machten nun den
Vorschlag, die Versammlung in einem dicht daneben stehenden alten,
leeren Hause zu halten, aber sie verweigerte es. Sodann frug ich
eine alte Dame in der Nähe, ob ich nicht in ihrem Obstgarten
predigen dürfe; aber sie wollte das nicht, weil wir dadurch das
Gras niedertreten würden. Da entschloß ich mich auf der Straße
unter dem Schatten eines Apfelbaumes zu predigen, wohin zu kom=
men mein Freund nun die Leute einlud. Als die erste Frau nun
sah, daß ich entschlossen sei, zu predigen, bot sie mir ihr altes Haus

an; aber ich sagte ihr, daß es besser sei, zu bleiben, wo wir wären. So begann ich denn auf der Straße mit ungefähr zwanzig Zuhörern. Nachdem ich gesungen und gebetet hatte, predigte ich über Joh. 3, 7: „Ihr müßt von Neuem geboren werden." Ich fühlte mich glücklich, einen so angenehmen Platz zu haben. Die meisten Zuhörer waren sehr aufmerksam, und etliche Frauen neigten das Haupt, als ob sie etwas von dieser neuen Geburt verständen. Nach der Predigt sagte ich den Leuten, daß ich in zwei Wochen wiederkommen wolle, und wenn mir dann Jemand das Haus öffnete, würde es mich sehr freuen, wenn nicht, so werden wir uns an dem nämlichen Platz wieder versammeln. Einige kamen dann und baten mich, das nächste Mal im Stadthause zu predigen, wozu ich einwilligte."

„Donnerstag den 18.," so lautet es weiter in Lee's Tagebuch, „ritt ich bis zu dem sechszehn Meilen entfernten Fairfield, suchte in Herrn Penfield's Gasthaus, nahe beim Courthaus, Herberge und machte bald meine Mission kund. Die Wirthin stellte mehrere Fragen an mich, worunter auch die war, ob ich im Besitz einer tüchtigen Schulbildung sei. Darauf erwiderte ich, daß ich eben genug gelernt habe, um durch die Welt zu kommen. Ich bewog dann einen Mann, mit mir zu den zwei ersten Männern der Stadt zu gehen, um Erlaubniß einzuholen, im Courthaus zu predigen. Der Eine sagte, daß er nichts dagegen habe, und der Andere erlaubte es mit großem Vergnügen, wollte aber auch gerne wissen, ob ich eine gründliche Ausbildung genossen habe. Ich erwiderte, daß ich mich allerdings in dieser Beziehung nicht sehr rühmen könne, aber doch genug gelernt habe, um ziemlich gut durch die Welt zu kommen. Alsdann ging ich in die Schule und bat den Lehrer, durch die Schulkinder bekannt zu machen, daß ich um 6 Uhr predigen werde; er wollte es thun, meinte aber, daß wohl Niemand kommen werde. Ich ging zur bestimmten Zeit zum Courthaus und wartete bis nach 6 Uhr, aber es kam Niemand. (Wahrlich schlechte Ermuthigung für einen Mann, dessen Seele von Verlangen

brannte, das ganze Land mit dem Feuer des Methodismus an=
zuzünden.) Endlich ging ich hinein und setzte mich. Nach einer
Weile kam der Schulmeister und drei Frauen. Nun fing ich an
zu singen, worauf sich noch 30 bis 40 Zuhörer einfanden, zu denen
ich redete über Römer 6, 23. Ich fühlte glücklich beim Reden.
Meine Seele freute sich im Herrn und ich konnte Gott preisen,
daß er mir ein solches Mitgefühl für arme Sünder gab. Gegen
das Ende der Predigt wurden die Leute sehr freundlich und etliche
drückten in meiner Gegenwart ihre Befriedigung aus über das ge=
hörte Wort. Ins Gasthaus zurückgekehrt, redete mir Frau Pen=
field sehr zu, am nächsten Tage ihre in einer kleinen Entfernung
wohnende Schwester aufzusuchen, welche, wie sie sagte, sich sehr
viel mit Religion beschäftige und an meiner Predigtweise großen
Gefallen finden werde. Dieses erschien mir als eine offene Thür
vom Herrn und ich versprach, ihrem Gesuch nachzukommen.“

Am nächsten Morgen machte sich Lee auf den Weg, um die
betreffende Familie, Wheeler mit Namen, zu besuchen. Er über=
gab der Frau des Hauses den von ihrer Schwester mitgebrachten
Brief und erfuhr dann zu seiner freudigen Ueberraschung, daß sich
in dieser Nachbarschaft mehrere Seelen befinden, die durch die Ar=
beit des Wesleyaners Black vor mehreren Jahren erweckt worden
waren. Sie hatten sich schon längst nach einem bekehrten Prediger
umgesehen und weinten Freudenthränen über Lee's Ankunft.

Auf diese Weise arbeitete der unermüdliche Missionar von Tag
zu Tag fort und machte die Leute mit den köstlichen Wahrheiten
des Evangeliums bekannt, wie sie dieselben noch nie vernommen
hatten. Wo er Eingang fand, machte er sogleich eine regelmäßige
Bestellung, während er die Zwischenzeit dazu benutzte, neue Plätze
aufzusuchen. Ob man ihm auch widerstand oder mit stolzer Ver=
achtung auf ihn herabsah, ob man spottete und schmähte: das konnte
ihn Alles nicht aufhalten. Er war da, um den Willen seines
Meisters zu thun und das Feld mußte er behalten.

Am 4. Juli finden wir ihn in Stratford, wo er in einem

Gasthause einkehrte und dann den Mann aufsuchte, der den Schlüssel
zum Stadthaus hatte, und um Erlaubniß bat, darin zu predigen.
Der Mann sagte ihm daß er über die Methodisten nicht viel wisse,
daß sie aber Aehnlichkeit mit den New Lights (Neulichter) haben
möchten. Lee sagte, daß er über die New Lights nicht viel sagen
könne, er habe aber gehört, daß sie ähnlich wie die Methodisten
predigen. „Nun," meinte der Mann, „wenn Du auch so Einer
bist, will ich nicht viel mit Dir zu thun haben." Lee frug, was
er denn eigentlich gegen diese New Ligths einzuwenden habe,
worauf er sagte: „Einzuwenden? Sie geberden sich, als seien sie
verrückt. Manchmal schlagen sie mit beiden Händen auf die Kanzel
und rufen aus voller Kehle: Kommt, macht euch auf und kommt
zum Herrn Jesus Christus. Warum kommt ihr nicht zum Herrn!"
„Was mich anbetrifft," meinte Lee, „so wünschte ich, daß überall
auf diese Weise gepredigt würde." Sodann predigte er im Stadt=
hause mit großem Segen und fand unter den Leuten gastfreund=
liche Aufnahme. Hier war es, wo in weniger als einem Jahre
die erste Methodisten=Gemeinde Neu=Englands gegründet wurde.

Am darauffolgenden Tage predigte er in New Haven, der
Hauptstadt Connecticuts, wo er unter andern hervorragenden Bür=
gern auch Dr. Edwards, Sohn des berühmten Präsidenten Edwards,
zum Zuhörer hatte. Nachdem er beendigt hatte, liebten Viele seine
Predigt, aber Keiner bot ihm Herberge an. Er ging ins Gast=
haus und schüttete sein Herz vor Gott aus, bis ein gewisser David
Beacher ihn aufsuchte und ihn mit in sein Haus nahm.

In Reading, wo im nächsten Frühling die zweite Gemeinde
Neu=Englands gegründet wurde, und auch an andern Orten wurde
er von der Geistlichkeit gedrängt, daß er mit ihnen über Prädesti=
nation und dergleichen mehr disputiren solle. Aber Lee, der Seelen=
retten als seine Hauptaufgabe ansah und solche Debatten für nutz=
los hielt, wich diesen Streitereien so oft wie möglich aus. Daß
er aber, wenn es sein mußte, schlagfertig war, beweist folgender
in seinem Tagebuch unter dem 26. Februar 1790 berichtete Auf=

tritt: „Ich war in Putney. Nach der Predigt kam ein alter Mann
zu mir und frug mich, warum ich nicht dahin gehe zu predigen, wo
man nicht so gut mit dem Worte Gottes versorgt sei, als in Put=
ney. Ich entgegnete, meine Mission sei an Sünder, und diese
finde ich überall, und frug ihn, ob denn schon alle Leute in
Putney bekehrt seien. Er meinte, sie hätten die Gnadenmittel.
Dann frug ich, ob er in Putney predige. Er sagte, n e i n,
aber doch nahe genug dabei, daß Jedermann hingehen könne.
Ich sagte ihm, daß er mich an jenen Hund in der Krippe erin=
nere, der selbst das Heu nicht fressen wollte, aber auch dem Ochsen
nicht erlaubte es zu fressen. Sie kommen nicht in diese Gegend
zu predigen, und mich wollten sie auch nicht kommen lassen. Da
mußten die Umstehenden herzhaft lachen. Er sagte dann, was
die Schrift sage über „das in ein fremdes Amt greifen," beziehe
sich auch auf das Kommen eines Predigers in des andern Feld,
ohne seine Einwilligung. Ich entgegnete, diese Worte ließen sich
noch viel besser auf ihn anwenden, da er sich in mein Predigen
mische, das ihm doch gar nichts angehe. Er wiederholte, daß
ich an der Frontier predigen solle. Ich sagte, daß auch er dort=
hin gehen könnte. Er meinte, er sei zu alt. Ich sagte, man
sei nie zu alt, um Gutes zu thun. Darauf sagte ich Adieu und
ging davon."

Solche theils entmuthigenden, theils ermuthigenden Erfahrun=
gen machte Lee in Neu=England während des ersten Jahres, das
er hauptsächlich in Connecticut und Rhode Island zubrachte. Er
arbeitete unbeirrt weiter, dehnte die Seile lang und steckte die
Nägel fest. Er war ein guter Kundschafter und berichtete an Bi=
schof Asbury, daß zwar gewaltige Enakskinder im Lande seien,
es aber mit der Hilfe des Herrn dennoch einzunehmen sei.

Im nächsten Frühling (1790) überließ Lee das bis dahin be=
arbeitete Gebiet andern treuen Männern, die der Bischof dorthin
beorderte, und er selbst drang weiter nach dem Osten vor. Zwar
schnaubten und schimpften die Pastoren, die in der ganzen Umgegend

5

wegen der Arbeit dieses einen schlichten Mannes in große Besorgniß
geriethen, gegen ihn, aber er konnte dennoch mit gehobenem Muthe
weiter arbeiten, denn das Eis der Herzen war am Brechen und ein
Sieg nach dem andern wurde gefeiert. Ueberall, wo er hin kam,
erregte er Aufsehen und ergriff die Herzen. Bald waren nach allen
Richtungen hin Solche zu finden, die keine größere Freude kannten,
als die Reiseprediger zu beherbergen, und von ihnen das Wort des
Lebens zu vernehmen. Nachdem er einige Wochen in New-Hampshire, Vermont und dem westlichen Massachusetts gepredigt hatte,
richtete er seine Schritte nach Boston — dem stolzen, gebildeten
Boston, dem Athen Amerikas und dem Stolz der Neu-Engländer. Hier sollte der Entscheidungskampf für den Methodismus
Neu-Englands gekämpft werden. Wie einst Paulus in Athen, so
wurde auch Lee in Boston empfangen. „Etliche aber der Epi-
kuräer und Stoiker-Philosophen zankten mit ihm. Und Etliche
sprachen: Was will dieser Lotterbube sagen? Etliche aber: Es
siehet, als wollte er neue Götter verkündigen. Das machte, er
hatte das Evangelium und die Auferstehung ihnen verkündiget."

War auch dieses Evangelium dem Wortlaute nach in Boston
nichts Neues, so war es doch durch allerlei Vernünfteleien so ver-
wässert, daß es seine Kraft verloren hatte. Lee verkündigte es
mit der alten Kraft. Aber wie kalt nahm man ihn auf! In der
ersten Woche konnte er weder eine Kirche noch ein Lokal finden, um
darin zu predigen. Er machte daher bekannt, daß er im städti-
schen Park, dem berühmten Boston Common, predigen werde.
Mitten in diesem Park steht "The old Elm" (die alte Ulme), ein
riesiger, patriarchalischer Baum, von dem man sagt, daß er schon
gegen 300 Jahre alt sei, also seine gewaltigen Aeste schon ausbreitete, als Boston noch das Jagdgebiet der Indianer war.
Manche wichtige Begebenheit hat sich schon seit der Gründung
Bostons unter dem Schatten dieses Baumes zugetragen, weshalb
er auch von den Bürgern in hohen Ehren gehalten und zu seinem
Schutz mit einem eisernen Gitter umzäunt ist. Unter dieser alten

Ulme hielt Jesse Lee an einem sonnigen Sonntag Nachmittag, den 11. Juli 1790, seine erste Predigt in Boston.

Er stellte sich auf einen Tisch und sang ein Lied, wodurch bald etwa 1000 Menschen herbeigezogen wurden, dann kniete er nieder auf den Tisch und sprach ein Gebet, von dem ein Anwesender berichtet, daß er vorher Niemand so habe beten hören. Hierauf folgte eine klare und eindringliche Predigt. In derselben gebrauchte er eine Illustration, um die Nothwendigkeit des Betens und Arbeitens oder des Glaubens und der Werke zu veranschaulichen, und machte den Vergleich mit einem Schiff, das zwei Ruder hat. Rudert man mit einem Ruder, so geht es rechts herum, und rudert man mit dem andern, dann geht es links herum; will man aber gerade vorwärts und an das Ziel kommen, so müssen beide Ruder zugleich gebraucht werden. Als die Predigt zu Ende war, ging es ihm wie Paulus, „da hatten es Etliche ihren Spott, Etliche aber sprachen: Wir wollen Dich davon weiter hören.“ Aber wir wissen, daß einer der zwei jungen Männer, die ihm den Tisch, auf dem er predigte, hinausgetragen hatten, nachher ein Methodisten-Prediger wurde.

Im darauf folgenden Herbst wurde Jesse Lee vom Bischof die Stadt Boston ausschließlich als sein Wirkungskreis angewiesen. Am 13. November traf er wieder ein. Draußen zu predigen war es nun zu kalt und da er auch kein Lokal bekommen konnte, ging er am folgenden Sonntag einen Universalisten zu hören, ohne jedoch sehr erbaut zu werden. In der nächsten Woche hatte er schwere Anfechtungen durchzumachen. Denn obschon er sich die größte Mühe gab, konnte er doch kein Lokal zum Predigen bekommen. Einige Freunde, die sich für ihn bemühten, hatten nicht besseren Erfolg. Und so verging Woche um Woche und Sonntag nach Sonntag, ohne daß Lee einen Ort finden konnte, wohin er eine Versammlung hätte einladen können. Ein Herr ging mit ihm zum Sheriff, um den Gebrauch des Gerichtssaales zu erbitten. Der Sheriff schickte sie zum Gerichts-

Schreiber. Nachdem dieser eine Zeit lang mit Lee herum dispu-
tirt hatte, schlug er es ihm rund ab. Also gänzlich von der Metropole Neu-Englands ausgeschlossen, verließ er am 13. Dezember
die Stadt und begab sich zu dem zwölf Meilen entfernten Lynn,
wo er freundliche Aufnahme fand, eine Woche von Haus zu Haus
besuchte, betete, predigte und den Grund legte zu der ersten Methodisten-Gemeinde im Staat Massachusetts. Dann kehrte er wieder
nach Boston zurück, wo es noch ebenso trostlos aussah wie zuvor.
Er war auch gezwungen, sein Kosthaus zu wechseln, und als er
seine Schuld bezahlt hatte, behielt er noch gerade 34 Cts. in der
Tasche. Doch verlor er den Muth nicht, sondern meinte, wenn er
immer zwei Schillinge in der Tasche habe, nachdem er seine Schulden bezahlt habe, so wolle er sehr zufrieden sein.

Er arbeitete und wartete, bis ihm endlich ein Wohnhaus zum
Abhalten seiner Gottesdienste geöffnet wurde und er einige Herzen
gewinnen konnte. Bald darauf begann er im Vertrauen auf Gott
auch mit dem Bau einer kleinen Kapelle, wozu er das Geld mit
großer Mühe in den Südstaaten kollektirte und es den Bauleuten
eigenhändig überreichte.

Solcher Art waren die Anfänge des Methodismus in Boston.
Ein gewöhnlicher Mann hätte den Kampf aufgegeben, aber im
Vokabular von Jesse Lee fanden die Wörter „Rückzug" und „Niederlage" keinen Platz. Und wenn wir heute an die 26 Methodisten-
Kirchen denken, welche theils die schönsten in Boston, an die 5000
Mitglieder, die wir dort haben, an die große Boston Universität,
die von den Methodisten daselbst ins Leben gerufen wurde, so müssen
wir ausrufen: „Das ist vom Herrn geschehen, und es ist ein Wunder vor unsern Augen!"

Schon im Jahre 1793 erfuhr Jesse Lee die Freude, daß die
Prediger in Neu-England zu einer eigenen Conferenz in Lynn
zusammenkamen. Der Methodismus hatte nun in diesen Staaten
gewonnen und entwickelte sich hinfort rasch und kräftig. Nachdem
Lee auch noch die Seile des methodistischen Zions nach Maine

gestreckt hatte, wirkte er noch eine Reihe von Jahren als vor=
stehender Aeltester in Neu-England und trug Sorge für alle Ge=
meinden. Im Jahre 1797 wurde er aber nach dem Süden be=
rufen, um Bischof Asbury in seiner Arbeit, die immer umfang=
reicher wurde, zu unterstützen.

So rückte das Jahr 1800 heran, wo an der General=Confe=
renz ein zweiter Bischof erwählt werden sollte. Bischof Asbury
hatte mit noch anderen hervorragenden Predigern wiederholt dem
Wunsche Ausdruck gegeben, daß Lee zu diesem Amte erwählt werden
möchte. Damit hatte man auch den bescheidenen Gottesmann, der
von der heiligen Ambition beseelt war, seine Kräfte auf die best=
mögliche Weise zu verwerthen, dahin gebracht, daß er seine Er=
wählung erwartete. Er sollte jedoch getäuscht werden. Bei Zäh=
lung der Stimmen fand es sich, daß Richard Whatcoat,
ein von England herübergekommener Prediger, und dessen Erwäh=
lung Wesley gewünscht hatte, eine Stimme mehr hatte als
Jesse Lee. Diese Enttäuschung verwundete ihn namentlich des=
halb, weil ihm gesagt wurde, daß seine Erwählung durch verleum=
derische Reden hintertrieben worden sei, während er doch immer
glaubte, daß nur die freundschaftlichsten Beziehungen zwischen ihm
und seinen Brüdern existirten. Er ermannte sich aber bald wieder,
zog seine Straße fröhlich und arbeitete mit Aufopferung seiner
ganzen Kräfte für den Herrn bis an sein Ende. Er schrieb sogar
in seinem Tagebuch, daß dieses die gesegnetste Conferenz war, der
er noch beigewohnt hatte.

Hätte die Erwählung zum Bischofsamte wohl seinen Ruhm
erhöht? Wir denken nicht. Jesse Lee steht in unserer Achtung
ebenso hoch, wie Bischof Lee gestanden hätte. Manchen kleinen
Menschen hat wohl schon ein Amt oder Titel der Vergessenheit
entrissen. Lee ist solcher Stützen nicht bedürftig.

Im Jahre 1808 machte er noch eine letzte Besuchsreise nach
Neu-England, welche ihm und den dortigen nun zahlreich gewor=
denen Methodisten großen Genuß bereitete. Nachdem er zum letzten

Mal sie ermahnt, mit ihnen geweint und sich gefreut hatte, wen=
dete er sich abermals dem Süden zu.

Im darauffolgenden Jahre brachte Lee auch eine literarische
Arbeit zur Vollendung, nämlich: „Eine Geschichte der Methodisten
in Amerika," und dadurch wurde er zu einem der ersten Schrift=
steller des Methodismus auf dieser Seite des Ozeans. Durch die
Herstellung dieses Buches kam es, daß er sich öfters in Washington
aufhielt und mit den hervorragendsten Männern der Nation be=
kannt wurde. Dieses hatte zur Folge, daß er fünf Mal zum Ka=
plan im Congreß erwählt wurde, vier Mal im Repräsentantenhause
und ein Mal im Senat — eine Auszeichnung, die ihm sowohl
als der ganzen damals noch häufig verachteten Methodisten=Kirche
gewiß zur Ehre gereichte. Auch auf diesem Ehrenposten vergaß er
nie, daß er ein Reiseprediger sei, und in der Zwischenzeit diente
er der Kirche, wo sie ihn hinstellte. In Anbetracht seines Ver=
dienstes behandelten ihn die Bischöfe mit ausnahmsloser Rücksicht
und Achtung, indem sie es ihm frei stellten, seine eigenen Wir=
kungskreise zu wählen. Er verzichtete jedoch auf jeden selbstsüch=
tigen Gebrauch solchen Vorrechts.

Seine letzte Bestellung war Annapolis, Maryland. Im August
1816 besuchte er noch eine Lagerversammlung, wo er mit großer
Salbung und Begeisterung predigte über 2 Petri 3, 18: „Wachset
aber in der Gnade." Diese war seine letzte Predigt. Von
einem heftigen Fieber ergriffen, ließ er sich nach Hillsborough zu
einem Freunde bringen, wo er schon am 12. September starb. Am
Tage vor seinem Tode wurde seine Seele dermaßen von göttlicher
Freude und Seligkeit überwältigt, daß er wiederholt ausrief:
„Glorie, Glorie, Hallelujah! Jesus siegt, Jesus herrscht!" Unter
seinen letzten Worten sprach er: „Grüßt Bischof McKendree! Er
hat mein Herz. Sagt ihm, daß ich alle Prediger brünstig liebe."
So schwang sich triumphirend der Geist dieses Gotteshelden hin=
über in die selige Ewigkeit am 12. September 1816, in seinem
59. Lebensjahre und im 36. seines Reiseprediger=Lebens.

Wir haben gesehen, daß Lee kein gewöhnlicher Mann war.
Ob wir nun die Thaten, die er vollbrachte, ins Auge fassen, oder
die subjektiven Eigenschaften, aus denen diese Thaten hervorgingen,
jedenfalls müssen wir uns gestehen, daß wir es mit einer wahrhaft großen Seele zu thun haben.

Was seine intellektuelle Ausrüstung anbetrifft, so fällt ihm
zwar der ohnehin zweifelhafte Ruhm, ein Gelehrter zu sein, nicht
zu. Er war kein gründlich wissenschaftlich gebildeter Mann. Allein
durch den fortwährenden Umgang mit der himmlischen Weisheit
hatte er sich dennoch eine wahre Geistesbildung angeeignet, wie sie
Keiner ohne diesen Umgang hat. Seine ausgezeichneten natürlichen Gaben, die sich durch fleißiges Lesen und Forschen, durch
genaue Beobachtungen auf vielen Reisen und durch den beständigen Umgang mit den verschiedensten Menschen ausgebildet hatten, waren so wohl balancirt und so vollkommen unter seiner
Controlle, daß sie ihm stets bis zu ihrer äußersten Capacität
dienen mußten. Nachdem wir wissen, daß er trotz allem Widerstand dem Methodismus im Athen Amerikas Anerkennung zu verschaffen wußte, und daß er dem amerikanischen Congreß fünf Jahre
lang als Kaplan imponiren konnte, werden wir kaum mehr geneigt
sein, seine Kenntnisse gering zu schätzen.

Als Redner suchte er seinesgleichen. Sich nicht viel von
sogenannten homiletischen Regeln binden lassend, studirte er beständig, wie er am besten die Herzen für die Wahrheit erobern
könne. Durch klare und deutliche Auseinandersetzungen und pas-
sende Bilder und Gleichnisse machte er den Zuhörern die Wahrheit
faßlich und einleuchtend und ergriff dann mit stürmischer und
pathetischer Appellation ihre Herzen. Oder wenn es ihm nicht
recht gelingen wollte die Aufmerksamkeit zu fesseln, verschaffte er
sich Eingang zu den Gemüthern durch seinen unverwüstlichen Hu-
mor, indem er seine Zuhörer durch irgend eine komische Wendung
zum Lachen brachte. Waren sie aber durch eine derartige Erhei-
terung empfänglich geworden, so stürmte er wieder mit aller

Gewalt auf das Gewissen und den Willen los und leitete die Seelen hin zum Quell des lebendigen Wassers.

Durch seinen schlagfertigen Witz hat Lee überhaupt einige Berühmtheit erlangt. Eines Tages, als er von Boston nach Lynn ritt, wurde er von zwei jungen Advokaten, die ihm nachritten, eingeholt, und die dieses für eine gute Gelegenheit hielten, sich an dem Methodisten-Prediger zu belustigen. Der eine zu seiner Rechten und der andere zu seiner Linken reitend, fingen sie an ihn wegen dem Predigen zu necken, und fragten ihn, ob er seine Predigten schreibe, oder einen Entwurf mache, oder aus dem Stegreif predige. Lee sagte, daß er zum Schreiben der Predigten keine Zeit habe, und er daher hie und da einen Entwurf mache, aber die meiste Zeit aus dem Stegreif predigte. Darauf fragten die Advokaten: „Machen Sie aber dabei nicht häufig Fehler?“ „Allerdings,“ war die Antwort. „Was machen Sie aber damit, berichtigen Sie dieselben?“ „Wenn sie wichtig sind,“ antwortete Lee, „aber zu Zeiten sind sie so unbedeutend, daß ich keine Notiz davon nehme. So predigte ich kürzlich über den Text: "The devil is a liar and a father of the liars. (Der Teufel ist ein Lügner und ein Vater der Lügner.) Da beging ich den Irrthum und sagte: "The devil is a lawyer and a father of the lawyers;" dieses hielt ich für einen so unbedeutenden Fehler, daß ich ihn nicht berichtigte, da ja doch die "Lawyers" auch "Liars" sind.“ Darauf sagte einer der Advokaten, während er Lee scharf ins Auge faßte: „Sie sind entweder ein Schalk oder ein Narr!“ Lee blickte schalkhaft von einer Seite zur andern und sagte: „Weder das Eine noch das Andere, aber ich glaube, ich bin gerade zwischen diesen Beiden.“ Die jungen Juristen blickten sich einander verblüfft an und waren bald dem Prediger weit voraus.

Er besaß überhaupt gesunden Menschenverstand und wußte immer Mittel und Wege zu finden, sein Ziel zu erreichen. Mit dem feurigen Gemüth des Südländers und dem Mutterwitz des Irländers verband er die kluge Berechnung des Nordländers.

Dazu kommt eine Entschlossenheit des Willens und eine bewunde-
rungswürdige Thatkraft. Wo findet man in der Geschichte eines
Mannes größere Ausdauer, als sie bei Lee in seiner Missionsarbeit
in Boston zum Vorschein kam? An Fehlschlag glaubte er nicht.
Mit welch unermüdlichem Fleiße er arbeitete, erhellt aus Folgen-
dem: Im Conferenzjahre 1791—1792 führte er als Vorstehender
Aeltester die Aufsicht über elf Prediger, reiste viele hundert Mei-
len, suchte neue Felder auf, predigte 321 Mal, hielt 24 öffentliche
Ansprachen und neben seinem täglichen Bibelstudium las er 21
Bücher mit 5000 Druckseiten.

Vor allem war Jesse Lee ein gründlich frommer Mann. Sein
Herz brannte vor Liebe zu Gott und seinen Mitmenschen. Alle
seine Kräfte waren dem Herrn geweiht; daher fand er auch keine
Zeit zum Heirathen. An Christus und sein Wort hatte er einen
unerschütterlichen Glauben, und „durch denselben redet er noch, obwohl er gestorben ist." Denn wenn die Werke der Großen dieser
Welt mit dieser Erde längst untergegangen sind, wird das Werk
von Jesse Lee in unauslöschlichem Glanze dastehen. Denken wir
an die 1000 Reiseprediger, an die 100,000 Kirchenglieder, an die
Lehranstalten, die unsere Kirche in Neu-England hat, und an
den segensreichen Einfluß, den der Methodismus auf alle Lebensverhältnisse ausübte, so gelüstet auch wohl die Engel den
Ruhm mit Jesse Lee zu theilen, „der Apostel des Methodismus
in Neu-England" zu sein.

Indem wir diesen zu seinem Andenken gewundenen Kranz
auf sein Grab legen, wollen wir Gott von ganzem Herzen danken, daß er unserer Kirche solche Helden gab, und ihn bitten,
daß der Geist Jesse Lee's zwiefach auf uns ruhen möge. Amen.

Benjamin Abbott, der große Erweckungs-Prediger.

Von Emil Uhl, Galena, Ills.

––––

„Ich will zu nichte machen die Weisheit der Weisen, und den Verstand der
Verständigen will ich verwerfen. Wo sind die Klugen? Wo sind die Schrift-
gelehrten? Wo sind die Weltweisen? Hat nicht Gott die Weisheit dieser Welt zur
Thorheit gemacht? Denn dieweil die Welt durch ihre Weisheit Gott in seiner
Weisheit nicht erkannte; gefiel es Gott wohl, durch thörichte Predigt selig zu
machen die, so daran glauben." 1 Kor. I, 19—21.

In unserer Betrachtung werden wir zurückgeführt in die so oft
gerühmte frühere Zeit der Anfänge des Methodismus in diesem
Lande. Benjamin Abbott war einer jener eifrigen, selbstverläug-
nenden, furchtlosen Helden, deren sich der Herr bediente, dem Methodismus auch unter den schwierigsten Verhältnissen Bahn zu
brechen. Er ist ein lebendiges Beispiel, wie die Gnade Gottes sich
auch in den Schwachen mächtig offenbart. Der Herr that oft
Wunder der Gnade durch seine Wirksamkeit in der Erweckung, Bekehrung und Heiligung vieler Seelen. Und obwohl er weder gelehrt noch berühmt war, sondern in einfacher, ungekünstelter Sprache
das Wort verkündete, so war es doch sehr oft mit solcher Kraft
begleitet, daß seine Zuhörer vor ihm zu Boden fielen, wie die Erschlagenen auf dem Schlachtfelde.

Dieser ausgezeichnete Gottesmann wurde im Jahre 1732 geboren und verlor schon in früher Jugend in der kurzen Zwischenzeit von sechs Wochen seine Eltern. Seine Mutter, die zuerst
starb, machte auf ihrem Sterbebette einen tiefen Eindruck auf ihn
durch ein ernstes Gebet, in welchem sie in der letzten Nacht vor
ihrem Tode laut und flehentlich zu Gott schrie um Erbarmung für

ihre ganze Familie, so daß alle Anwesenden bestürzt und erschüttert wurden. Sechs Wochen danach starb sein Vater und der junge Abbott fiel in schlechte Gesellschaft und verlor bald alle guten Eindrücke. Später verehelichte er sich und erhielt sein väterliches Erbe, doch wurde er je älter, je gottloser und fand Gefallen an Fluchen und Spielen, Trinken, Schlägereien u. dergl. mehr. Zu andern Zeiten arbeitete er jedoch auch fleißig und suchte seine Familie treulich zu versorgen. Er nannte sich einen Presbyterianer und besuchte auch von Zeit zu Zeit die Versammlung und öfters beunruhigte der Geist Gottes seine schuldige Seele, doch immer wieder ohne bleibenden Erfolg. Er war eine jener kräftigen und robusten Naturen, die nur durch ganz gewaltige Einwirkungen und Erschütterungen bewegt werden, die aber, wenn einmal umgekehrt, auch eben so treu und ganz entschieden auf der andern Seite sind.

Ungefähr um das 33. Lebensjahr wurde er durch zwei Träume tiefer als je erschüttert. Er träumte, er sei gestorben und fand sich in der Hölle; er sagt von den Qualen, die er da auf's Lebendigste erduldete, daß sie größer waren, als daß Zunge oder Feder sie zu beschreiben vermöchten — er schrie wiederholt vergeblich um Gnade, immer gräßlicher und furchtbarer wurde seine Angst und Noth — endlich erwachte er im äußersten Schrecken und sah, daß es ein Traum war. Aber Entsetzen bemächtigte sich seiner Brust und für acht bis zehn Tage war er von tiefem Ernst ergriffen und er nahm sich fest vor, sein Leben zu bessern, doch nach und nach verloren sich auch diese Eindrücke wieder.

Ungefähr fünf bis sechs Wochen später träumte er, er sei gestorben und wurde in den Himmel geführt; er sah den Herrn umgeben von blendendem Glanz und Herrlichkeit, er stand da in Verwunderung über die Erscheinung, da trat von den in Weiß Gekleideten Eines hervor, in welchem er die Mutter seines Weibes erkannte, und sie sprach zu ihm: „Benjamin, dieser Platz ist jetzt noch nicht für Dich;" nun brachte sein Führer ihn wieder zurück und er erwachte in großer Verwunderung. Er glaubte nun, daß

er gewiß bald sterben würde, und alle seine Sünden traten vor ihn
und er nahm sich ernstlich vor, sein Leben zu ändern, doch auch
diese Eindrücke ließen mit der Zeit wieder nach und er kehrte zu
seinen alten Gewohnheiten zurück.

Erst sieben Jahre später, in seinem 40. Lebensjahre, wurde er
durch die Predigt eines Methodisten-Predigers gründlich erweckt und
kam in große Seelennoth, und da er in der Lehre von der Gnaden=
wahl erzogen war, kam er zu dem Schlusse, daß für ihn keine Hilfe
mehr sei, und er kam der Verzweiflung nahe.

Wir lassen ihn von diesem Zustande und den Erfahrungen,
die er nun machte, aus seinen eigenen Handschriften selbst erzählen:

„Eines Tages auf der Rückkehr aus der Mühle fühlte ich eine
solche Hölle in meiner Brust, daß ich, durch eine Strecke Waldes
fahrend, beschloß, mich zu erhängen, da für mich doch keine Hilfe
mehr war, so wollte ich mit einem Male das Schlimmste erfahren.
Während ich mich nun um einen passenden Platz umschaute,
war es mir, als hörte ich eine Stimme sagen: „Diese Qual ist
nichts gegen die Hölle.“ Augenblicklich änderte ich meinen Ent=
schluß und fuhr nach Hause in der größten nur denkbaren Angst
und Noth, ich wagte nicht umzuschauen, denn es war mir, als ob
der Teufel leibhaftig hinter mir im Wagen stünde, um mich bei
lebendigem Leibe zu holen. In solch' schrecklichem Zustande kam
ich zu Hause an. Meine Frau erschrak über mein Aussehen und
fragte: „Was ist Dir, du siehst ja aus wie der Tod?“ Ich war
gezwungen mich abzuwenden, um zu weinen, denn ich glaubte, da
sie ein langjähriges Glied der Presbyterianer-Kirche und eine be=
tende Frau war, sie verstünde meinen Seelenzustand. So verbrachte
ich noch etliche Tage in äußerster Noth, ich suchte einsame Plätze
auf im Wald und Feld und betete und schrie laut zu Gott um
Hilfe, so daß man mich zuweilen eine halbe Meile weit hören
konnte.

Endlich brach auch mir das Licht an, ich sah im Glauben den
Herrn Jesum mit ausgebreiteten Armen vor mir stehend und zu

mir sagend: „Ich starb für Dich" und wieder schaute ich auf und
sah den, der von Anbeginn der Tage, der zu mir sagte: „Ich ver=
gebe Dir frei um deßwillen, was Christus gethan," und hierauf
brach ich in einen Strom von Thränen aus und lobte und pries
Gott mit großer Freude.   Sogleich fühlte ich nun einen unwider=
stehlichen Drang, die selige Erfahrung auch Andern kund zu thun.
Ich rief meine Familie zusammen, las einen Abschnitt aus dem
neuen Testament und betete mit ihnen; es war mir solches Licht
und Verständniß in der Schrift gegeben, daß ich hätte predigen
mögen.   Nach dem Frühstück ging ich zu den Nachbarn und wen
ich traf, zu dem rühmte ich von dem großen Glück, das mir wider=
fahren, und noch vor Abend war das Gerücht durch die ganze
Nachbarschaft verbreitet: Benjamin Abbott sei rasend toll geworden."
    Für drei Tage dauerte diese himmlische Freude ununterbrochen
fort, dann aber stellten sich auch schon Anfechtungen ein, die er
jedoch im Glauben immer wieder überwand.   Einmal sah er den
Prediger, durch den er erweckt worden, im Traume mit schmutzi=
gen Kleidern und Karten spielend im betrunkenen Zustand.   Dies
beunruhigte ihn sehr, obwohl es nur ein Traum war.   Etwa drei
Wochen danach hörte er, daß der arme Prediger in grobe Sünden
gefallen und von der Gemeinschaft ausgeschlossen wurde.   Diese
Nachricht brachte ihn in große Noth, er kam sich vor wie ein ver=
lorenes Schaf und fragte sich: Wenn das Haupt so gefallen, was
wird's mit Dir werden?   Doch lernte er auch erkennen, daß man
nicht Fleisch für seinen Arm halten darf.   Obwohl er nun zwar
schon bei seiner Bekehrung den Eindruck erhalten, daß er sich mit
den Methodisten vereinigen solle, so entschloß er sich doch, nach
diesem Vorfall die verschiedenen Glaubensbekenntnisse erst genau
mit der Bibel zu prüfen, ehe er sich irgend einer Gemeinschaft an=
schließe.   Seiner Neigung nach wäre er lieber ein Presbyterianer
oder Baptist geworden, da er als Methodist großen Widerstand und
Verfolgung zu erwarten hatte.   Doch eines Tages wurde ihm die
Ueberzeugung so klar, daß er einige Mal laut ausrief: „Ich bin ein

Methodist! Ich bin ein Methodist!" Alsobald sagte er auch seiner Frau: „Ich bin ein Methodist." --- Sie entgegnete: „Was ist Dir denn jetzt?" Er antwortet: „Gott läßt mich nichts Anderes sein."

Ueber seinen Ruf zum Predigtamt lassen wir ihn in seiner ein= fachen, kindlichen und originellen Weise selbst erzählen: „Schon seit der ersten Stunde, daß ich Frieden mit Gott gefunden, war ich über= zeugt, daß mir ein Auftrag am Evangelium übergeben sei. Tag und Nacht beschäftigte ich mich mit der Schrift, die mir auch wun= derbar geöffnet wurde. Oefters erwachte ich in der Nacht mit einem tiefen Eindruck über einen Text, den mir der Herr geoffenbart hatte, ich weckte in meiner Freude darüber meine Frau und wünschte, daß sie sich die Stelle merken sollte, und fand sie dann am Morgen auch immer so in der Bibel. Dies geschah so oft, daß meine Frau zu sagen pflegte: „Du bist immer am Predigen." Als ich ihr sagte, daß ich würde Prediger werden, antwortete sie: „Du siehst aus wie ein Prediger und verstehst noch nicht einmal einen Text in der Bibel." ---

In dieser Zeit wurde jedoch auch seine Frau kräftig erweckt und gründlich zu Gott bekehrt. Sie sagte zu ihrem Manne: „Nun weiß ich, daß was Du mir gesagt, die Wahrheit ist, denn der Herr hat mir meine Sünden vergeben." Sie hatten eine selige Zeit, den glücklichsten Tag, den sie bis dahin mit einander erlebt hatten. Nun, sagte sie, bin ich willig, auch eine Methodistin zu sein. Sie gingen nun Hand in Hand und erbauten einander in der Gnade und im Verlauf von ungefähr drei Monaten hatten sie die Freude zu sehen, daß sechs ihrer Kinder zu Gott bekehrt wurden, das jüngste davon war erst sieben Jahre alt.

Von seinem Rufe zum Predigtamt erzählt er weiter: „Eines Samstag Nachts träumte ich, daß der Prediger den nächsten Tag nicht kommen würde, seine Bestellung zu erfüllen und daß der Herr zu mir sagte: „Du mußt gehen und predigen, denn Du sollst für mich reden." Ich erwachte, weckte meine Frau und erzählte ihr meinen Traum. Sie antwortete: „Du träumst immer vom Pre=

digen, es unterliegt keinem Zweifel, daß der Prediger da sein wird."
Gut, sagte ich, wir werden sehen. Wir gingen zur Versammlung,
die Leute kamen zusammen — aber es kam kein Prediger. Einer
der Anwesenden meinte, man sollte die Leute nicht wieder so gehen
lassen, ohne wenigstens zu singen und zu beten, auch ich stimmte
diesem bei und beschloß bei mir selbst, zu predigen. Es wurde
ein Lied gesungen und Jemand betete; doch mir sank das Herz,
das Kreuz wurde mir zu schwer und ich machte keinen Versuch,
zu reden. Dies brachte mich in große Niedergeschlagenheit und
Traurigkeit, ich wanderte trostlos umher, bis ich draußen im Walde
dem Herrn feierlich versprach, daß, wenn Er sich mir wieder in
solcher Weise offenbarte, ich gehen würde zu predigen, wohin er
mich sende und wäre es zu den Teufeln selbst. Da brach der Herr
aufs Neue mit Kraft in meine Seele."

Wir sehen aus diesem Bekenntniß, daß auch dieser nachher so
furchtlose Prediger anfänglich keineswegs frei war von einer gewissen Furcht, und obwohl eines Theils die innere Ueberzeugung
im Herzen tragend, doch zur selben Zeit vor dem hohen Ernst und
der Verantwortung des Werkes zurückbebend, wie wir dies bei den
größten Männern der alten wie der neuen Zeit stets gefunden.
Einige Tage nach Diesem wurde er zu eines Nachbars Leichen-
Gottesdienst gerufen; der Herr half sein Wort zu reden, die Versammlung wurde tief bewegt und von da an predigte er von Zeit
zu Zeit, wo sich Gelegenheit bot, und gleich vom Anfang war
sein Wirken mit besonderer Kraft begleitet, wovon ich hier einige
Beispiele folgen lasse. Eines Tages auf dem Wege, einen der
Methodisten-Prediger zu hören, bekam er einen starken Eindruck,
daß der Prediger nicht da sein würde und er über einen gewissen
Text, der ihm gegeben wurde, predigen müsse. Am Platze angekommen, hörte er, der Prediger sei unwohl und könne nicht kommen. Abbott wurde aufgefordert, mit den Leuten zu beten, und
nach dem Gebet nahm er seinen Text und predigte mit großer
Freiheit und Kraft. Dies war den Leuten ganz unerwartet und

nach der Versammlung bat ihn Jemand, in seinem Hause zu pre=
digen und er machte daselbst Bestellung auf den folgenden Sonn=
tag. Es war noch nie zuvor in der dortigen Gegend von Me=
thodisten gepredigt worden. Er zeugte mit großem Eifer gegen die
unter den Leuten herrschenden Gräuel und Sünden und rief aus:
„Es mag ja sogar ein Mörder unter dieser Versammlung
sein." Augenblicklich stand ein kräftiger Mann auf und versuchte
hinauszugehen; als er aber zur Thür kam, that er einen gellenden
Schrei und streckte seine beiden Arme aus wie Jemanden abweh=
rend, indem er sich rückwärts flüchtete bis an das andere Ende
des Zimmers und fiel rückwärts gegen die Wand, er schrie bitterlich
und bekannte: Er sei der Mörder; vor fünfzehn Jahren habe er
einen Mann erschlagen; und als er nun fliehen wollte, seien ihm
an der Thüre zwei Männer mit gezückten Schwertern entgegen
getreten, die ihn erstechen wollten. So lag er da in der größten
Seelenangst, die ganze Versammlung war in großer Aufregung
und Abbott war selbst so überrascht, daß er inne hielt im Predigen,
doch nach kurzer Pause fing er wieder an und endete seinen Vor=
trag. Der Mann erholte sich und ging weg und man sah und
hörte nie wieder etwas von ihm.

Von einem beabsichtigten Pöbelaufruhr erzählt er: „Zu dieser
Zeit hatte sich ein Pöbelhaufe auf einem meiner Predigtplätze
zusammen gefunden und sie drohten den Prediger zu theeren und
federn, wenn er es wagen würde zu kommen. Herr G., der
Eigenthümer des Hauses, kam mir auf dem Wege entgegen und
rieth mir umzukehren und zuerst wollte ich seinen Rath anneh=
men, indem ich mich mit Fleisch und Blut besprach und mich im
Geiste schon in der keineswegs beneidenswerthen Lage eines ge=
theerten und gefederten Menschen sah, meine Kleider verdorben
und meine Haare zusammen gepicht; aber die Worte kamen mir
in den Sinn: „Der Knecht ist nicht größer als sein Herr," und
augenblicklich war ich entschlossen zu gehen und zu predigen und
wenn ich dafür sterben sollte. Ich fand eine große Menge ver=

sammelt, so daß sie nicht Alle im Hause Platz hatten. Ich ging unter sie hinein und gab ein Lied aus, aber Niemand sang. Dann sang ich allein einen Vers, während jedes Glied an meinem Leibe zitterte. Darauf betete ich, und ehe das Gebet beendet, fiel die Kraft Gottes in solcher Weise über mich, daß alle Menschenfurcht schwand. Ich stand auf, nahm meinen Text und predigte mit großer Freiheit, und sah, ehe ich zum Schlusse kam, Viele in Thränen. Der Anführer des Pöbels sagte, daß er seit Herr Williams weggegangen, solches Predigen nicht wieder gehört habe. Dem Herrn sei Dank, der mir in der Stunde der Noth beigestanden."

Durch einen unserer Prediger wurde er nun auf den Segen der Heiligung aufmerksam gemacht, und nachdem er einige Tage zugebracht mit Forschen in der Schrift, Sehnsucht und ernstlichem Gebet um diesen Segen, kam der Geist Gottes eines Morgens während des Familien=Gottesdienstes in solcher Weise über ihn, daß seine Kraft ihn verließ und er zu Boden fiel, während er die Kraft Gottes seine Seele und Leib durchströmen fühlte, die wie ein Feuer ihn durchläuterte. Als er aufstand, war es ihm, als ob Alles neu um ihn geworden, so war sein Herz mit Liebe erfüllt zu allen Geschöpfen Gottes und mit ununterbrochenem Frieden. Nach drei Tagen erhielt er volle Versicherung seiner Heiligung in dem Sprichwort: „Wer mich aber lieb hat, der wird mein Wort halten, und mein Vater wird ihn lieben und wir werden zu ihm kommen und Wohnung bei ihm machen." Joh. 14. 23

Nachdem er nun selbst diesen Segen erlangt, unterließ er es nicht öffentlich und privatim denselben auch Andern mit allem Ernste und großem Erfolge anzupreisen. Folgende Vorfälle, aus den von ihm selbst hinterlassenen Manuscripten entnommen, zeigen uns den unerschütterlichen Glaubensmuth sowohl, als die dem Sünder gegenüber oft fast unwiderstehliche Gotteskraft, womit der Herr das Wort seines Dieners begleitete. Eines Sonntags predigte er an einem Orte, Höllenhals (Hellneck) genannt, welcher

6

Name von der Gottlosigkeit der Leute, die dort wohnten, her-
stammte. Einer der Leute sagte: er habe Abbott fluchen gehört
und in Schlägereien gesehen und nun wolle er ihn auch predigen hören. Das Wort ergriff sein Herz und er wurde bald darauf zu Gott bekehrt. Von einem Angriff von aufrührerischen
Soldaten erzählt er: „Während ich in Woodstown zu einem
überfüllten Hause predigte, nahte sich ein roher Haufe Soldaten
mit aufgesteckten Bajonetten. Einer kam hereingestürmt, während
die Andern die Thüre umgaben. Die Leute flohen in jeder Richtung, er kam auf mich zu mit seinem Bajonett, als ob er mich
durchbohren wollte, und zwei Mal stieß er hart an meinem Ohr
vorbei. Ich fühlte jedoch keine Furcht vor dem Tode und wenn
ich je die Schrecken des Gesetzes predigte, so that ich es, während er mich so bedrohte, ich fand auch bald, daß er der Macht
der Wahrheit nicht zu widerstehen vermochte. Er gab nach und
retirirte zur Thüre und seine Kameraden versuchten vergeblich
ihn wieder zurückzusenden. Ich fuhr fort und beendigte meinen
Vortrag, als ich aber am Schlusse den Mann des Hauses frug,
ob ich wieder da predigen solle, so antwortete er: „Nein, denn
sie würden mir das Haus abreißen;" doch öffnete mir Dr. Harris sein Haus und als ich in zwei Wochen wieder kam, fand
ich etwa 100 Mann unter Waffen, die bereit waren Ruhe und
Ordnung, wenn nothwendig, aufrecht zu halten, und ich wurde
ohne Störung gehört."

Von dem Tode seines Sohnes Benjamin erzählt er wie folgt:
„Er war in seinem vierzehnten Lebensjahre und hatte schon seit
seinem siebenten Jahre Erfahrung in Religion gemacht. Als der
Tod herannahte, frug ich ihn: Beny, weißt Du, daß Du jetzt
sterben wirst? Er frug mich, ob ich so dächte. Ich sagte ja,
in kurzer Zeit wirst du vor dem ewigen Gott stehen. Er fing
sogleich an mit solcher Kraft zu beten, als ob er ganz gesund
wäre, und Jedermann im Zimmer weinte und Einige schluchzten
laut. Dann ermahnte er die anwesenden Nachbaren sich vorzu-

bereiten, um Gott zu begegnen, und wandte sich an seine Ge=
schwister und forderte sie auf ihm zur Rechten Gottes zu be=
gegnen. Dann rief ich meine Frau zu kommen und ihren Sohn
sterben zu sehen. Sie kam und frug ihn, ob er keine Zweifel
habe. Er antwortete mit großem Ernste: Nein, Mama, ich weiß,
daß mein Erlöser lebt. Dann schaute er mich an und sagte:
Vater, ich werde dich im Paradiese wieder sehen. Dann deutete er
mit seinem Finger und sagte: Wer sind die zwei Männer in wei=
ßen Kleidern? Ich möchte zu ihnen. Ich gehe, sagte er, und
entschlief in den Armen Jesu ohne irgend einen Seufzer oder
Todeskampf. — Gott gab mir Ergebung in seinen Willen; ich
fühlte zwar als Vater tief den Verlust meines Sohnes und doch
konnte ich mich freuen, daß der Herr ihn zu sich in die bessere
Welt genommen hatte. Ich ermahnte die Anwesenden nicht zu
weinen, denn Gott habe mein Gebet erhört und ihm ein seliges
Ende bescheert. — Wie herrlich leuchtet hier die Gnade in ihrem
himmlischen Glanze hervor im Triumphe über die tiefsten natür=
lichen Empfindungen!

Abbott, obwohl nur Lokalprediger, arbeitete unermüdlich fort
und das Werk breitete sich immer mehr aus; wohin er sich auch
wandte, da gab der Herr den Sieg und oft unter den schwierigsten
Umständen. Sie hielten, wo Abbott wohnte, zwei bis drei Mal
in der Woche Betstunden, die öfters bis zwölf und ein Uhr in der
Nacht dauerten. Zuweilen versammelten sie sich im Walde unter
den Bäumen, da kein Haus die Menge fassen konnte. Die Sünder
überfiel oft unter seinem Gebet oder Predigt ein Zittern und viele
fielen mit einem Angstschrei zu Boden. Der Herr wirkte Wunder
der Gnade unter ihnen, so daß die Verheißung an ihnen in Er=
füllung ging: „Ich thue ein Werk zu euren Zeiten, welches ihr
nicht glauben werdet, ob es euch Jemand erzählen wird." Apg.
13, 41. So ungewöhnlich und mächtig wirkte der Herr, daß sich
selbst einige sehr fromme Leute darüber aufhielten, und Prediger,
die sie besuchten, meinten, die Sache würde zu weit getrieben. Ein

ausgezeichneter Gottesmann trat ihnen scharf entgegen, aber nachdem er die Sache besser erforscht und erkannt hatte, kam der theure
Gottesmann in große Unruhe darüber, daß er dem Werke oppo-
nirt hatte. Und gewiß sollten wir sehr vorsichtig und behutsam
sein, wie wir solchen Versammlungen entgegen treten, daß wir
nicht den Geist Gottes betrüben, Seelen schädigen und erfunden
werden als die gegen Gott streiten. So sehr der Herr diesen Mann
Gottes aber auch ehrte, so blieb er doch stets demüthig und dul-
dete es nicht, daß man ihn lobte. Einst in einer reichlich gesegneten Versammlung fing eine alte Frau, zu welcher der Herr
Frieden gesprochen hatte, an, in die Hände zu klatschen und laut,
anstatt den Herrn, sein Werkzeug zu preisen. Abbott trat zu ihr
hin und sagte: „Ich habe nichts für Dich gethan; wenn etwas
Gutes geschehen, so ist's vom Herrn, so preise daher den Herrn
und nicht sein Geschöpf.“

Keine Arbeit war ihm so dringend, daß er Gottes Werk darum
hintenansetzte. Einmal war er gerade in der höchsten Ernte-
zeit, als der Versammlungstag herbeikam. Als es Zeit war zur
Versammlung, sagte er seinen Arbeitern, sie müßten Alle mit zur
Versammlung und er würde ihnen denselben Lohn bezahlen, als
ob sie arbeiteten. Alle gingen mit und der Herr wirkte mächtiglich.
Etliche fielen zu Boden und zwei fanden Frieden; nach der Versammlung gingen sie wieder an ihre Arbeit. In dieser Zeit hielten
sie selten eine Versammlung, wo nicht Etliche entweder erweckt,
bekehrt oder geheiligt wurden.

Folgender interessante Vorfall zeugt von der ihn begleitenden
Kraft in der Verkündigung des Worts: Auf dem Wege zur Be-
stellung in einer fremden Gegend, erzählt er, hielt ich bei einem
Hause an um nach der Gegend zu fragen. Der Mann sagte mir,
er sei im Begriff selbst dahin zu gehen, denn es werde daselbst ein
Methodisten-Prediger predigen und ihr Prediger gehe auch hin, um
ihn in der Rede zu fangen; ich möge ein wenig warten, bis ein
Nachbar noch komme, so wollen sie mit mir gehen. In wenigen

Minuten kam der Nachbar und wie es schien, war er ein Ge=
richtsdiener. So machten wir uns auf den Weg und sie fielen
bald in eine Unterhaltung über den Methodisten=Prediger, da sie
keine Idee davon hatten, daß ich selbst der Mann sein möchte, da
ich nie in Schwarz gekleidet war, noch irgend eine Auszeichnung,
die mich als Prediger kenntlich gemacht hätte, an mir trug. Der
Gerichtsdiener, ein sehr ruchloser Mann, schwur bei allen Göttern,
die er hatte, daß er seinen rechten Arm von seinem Leibe verlieren
wolle, wenn er an dem Tage nicht den Methodisten=Prediger ins
Gefängniß bringen würde. Dies war das Thema ihrer ganzen
Unterhaltung. Mein Gemüth wurde nicht wenig aufgeregt; was
meine Lage doppelt schwierig machte, war, daß ich ein Fremdling
war im fremden Lande und keinen Menschen kannte. Am Platze
angekommen, sah ich etwa 200 Pferde angebunden, ich band das
meine an und zog mich zurück ins Gebüsch, betete zu Gott und
machte einen Bund mit Ihm auf den Knieen, daß wenn er mir
diesmal beistehen würde, ich durch seine Gnade mehr als je für ihn
sein wolle. Ich stand auf und kehrte zu meinem Pferde zurück
mit völliger Ergebung in Gottes Willen, ob zum Tode oder zum
Gefängniß. Ich nahm meine Satteltasche und ging zum Hause.
Der Mann des Hauses nahm mich in ein Zimmer allein und
begehrte, daß ich zu Gunsten des Krieges predige, da ich in einer
Presbyterianer=Ansiedelung sei. Ich antwortete, ich würde predi=
gen, wie Gott mich anleiten würde; er schien sehr beunruhigt und
kam noch einmal, gerade vor dem Beginn der Predigt, mit dem=
selben Verlangen; ich antwortete wie zuvor und folgte ihm dann
hinaus zur versammelten Menge, wo er folgende Erklärung ab=
gab: „Meine Herren! Dieses Haus ist mein Eigenthum und Nie=
mand soll im Laufe seines Vortrages hier gestört werden; aber
wenn er zu Ende ist, mögt Ihr thun, wie es Euch gefällt." Gott
sei Dank, sagte ich leise, daß ich noch einmal Gelegenheit habe,
Sünder zu warnen, ehe ich sterbe. Das Haus war nicht nur
überfüllt, sondern es standen noch 2—300 um die Thüre. Unge=

fähr zwei bis drei Fuß vor mir stand der Gerichtsdiener, der so
bitterlich geschworen hatte; als er sah, daß ich der Mann sei, gegen
den er sich so gemein ausgelassen hatte, so wurde er bleich und
ließ seinen Kopf hängen. Ich gab ein Lied aus, aber Niemand
wollte singen, ich sang vier Zeilen, knieete nieder und betete und
fing dann an mit großer Freiheit zu predigen. Ich fühlte die
Kraft Gottes so mächtig in mir, daß ich mich weder vor Menschen noch Teufeln fürchtete, und war unbekümmert, ob Tod oder
Gefängniß mein Loos sein würde. Die Versammlung wurde tief
ergriffen und bald sah man durchs ganze Haus Viele in Thränen.
Nach der Predigt erzählte ich meine Erweckung und Bekehrung,
meinen Ruf zum Predigtamt, und daß ich sieben Jahre im Weinberg
des Herrn gearbeitet habe, daß ich auf meine eigene Kosten reise
und mich selbst kleide und erhalte, und daß nur die Liebe Christi
mich treibe, bei Gefahr meines Lebens das Evangelium zu predigen. Ich ermahnte sie ernstlich, in die Rettungsarche Christi zu
fliehen. Schloß die Versammlung und sagte, daß sie in zwei Wochen wieder Predigt erwarten dürften. Ich machte mich mit einem
freundlichen Führer auf die Weiterreise; wir waren aber noch nicht
über fünfzig Yards geritten, so hörte ich hinter uns lautes Rufen
und da ich mich umwandte, sah ich etwa fünfzig Mann hinter
uns herlaufen, ich glaubte nun nichts anderes, als daß mir das
Gefängniß nun doch noch gewiß sei. Wir hielten still und er-
warteten sie, als sie herangekommen, trat Einer auf mich zu und
begehrte meinen Namen zu wissen, ich gab ihn ihm und so trenn-
ten wir uns. Der Mann war Friedensrichter und einer von Denen, die während der Versammlung reichlich Thränen vergossen
hatten. Niemand that mir ein Leid, aber den nächsten Prediger,
der zwei Wochen nach mir folgte, brachten sie ins gemeine Gefängniß."

Bei der nächsten Versammlung traf er Br. C., einen unserer
Prediger, und als Etliche zu Boden fielen und Andere laut um
Gnade schrieen, war es ihm zuwider und er frug Abbott, warum

er dem Treiben nicht wehre, dieser entgegnete ihm: „Ich habe es den Leuten nicht gelehrt, wie man mir nachsagt, und ich bin überzeugt, daß es die Kraft Gottes ist und würde nicht wehren und wenn jeder Schrei so laut wäre wie ein Donner."

Auch unter einer Ansiedlung von Deutschen hatte er Gelegenheit zu wirken und gedenkt dessen mit besonderem Wohlgefallen. Die Kraft Gottes offenbarte sich ganz gewaltiglich unter ihnen und that Wunder der Gnade. Sünder wurden zu Boden geschlagen und schrieen um Erbarmen, daß man sie weit in die Ferne hören konnte, Kinder Gottes jauchzten froh dem Herrn, die Gottlosen waren so erschreckt, daß sie zu den Thüren eilten, um in's Freie zu kommen, und in ihrer Hast zuweilen in Haufen übereinander fielen. Abbott war hier als Fremdling unter Leuten von einer fremden Sprache etwas besorgt, es möchte Schaden thun, besonders als er selbst beim Familiengottesdienst so überwältigt wurde, daß er alle Kraft, und selbst die Sprache verlor, und nur noch in sonderbarer Weise auszuschreien vermochte, doch es hatte nur günstige Wirkung; einmal blieben sie die ganze Nacht im Gebet und Lobpreisen beisammen. Vater Böhm, mit dem er hier bekannt wurde, rief einige Mal aus: Wahrlich, so habe ich das Wirken Gottes nie zuvor gesehen; Abbott entgegnete, dies ist ein Pfingstfest, Vater! Ja, gewiß ein Pfingstfest, sagte Vater Böhm, indem er in die Hände klatschte.

Ein wunderbares, interessantes Zusammentreffen hatte Abbott mit einem Presbyterianer, einem bereits ältlichen Herrn, der ihm nach einer lebendigen und segensreichen Versammlung entgegentrat und Alles für das Werk des Teufels erklärte, denn sagte er: Gott ist ein Gott der Ordnung, hier aber ist alles vollständige Verwirrung. Gut, sagte er, wenn dies das Werk des Teufels ist, so werden diese, die jetzt wie todt am Boden liegen, wenn sie wieder zu sich kommen, fluchen und schwören, ist aber das Werk aus Gott, so werden sie verändert sein und Gott preisen. Bald stand einer nach dem andern auf und legte Zeugniß ab für Jesum. Horch,

horch, Bruder, sagte er zu seinem Gegner, dies ist nicht die
Sprache der Hölle, sondern die Sprache Kanaans. An seiner
nächsten Bestellung traf er seinen presbyterianischen Gegner wieder
und es that ihm leid, weil er fürchtete, wieder in eine Disputa=
tion mit ihm zu gerathen. Ich schrie daher mächtig zum Herrn,
erzählt Abbott, daß wenn ein Mann an diesem Tage fallen sollte,
es dieser sein möchte. Während der Predigt hörte ich einige
ausrufen: „Wasser! Wasser! ein Mann wird ohnmächtig;" ich
schaute mich um und sah meinen alten Gegner zitternd wie Bel=
sazar, ich sagte, man sollte ihn in Ruhe lassen, und er fiel zu
Boden und lag bald bewegungslos wie ein Todter; da er uns
im Wege war, ließ ich ihn hinausbringen und man legte ihn in
einem anstoßenden Zimmer aufs Bett. Nach der Versammlung
sah ich nach ihm, er war gerade zu sich gekommen und saß im
Bette auf. Ich dachte, ist dies nun das Werk des Teufels oder
nicht, doch da er nichts sagte, so wollte ich ihn auch nicht an=
reden. An der nächsten Bestellung traf ich meinen presbyteriani=
schen Freund wieder, wir hatten eine mächtig bewegte Zeit. Nach
der Predigt machte ich eine Aufforderung zu reden, und wer sollte
auftreten als mein alter presbyterianischer Gegner. Er begann
damit, daß er sagte, daß er nicht zu dieser Sekte gehöre, daß er
mir aber seit vier Tagen gefolgt und aus eigener Erfahrung
zeuge, daß dies in Wahrheit die Kraft Gottes sei und ließ dann
noch eine herzliche Ermahnung folgen.

In dieser Zeit war es zum ersten Mal, daß er einige Furcht
hatte, Jemand möchte unter der mächtigen Wirkung der Kraft
Gottes den Geist aufgeben; ein junger Mann lag lange und
todtenähnlich in diesem Zustande, doch zuletzt kam auch dieser
Jüngling wieder zu sich und fing an Gott zu preisen und so
behielt auch hier die Macht des Herrn wieder den vollständigen
Sieg.

Nicht ohne Interesse ist das Zusammentreffen Abbotts mit
Asbury und zwanzig andern Predigern. Asbury forderte Abbott

auf, vom Werke zu erzählen und sie lauschten mit Staunen und freudiger Dankbarkeit der wunderbaren Thaten Gottes. — Hier nun fühlte sich der alte, sonst so furchtlose Kämpe doch etwas beklommen; er weigerte sich den ersten Abend zu predigen in Gegenwart so vieler Prediger, und da er doch am Schluß der Predigt Asbury's ermahnen sollte, beschränkte er sich darauf, seine Erweckung und Bekehrung zu erzählen. Den nächsten Morgen streichelte Asbury sein Haupt und sagte: „Die Schwarzröcke haben Dich erschreckt." „Was konnte ich sagen?" antwortete er, „es waren ja meistens Prediger." Die folgenden Tage jedoch predigte und ermahnte er vor derselben Gesellschaft an verschiedenen Orten vor großen Versammlungen mit der gewohnten Freudigkeit, und einige der Prediger wunderten sich, wo Asbury den alten Burschen aufgefunden habe.

In diese Zeit fällt der Tod seines Weibes, das ihm bis daher eine treue Gattin gewesen und seit ihrer Bekehrung in jeder Beziehung einen musterhaften Lebenswandel geführt hatte. Drei Mal im Tage hatte sie eine bestimmte Zeit gesetzt für das verborgene Gebet und in Abbott's Abwesenheit hielt sie regelmäßig den Familien-Gottesdienst. Sie hatte eine Vorahnung und sagte ihm etwa sechs Wochen vor ihrem Tode, daß sie glaube, er sollte im Weinberge des Herrn sein, und wenn sie ein Hinderniß sei, so würde sie bald von ihm genommen werden. Sie schied im triumphirenden Glauben. Abbott war auch diesmal völlig ergeben in Gottes Willen; er trauerte nicht, wie die Welt trauert, indem er wußte, daß sein Verlust ihr ewiger Gewinn war.

Nach dem Tode seiner Frau fühlte Abbott es für seine Pflicht, sich ganz dem Werke hinzugeben, während er bis dahin nur als Lokalprediger gewirkt hatte, wurde er nun in seinem 57. Lebensjahre noch in die Conferenz aufgenommen. Er arbeitete wie bisher mit rastlosem Eifer und großem Erfolg und besonders fühlte er sich gedrungen, den Gläubigen an allen Orten den köstlichen Segen der Heiligung vorzuhalten und auf's Ernstlichste dazu zu ermahnen.

Obwohl nun sein Wirken fast allgemein mit tiefen Erweckun-
gen begleitet war, so wurde er doch auch öfters gehindert durch
die Trägheit und Gleichgültigkeit mancher Gemeinden, wie dies ja
selbst auch bei unserm Meister der Fall war. Doch ließ sich Abott
nicht entmuthigen und verkündete mit ganzem Ernste die Wahrheit des Wortes Gottes.

So kam die Zeit der ersten Conferenz herbei, welcher er als
aktiver Prediger beiwohnte. Die Conferenz wurde in New-York
gehalten und Abbott gibt folgenden Bericht von seinen Erfahrungen daselbst: „Wir schritten in brüderlicher Liebe und Einigkeit mit
den Geschäften der Conferenz voran. Eines Abends, als ich mich
allein in meinem Quartier befand und bereits des langen Still-
sitzens und der Einschränkung der Conferenz müde war, überkam
mich mit einem Male ein mächtiger Eindruck und Ueberzeugung,
daß der Herr etwas Großes an der Conferenz thun werde. Den
nächsten Tag eröffnete Bischof Asbury das Liebesfest, dann sprach
Br. Whatcoat und nach ihm stand ich auf und erzählte meine
Erfahrung; die Leute schenkten mir große Aufmerksamkeit; als ich
zum Bericht meiner Heiligung kam, fiel einer der Prediger nieder
und stand nicht eher wieder auf, als bis der Herr seine Seele geheiligt hatte. Hierauf ergriff ich die Verheißungen und es dauerte
nicht lange, so war das ganze Haus erfüllt mit Schreien und Klagen der Suchenden und Jauchzen der Gläubigen. Etliche gingen
unter die Leute zu den Suchenden, um sie zu ermuntern und mit
ihnen zu beten.“

Mit freudigem Muth ging er an seine ihm angewiesene Arbeit,
doch die außergewöhnlichen Erscheinungen erregten bei vielen aufrichtigen Christen ernste Besorgnisse; so kam er nach New-Windsor,
wo ein gewisser Br. D. Ellison der Gemeinde ein schönes, passendes kleines Gotteshaus ganz aus eigenen Mitteln erbaut hatte.
Als nun der neue Prediger, Br. Abbott, kam, von dem er schon
so viel Wunderbares gehört hatte, nahm er ihn allein in ein Zimmer und sagte zu ihm: „Wenn Du so angehst, wie man von Dir

hört, so wirst Du alle Leute von hier fort treiben und das sollte
mir sehr leid thun, denn ich nehme großes Interesse an eurer Gemeinde und habe auch eine Kirche gebaut." Abbott antwortete:
„Das müssen wir dem Herrn überlassen;" aber er schien sehr un-
ruhig zu sein, da wiederholte ihm Abbott: „Das müssen wir in
Gottes Händen ruhen lassen." Die Klasse zählte zur Zeit nicht
über zehn Glieder und als Abbott den Bezirk verließ, waren es
über vierzig. So rechtfertigte der Herr das Werk seines Knechtes.

Auf diesem Bezirke hatte er eine kleine Schwierigkeit in Bezug
auf das Heirathen außerhalb der Kirche, woraus wir sehen, wie
ernst und gewissenhaft sie damals zu Werke gingen in einem so
wichtigen Punkte, wo leider oft heutzutage zu gleichgültig gehandelt wird. Eine junge Schwester hatte außerhalb der Gemeinde
geheirathet, Abbott forderte sie auf, hervorzutreten und sich zu ver-
antworten; sie gab an, daß sie nicht gedacht habe, daß man sie
ausschließen würde, weil sie ein Glied aus einer andern Kirche
heirathe. Abbott antwortete: „Nein, wenn er ein regelmäßiges
anerkanntes Glied einer anderen Kirche ist." Sie sagte, er sei
Glied bei der Gesellschaft der Quäker und so endete die Sache.

Wir würden zu lange werden, wollten wir ins Einzelne seiner
segensreichen Wirksamkeit gehen. Wir finden ihn nun zum zweiten
Male auf der Reise zur Conferenz und sehen aus dem, was er
davon erzählt, daß selbst einige von den hervorragendsten Männern
seine besondere Wirkungsweise und die damit verbundene mächtige
Erregung und Erschütterung der Gemüther nicht verstehen konnten.
Abbott erzählt: „Ich überholte Br. Garretson und wir ritten zusammen nach New-York. In unserer Unterhaltung frug er mich,
ob ich wünschte, daß wir wieder eine solche Versammlung wie an
letzter Conferenz haben möchten; ich sagte: Ja, und daß es noch
viel herrlicher werden möcht. Er sagte: Es waren aber doch nur
einige Wenige, die es liebten."

Ich möchte hier noch ein Beispiel anführen, wie er selbst durch
den entschlossensten und brutalsten Widerstand im Glauben durch-

drang und die Rechte des Herrn den Sieg behielt. Er traf auf einer Bestellung mit Br. Woolsey zusammen und sie hatten Beide ein wunderbares beklommenes Gefühl, das sie sich nicht erklären konnten, es sei denn, der Herr wolle ein besonderes Werk thun. Abbott erzählt davon: „Ich predigte und die Leute schwatzten und lachten die ganze Zeit in der gottlosesten Weise. Als ich fertig war, forderte ich Br. Woolsey auf, eine Ermahnung zu geben, aber sie trieben es ärger als je. Ich setzte mich und bat Gott um Hilfe mit allem Glauben, den ich hatte. Mit einem Male fühlte ich die Kraft Gottes über mich kommen, daß mir die Haare zu Berge standen, und plötzlich schrie ich laut zu Gott, Er möge die Sünder zu Boden schlagen. Und wie von Panik ergriffen, stürzten die Gottlosen über die Bänke und Einer über den Andern in ihrer Hast, die Thüre zu erreichen, und ruhten nicht, bis sie das Freie gewonnen. — Bei der nächsten Versammlung, die wir da hatten, war das Gerücht so verbreitet, daß wir die ganze Noblesse des Ortes da hatten, die denselben Tag Pferderennen hielten, wobei sie bereits zwei Pferde todt gejagt hatten und auch ihre Reiter hätten beinahe dasselbe Schicksal getheilt. Ich predigte, der Pöbel warf mit Steinen und zerbrach die Fenster. Ich ordnete eine Wache an, um die gottlosen und grundsatzlosen Sünder auszufinden. Den nächsten Tag besprachen wir uns darüber, daß wir uns solche Behandlung in einem freien Lande nicht brauchten gefallen zu lassen, da kam der Sheriff herein und erklärte, daß er gekommen sei, die Ruhestörer aufzufangen. Er bestieg sein Pferd und brachte bald Einen vor den Friedensrichter und er wurde um 5 Pfund ($25) gestraft. Die Andern kamen und bekannten ihr Unrecht und wir vergaben ihnen, indem wir dachten, daß die Strafe des Einen ihnen Allen zur Warnung dienen würde. Hier durfte er trotz allen Hindernissen und Bosheit der Feinde eine Klasse von neun Seelen formiren, die Alle, ehe er den Bezirk verließ, lebendigen Glauben an Christum bekannten. So arbeitete der treue alte Gottesmann mit sichtbarem Erfolge unermüdlich weiter und am Ende des Con=

ferenz-Jahres konnte er berichten, 80—90 Glieder in die Gemein=
schaft aufgenommen zu haben.

Die Conferenz war eine gesegnete Zeit für den alten Streiter,
er fühlte recht daheim unter seinen Brüdern, seinem Lieblings=
thema der Heiligung wurde sein volles Recht eingeräumt. Der
Bischof selbst bemerkte, er habe noch nie zuvor so Viele über Hei=
ligung bekennen hören. Er machte dem Bischof sein Verlangen
kund, wieder einmal unter seinen geistlichen Kindern auf dem Sa=
lems Bezirk zu sein, die er seit neun Jahren nicht mehr gesehen.
Der Bischof wies ihm den Bezirk für den kommenden Winter an.
Der Weg dahin führte ihn durch Philadelphia; in der Stadt an=
gekommen, sagte ihm der Bischof, daß er auf den Abend zu pre=
digen habe, und wir entnehmen seinen Notizen darüber folgenden
Bericht: „Die Versammlung war in der Kirche an der Vierten
Straße. Nach dem Gesang kniete ich nieder zu beten, aber ich
machte keinen Versuch, einen Text auszugeben oder zu predigen,
denn während des Gebets ließ sich die Kraft Gottes in solcher Weise
auf die Versammlung herab, daß Einige unter der Wirkung zu
Boden fielen und das Geschrei der Suchenden und die freudigen
Ausrufe und Jauchzen der Gläubigen war so groß, daß ich nicht
hätte gehört werden können. Manche schrien laut auf; unter diesen
war Cann, einer unserer Prediger, der von der Kraft Gottes wun=
derbar ergriffen wurde, und nachdem er wieder zu sich kam, trat
er auf die Kanzel und erklärte öffentlich, daß er von jeher ein
Feind von allem lauten Wesen und Lärmen im öffentlichen Gottes=
dienst gewesen sei, daß er aber diesmal gänzlich überwältigt wurde
und sich ebenso wenig habe enthalten können, als sich zu weigern
zu sterben, wenn der Herr seinen Todesboten gesandt hätte. —
Br. McCloskey ging durch die Versammlung zu den Suchenden
und betete mit ihnen und ermahnte Alle, die ihm in den Weg
kamen, und forderte mich auf, dasselbe zu thun, daher verließ ich
die Kanzel, ohne einen Versuch gemacht zu haben zu predigen und
folgte seinem Beispiel. Die Versammlung dauerte bis nahe elf

Uhr und ohne Zweifel wird sie bei Vielen unserer Freunde in Phi=
ladelphia wohl im Gedächtniß bleiben."

Auf dem Salems Bezirk angekommen, arbeitete er mit großer
Freudigkeit und Erfolg; es war ihm ein besonderer Genuß, wieder
einmal unter seinen alten Freunden und Kindern im Evangelium
zu sein. In der Kirche zu Pennsneck, wo viele seiner alten Freunde
waren, hatten sie eine solche schmelzende Zeit, wie sie selbst Abbott
nur selten gesehen. Einige, die den Segen der Heiligung bekannt,
da er noch unter ihnen wirkte, hatten sich den Segen erhalten,
Andere hatten das Zeugniß verloren. An einigen Plätzen war die
Liebe erkaltet, doch allenthalben wirkte er mit sichtbarem Erfolg.

Manche selige Erfahrung und wunderbare Offenbarung der
Kraft Gottes könnte hier noch von seiner Wirksamkeit auf dem Sa=
lems Bezirk gegeben werden: ich will nur noch anführen, wie Abbott
mit einem Raufbold, der gekommen war, die Versammlung zu stören,
fertig wurde. An einem neu aufgenommenen Predigtplatze, wo
bis dahin noch kein regelmäßiger Gottesdienst gehalten wurde, hatte
sich eine große Menge versammelt um den Methodisten=Prediger
zu hören und zugleich war es ruchbar geworden, daß die Versamm=
lung sollte gestört werden. Abbott erzählt: „Als wir ins Haus
gingen, folgten uns so Viele, als sich hineindrängen konnten, da
aber noch eine große Menge draußen war, nahm ich meinen Stand
nahe der Thüre. Zwei Männer von verdächtigem Aussehen folgten
uns ins Haus. Der Eine stand nahe der Mitte des Zimmers,
wo er auch während der Versammlung blieb, ohne Störung zu
machen, der Andere stand etwa drei Fuß von der Thür mit einem
ungefähr zwei Fuß langen Knittel, dessen dünnes Ende er in der
Hand hielt; etwa drei oder vier ihrer Consorten blieben in gleicher
Weise bewaffnet vor der Thüre. Ich sang und kniete mich zu
beten, ohne irgend welche Störung, als ich aber den Herrn bat,
diesen Theil des Weinbergs heimzusuchen und so berühmt zu machen
für Tugend, als er bisher für Laster gewesen, erwiderte jener Knittel=
mann, daß es bereits so gut hier sei, als an irgend einem andern

Platze, von dem er wisse, und machte noch einige andere Bemerkun=
gen während des Gebets. Als ich aufgestanden, frug ich ihn, ob
er wisse, daß er das Gesetz des Landes übertreten, und wenn es
in Anwendung gebracht, für 20 Pfund straffällig wäre, und ent=
weder für sein gutes Betragen Sicherheit geben oder in's Ge=
fängniß wandern müsse, und forderte ihn auf sich auf diese Ge=
fahr hin ruhig zu verhalten. Er machte noch einige Einwen=
dungen und erschien sehr bösartig. Eine alte Quäker Dame zu
meiner Seite munterte mich auf, mich nicht zu fürchten, und
erinnerte mich daran, was für Leiden auch ihre Freunde früher
für die Sache Gottes zu erdulden hatten. Es that mir wohl,
in ihr eine solche Vertheidigerin für des Herrn Sache zu finden,
obwohl ich Gott sei Dank keine Menschenfurcht in mir fühlte. Ich
gab nun meinen Text aus: „Ich habe Gottes Wort an Dich."
Richter 3, 20. Ich hatte nicht lange gesprochen, da unterbrach
er mich auf's Neue und erhob sich auf die Zehen, um zu sehen,
ob die andern zur Hand seien, doch die Thüre war von einer
ganzen Anzahl der respektabelsten Leuten umgeben, so daß sich seine
Collegen entweder schämten oder fürchteten und sich entfernt hiel=
ten. Ich sah bald, daß es umsonst wäre, sich mit ihm zu dispu=
tiren, so fing ich an, ohne irgend ferner darauf zu achten, was er
sagte, die Schrecken des Gesetzes in der furchtbarsten Weise über
ihn auszugießen. Er ließ bald seinen Kopf hängen und rief:
„Bin ich's, Herr, den Sie meinen?" Ich sagte: Ja, Du bist
gerade der Mann, ich habe Gottes Wort an Dich, und gabs ihm
womöglich noch in deutlicherer Sprache und fing an für ihn zu
beten, daß Gott sich seiner erbarmen möge. Nun zeigte er ein
Verlangen sich zu entfernen, doch dies ging nicht so schnell, denn
die Versammlung war gedrängt voll. Er kam in große Verwir=
rung und rief aus: „Richtet nicht! Richtet nicht!" Zuletzt kam
er hinaus und brüllte noch einige Mal „Amen." Ein Herr an
der Thüre, ein Quäker, sagte zu ihm, als er hinaus ging: „Du
hast Deinen Meister gefunden." Etliche Seelen wurden auch an

dieser Versammlung erreicht, die bald nachher zu Gott bekehrt wurden und sich der Gemeinschaft anschlossen, so daß eine Klasse von ernstlichen Christen dort gebildet werden konnte.

Als Abbott nach Verlauf von sechs Monaten den Bezirk ver= ließ, hatten sich in der Zeit 85 der Gemeinschaft angeschlossen.

Von Salems Bezirk kam er nach Trenton und auf dem Wege dahin wohnte er einer Vierteljahrs-Versammlung bei, wo sich der Herr im Liebesfest mächtig offenbarte. Nachdem Einige geredet, trat Abbott auf und ermahnte zur Heiligung, denn jetzt sei der Tag der Kraft des Herrn. Da fiel die Kraft Gottes in solcher Weise auf die Versammlung, daß durchs ganze Haus, unten sowohl als auf der Gallerie, Viele zu Boden stürzten. Mit dem Erzählen von Erfahrungen war es nun zu Ende, denn Kinder Gottes lobten laut den Herrn, Heilssuchende schrien um Gnade und eine ganze Anzahl wurde in die selige Freiheit der Kinder Gottes versetzt. Die Zeit für die Predigt kam herbei, aber es war nicht daran zu denken. Die Versammlung hatte Morgens um neun Uhr begonnen und kam erst zwei Stunden vor Sonnenuntergang zum Schluß.

Auch auf dem Trenton Bezirk arbeitete Abbott mit Glaubens= freudigkeit und der Herr gab Sieg. Bei einer Gelegenheit wo sich Gottes Kraft wieder mächtig offenbart hatte, überzeugte er die Versammlung, daß solche Wirkungen nicht ausschließlich metho= distisch seien. Als nämlich ein junger Quäker unter der Predigt wie todt zu Boden gefallen war und seine Mutter in der größten Bestürzung ausrief: „Mein Sohn ist todt, mein Sohn ist todt!" und auch Andere besorgt wurden, so sagte Abbott zu einem ältlichen Herrn, einem Quäker, der in Thränen dastand: „So war es einst unter euch, als das Leben und die Kraft Gottes noch unter euch wohnte," lese „Sewel's Geschichte der Leute, genannt Quäker," und du wirst dort finden, daß als John Aurland, ein junger Mann, auf dem Felde nahe Bristol predigte, die Leute vor ihm zu Boden fielen und unter der mächtigen Kraft Gottes laut aufschrieen. Der Mann vom Hause, wo die Versammlung gehalten, brachte das Buch

und las die Stelle laut vor und erklärte die Sache öffentlich als
das Werk des Herrn.

Abbott arbeitete noch auf verschiedenen Arbeitsfeldern mit ge-
wohntem Erfolg; seine letzte Bestellung war Cecil Bezirk in Maryland. — Wie wenig der von Gott so geehrte Mann die Ehre
bei Menschen suchte oder wollte, zeigt folgender Vorfall: Auf dem
Wege zu einer Vierteljahrs-Versammlung sagte sein Vorstehender
Aeltester zu ihm: „Die Leute denken von Dir, daß Du durch den
Glauben Macht habest die Thore des Himmels zu öffnen und zu
schließen." Abbott drückt sich darüber aus: „Die Worte gingen
mir wie ein Dolchstich in's Herz und verwundeten meine Seele,
denn ich sah, daß die Idee zu Menschenvergötterung führte, indem man einem armen Sterblichen das zuschreibt, was Gott allein
gehört. Ich fühlte als ob meine Nützlichkeit zu Ende wäre, obwohl ich meinen Vorstehenden Aeltesten nicht merken ließ, wie sehr
ich betrübt und verwundet war." Sie feierten noch eine segensreiche Vierteljahrs-Versammlung, eine Zeit der Freude und des
Trostes für Viele. In derselben Nacht jedoch wurde Abbott krank
und war auch von der Zeit nie wieder im Stande als Reise-
Prediger ein Feld zu bedienen. Seine Freunde glaubten, daß
sein Ende nahe sei, und frugen ihn, ob er denke, daß er am Sterben sei, er antwortete: „Nein, der Herr hat mir nichts davon
kund gethan, und ich glaube nicht, daß Er mich aus dieser Welt
nehmen würde, ohne mich es irgendwie vorher wissen zu lassen."
Doch fügte er hinzu: „Ich bin vollkommen in Gottes Willen ergeben, es sei zum Leben oder zum Tode."

Seine Gesundheit besserte sich wieder und er lebte noch 1½
Jahre, wo ihm noch manche Gelegenheit geboten, öffentlich und
privatim sich nützlich zu machen. Endlich fühlte er sein Ende
herannahen, traf Anordnungen zu seinem Leichenbegängniß und
bestimmte Br. McCloskey seine Leichenrede zu halten. Den letzten Tag seines Lebens litt er noch große Schmerzen, doch war
er völlig ergeben und schaute mit großer Freude seinem Ende

7

entgegen. Er behielt seine Verstandeskräfte bis zum letzten Augen=
blicke. Sein Angesicht leuchtete mit himmlischer Freude. Seine
letzten Worte, die er noch deutlich aussprechen konnte, waren:
„Glory dem Herrn! Ich sehe den Himmel lieblich vor mir ge=
öffnet.“ Nachdem war er nicht mehr im Stande, sich deutlich
auszudrücken, so daß man nur hin und wieder ein Wort verstand
als: Sieh! Sieh! Glory! Glory! Oefters schaute er die Um=
stehenden an und wies mit der Hand zu dem Ende des Bettes,
indem er ausrief: „Siehe! Siehe! Glory! Glory! Glory! und
klatschte in die Hände mit dem Ausdruck seligster Freude und Ent=
zückung. Offenbar sah er die Engel Gottes, die gekommen waren,
ihn heimzuholen in die Wohnungen der Seligen im Licht. — So
starb er im Triumph des Glaubens ohne Klagen und ohne Seufzer
den 14. August 1796, ungefähr 64 Jahre alt.

Dieser ernste Gottesmann darf wohl unter die Wunder Amerikas
gezählt werden. Er war vollkommen originell, keines Menschen
Nachbild; ein ungewöhnlicher Eiferer für das gesegnete Werk der
Heiligung, welche er bei allen Gelegenheiten predigte und, was das
Beste war, sie auch im Leben bewies. Er war ein unschuldiger,
heiliger Mann; selten hörte man ihn von etwas Anderem als von
Gott und Religion reden. Er blieb stets klein und demüthig. Im
Jahre 1790 wurde er zum Amte eines Diakons erwählt und 1793
als Aeltester ordinirt.

Als Prediger war er ein Donnerskind und ein Arbeiter, der
sich nicht zu schämen brauchte.

Die außergewöhnlichen Erscheinungen, die seine Arbeit beglei=
teten, so selten sie auch in unserer Zeit vorkommen, sollten uns
kaum befremden. Wir mögen geneigt sein, Manches der Erziehung
und auch konstitutionellen Anlagen zuzuschreiben, aber auch ganz
abgesehen davon finden wir biblische Berichte von ähnlichen Er=
scheinungen. So lesen wir Dan. 10, 8: „Es blieb aber keine Kraft
in mir, und ich war sehr ungestaltet und hatte keine Kraft mehr.“
Moses ruft aus: „Ich bin erschrocken und zittere.“ Denken wir

an die Jünger auf dem Berge der Verklärung und an Johannes auf Patmos. Ebenfalls ist jene gottlose Rotte in Gethsemane ein Beispiel. Fiel doch selbst das unvernünftige Thier, auf welchem Bileam ritt, zur Erde und zitterte, als es den Engel des Herrn sah, warum sollte nicht vielmehr der Mensch, ein vernünftiges Ge= schöpf, vor der Offenbarung der mächtigen Kraft Gottes zittern und fallen! Sind wir aber auch nicht berufen, in Allem in seine Fußtapfen zu treten, so laßt uns ihm doch folgen in seinem Eifer, seiner Treue, seinem Glauben und seiner Liebe, so daß auch wir einst den Tod dieses Gerechten sterben und unser Ende werde wie sein Ende.

William McKendree,
dritter Bischof der bischöflichen Methodisten Kirche.
Von G. E. Hiller, Freeport, Jll.

————

Bischof McKendree war ein Fürst in Israel. Unter den vielen
wahrhaft großen Männern, die Gott sich durch den Methodismus
in Amerika heranbildete und die gewiß im himmlischen Reiche ganz
nahe an des Thrones Stufen stehen werden, gehört er in die erste
Reihe. Er war der erste eingeborene Bischof unserer Kirche und
der eigentliche Nachfolger des unvergleichlichen Bischofs Asbury.
Asbury beaufsichtigte den Bau des Schiffes unserer Kirche und
ließ es glücklich vom Stapel; McKendree lenkte durch Gottes Gnade
sein Ruder, als es die gefährlichsten Stürme zu bestehen hatte.

In King William County, Virginia nahe bei Richmond, wurde
dieser Gottesmann am 6 Juli 1757 geboren. Seine Eltern, John
und Marie McKendree, waren schlichte, fleißige, geachtete und gottselige Leute, die zwar nicht im Ueberfluß, aber doch in sorgenfreien
Verhältnissen lebten, und denen es gelang, ihre acht Kinder, die
Gott ihnen schenkte, heranzuziehen zu gesitteten und nützlichen Men
schen. Ueber Williams Kinderjahre fehlen uns eingehende Nach-
richten; dieselben scheinen ruhig und ohne außerordentliche Zwischen-
fälle dahingeflossen zu sein. Daß aber das Familienleben im
Vaterhause ein recht glückliches war, können wir daraus erkennen,
daß die McKendree's mit ungewöhnlicher Treue aneinander hingen,
bis der Tod sie trennte. Die Anhänglichkeit an seine Verwandten
war in William sehr stark bis an sein Ende.

Sein Vater erlebte die Freude, seinen Sohn als Bischof zu

Bischof William McKendree.

sehen, und der letztere, obwohl er sich in seiner rastlosen Thätigkeit
selten eine Mußestunde erlaubte, machte es sich zur Pflicht, ihm
regelmäßige Besuche abzustatten. Welche Freude muß es diesem

guten Vater bereitet haben, als einst, nachdem er nach Tennessee übergesiedelt war, sein Sohn mit dem greisen, vielgeliebten Asbury unter seinem Dache einkehrte, um eine ganze Woche zu verweilen. Bald nach diesem Besuch ging er zu seiner ewigen Ruhe ein. Wie das Andenken an diesen Vater ihn allenthalben begleitete, das legte McKendree so recht an den Tag, als er selbst dem letzten Augenblick entgegen ging, indem er seine Angehörigen aufforderte, ihn auf das nämliche Bett zu legen, auf dem sein Vater gestorben war.

Die Mutter starb früher als der Vater. Schwächlichen Körpers und zarten Gemüthes war sie jahrelang krank und hilflos an das Bett gefesselt gewesen. William liebte sie aufs innigste. Oft stand ihm das Bild dieser zärtlichen Dulderin vor der Seele und übte einen wohlthätigen Einfluß auf sein ganzes Leben aus.

Die wissenschaftliche Ausbildung des jungen McKendree war ziemlich unvollkommen, denn solche Gelegenheit wie man sie heute beinahe allenthalben hat, sich Kenntnisse zu sammeln, hatte er nicht. Obwohl er es soweit brachte, daß er einer Landschule als Lehrer vorstehen konnte, ist es doch nicht zu verhehlen, daß, als er sich in seinem 30. Jahre zu Gott bekehrte und Prediger wurde, seine Kenntnisse von seiner Muttersprache sehr mangelhaft waren, geschweige denn, daß er etwas vom Lateinischen oder Griechischen verstanden hätte. Er besaß schon damals einen gesunden, praktischen Verstand, aber erst, als sein Geist von oben erleuchtet war und die Liebe Gottes sein Inneres in Bewegung setzte, fingen seine Gaben an sich recht zu entfalten. Als Redner und mit der Feder bediente er sich später einer reinen kräftigen Sprache, und was Wahl der Worte anbetrifft, ist er noch heute ein Muster. In allem, was zur Ausrüstung eines rechtschaffenen evangelischen Predigers gehört, konnte Bischof McKendree, ohne Gefahr, den meisten Stubengelehrten an die Seite gestellt werden.

Im amerikanischen Revolutionskriege war der junge McKendree Soldat. Ueber seine Kriegserfahrungen beobachtete er eine auffallende Verschwiegenheit. Jedoch ist uns so viel bekannt, daß er den Rang eines Adjutanten erreichte und die Schlacht bei Yorktown, wo der englische Lord Cornwallis mit seiner ganzen Armee sich den Amerikanern ergab, mitmachte. Bald nach diesem wurde Frieden geschlossen und er kehrte in seine elterliche Heimath zurück.

Die geistlichen Erfahrungen des jungen McKendree waren etwas eigenthümlicher Art. Schon in seinem Knabenalter gab es eine gewisse Zeit, da er durch das Lesen der heiligen Schrift so tief von der Verdorbenheit seines Herzens überzeugt wurde, daß er immer wieder die Einsamkeit suchte und viel zu Gott betete. Als aber sein leichtfertiger Lehrer, der damals bei seinen Eltern in der Kost war, dieses beobachtete, machte er sich über ihn lustig, und da auch seinen Eltern noch die Erfahrungsreligion gänzlich unbekannt war, ist es nicht zu verwundern, daß er wieder in die allgemeine Gleichgiltigkeit zurückfiel. Wie schade, daß es heute noch so Wenige giebt, die es recht verstehen die Lämmer zu weiden! Dennoch verließen diese Eindrücke ihn nie gänzlich, und er blieb im Jünglingsalter bei aller Gleichgiltigkeit gegen ewige Dinge doch von Rohheiten fern. Und als einige Jahre später sich unter der Arbeit der ersten Methodisten-Prediger in jener Gegend viele zu Gott bekehrten, wurde auch er von der göttlichen Wahrheit überwunden und schloß sich als ein Heilsuchender der Kirche auf Probe an. Aber er drang wieder nicht durch. Der Einfluß einiger äußerlich anständiger, aber innerlich gottloser Kameraden, von denen er sich nicht trennen konnte, brachte ihn von dem betretenen Wege gänzlich ab. Er besuchte zwar noch immer die Versammlungen, war aber dabei kalt und gleichgiltig. In diesem Zustand blieb McKendree, bis er im Jahre 1787 sein 30. Lebensjahr erreicht hatte. In diesem Jahre fand in Virginien eine mächtige Auflebung statt, die sich über fast alle Südstaaten verbreitete. Damals erschien in jener Gegend ein wunderbarer Prediger. Wenn er kam, selbst mitten in der Woche, verließ der Handwerker seine Werkstatt und der Farmer seinen Pflug, und Alle strömten herbei, um ihn zu hören. Tausende wurden von der Macht des göttlichen Wortes unwiderstehlich erfaßt. Das in seiner Seele brennende Feuer zündete die ganze Gegend an. Er hieß John Easter. Er war eine merkwürdige Erscheinung. In seinen schwarzen durchdringenden Augen glühte eine göttliche Gluth. Er hatte einen klaren, scharfen Verstand und ein gewaltiges Gemüthsleben. Ein Gegenstand bewegte unaufhörlich seine große Seele, nämlich d a s H e i l u n s t e r b l i c h e r S e e l e n. Deshalb befaßte er sich in seinen Predigten auch niemals mit wissenschaftlichen und doktri= nellen Gegenständen, sondern drang immerfort auf Buße und Be= kehrung. Wenn er begeistert war, so kam er den Leuten vor wie eine Erscheinung aus der andern Welt; die Flammen des heiligen Geistes begleiteten jedes Wort und rechts und links fielen Sünder zu Boden und schrien um Gnade, während Andere mit lauter Stimme jubelten von dem, was Jesus an ihren Seelen gethan. In einem Jahre wurden unter der Arbeit dieses Mannes über 1200 Seelen zu Gott bekehrt. Unter diesen befand sich auch William McKendree. Und seine Bekehrung ist Beleg dafür, daß jene Auf= lebung kein Wildfeuer war, sondern das echte Werk des heiligen Geistes. Gestattete es mir der Raum, so würde ich gerne noch andere Männer, die in ähnlichem Geiste wie Easter damals wirkten, erwähnen. Aber ihre Namen stehen alle angeschrieben im Buche des Lebens.

Ueber seine Bekehrung erzählt uns McKendree wie folgt: „Meine Erweckung war gründlich; die Tiefen meines Herzens öffneten sich, seine gräßliche Bosheit kam zum Vorschein, meine schreckliche Gefahr stand mir vor Augen. Meine Buße war auf= richtig und ich war willig, unter irgend welcher Bedingung Gnade anzunehmen. In diesem Zustande war ich drei Tage lang, die ich zubrachte mit Besuchen der Versammlung und mit Fasten und Beten. Der Prediger zeigte mir den Weg der Seligkeit durch den Glauben so deutlich, daß ich darüber staunen mußte. Ich wagte einen Blick des Glaubens auf Christum; plötzlich war meine Last verschwunden und süßer Friede kehrte ein in mein Herz." Damit war es aber noch nicht geschehen. Bald kehrten düstere Zweifel bei ihm ein, die ihm Wochen lang zu schaffen machten, bis er endlich durch das Zeugniß des h. Geistes eine unerschütterliche und dauernde Gewißheit erlangte. Leider geben sich heutzutage Viele ohne eine solche Gewißheit zufrieden. Von einer weitern Erfahrung erzählt er wie folgt: „Bald nach meiner Bekehrung predigte uns Herr Easter sehr eindringlich über den Stand der völligen Liebe. Ich prüfte mich und fand noch eine Leere in meinem Herzen. Als ich nun einst hierüber nachsinnend und betend dahinwandelte, wurde ich von der Kraft des großen Gottes erfaßt wie nie zuvor. Nicht mehr vermögend zu stehen, fiel ich nieder auf meine Knie. Mein Becher war voll und ich jubelte mit lauter Stimme."

Um diese Zeit forderte ihn auch Gott durch seinen Geist auf, das Evangelium zu predigen. Er erschrak vor dem Gedanken und theilte Niemanden etwas davon mit. Aber Gott hatte auch seinem Vater dieses Geheimniß geoffenbaret und als dieser ihm seine Ueberzeugung sagte und ihn ermahnte, den Geist Gottes nicht zu dämpfen, wurde er sehr beunruhigt. Dachte er an das große Werk, das noch zu thun ist, an die herrliche Botschaft und an die große Gefahr der sündigen Menschheit, so fühlte er, als ob er sprechen möchte: „Herr, hier bin ich, sende mich." Dachte er aber dann an die Größe des Berufs und an seine geringe Ausrüstung, so schien es ihm nicht möglich, daß Gott ihn dazu haben wolle. Aber des Königs Sache hatte Eile. Das Feld war reif zur Ernte und der Schnitter waren wenige. Auch der Prediger des Bezirkes merkte, was in McKendree's Seele vorging und bewog ihn durch freundliches Zureden, Hand ans Werk zu legen. Hierauf redete er öfters in den Versammlungen mit großem Zittern, wobei er selbst und seine Zuhörer gesegnet wurden.

Neun Monate nach seiner Bekehrung nöthigte ihn Herr Easter, ihn zur Conferenz nach Petersburg, Va., zu begleiten. Er ging mit; was man aber eigentlich mit ihm vorhatte, ahnte er nicht.

Wie groß daher sein Schrecken, als der Bischof bei Ankündigung der Bestellungen unter Anderem las: „Mecklenburg Bezirk, Philipp Cox und William McKendree." Er saß da wie verdonnert. Der Bischof und sein vorstehender Aeltester redeten aber so freundlich und aufmunternd mit ihm, daß er es wagte, in der heimlichen Hoffnung aber, man werde bald seine Unbrauch= barkeit entdecken und ihn wieder heimschicken. Aber man machte diese Entdeckung nie. Und wenn er auch lange Zeit diese Arbeit mit Zittern und Zagen verrichtete, so gab ihm der Herr doch viel Genuß darin und versiegelte seinen Beruf durch die Bekehrung vieler theurer Seelen.

Schon in den ersten Jahren seines Predigtamtes hatte er eine Prüfung durchzumachen, wie einem jungen offenherzigen Prediger nicht leicht eine gefährlichere widerfahren kann. Diese Prüfung be= reitete ihm sein vorstehender Aeltester, John O'Kelley, der eben durch diese Sache in der Geschichte unserer Kirche eine Berühmtheit er= langt hat, die durchaus nicht beneidenswerth ist. O'Kelley war ein begabter Prediger, der eine Reihe von Jahren nicht ohne guten Erfolg gewirkt und sich unter dem Volk beliebt gemacht hatte. Aber es scheint, nachdem er vorstehender Aeltester geworden war, fingen Ehrgeiz und Neid an, seine Seele zu verzehren. Er fing daher an, öffentlich und heimlich gegen Bischof Asbury zu wühlen. Den letzteren nannte er „einen Papst" und warnte die Prediger und Glieder, daß der Bischof durch seinen Despotismus die Kirche zu Grunde richten werde. Deshalb setzte er es sich in den Kopf, daß des Bischofs Gewalt eingeschränkt werden müsse, und forderte für die Prediger das Recht, an die Conferenz zu appelliren, wenn sie mit den vom Bischof ihnen angewiesenen Bestellungen nicht zu= frieden seien. Dieser Punkt war hinfort sein Morgen= und sein Abendlied; und nicht zufrieden, jeden einzelnen Prediger zu bear= beiten, berief er auch noch eine Distrikts=Versammlung, um sich mit seinen Predigern über diese Sache zu berathen. Es gelang ihm auch, einige seiner Prediger mit Vorurtheil gegen den Bischof zu

erfüllen, und unter diesen war auch McKendree. Die meisten Pre=
diger sahen jedoch ein, daß man durch O'Kelley's Neuerung den
bis dahin so erfolgreichen Reiseplan vernichten würde und folglich
wurde sein Plan durch die Conferenz verworfen. Das erbitterte
ihn dermaßen, daß er sich sogleich von der Verbindung lossagte
und mit einer Anzahl von Predigern und Gliedern, die ihm folgten,
eine eigene Kirche gründete, von welcher aber heute keine Spur
mehr zu finden ist. Auch McKendree weigerte sich an jener Con=
ferenz Arbeit zu nehmen, jedoch gingen ihm bald die Augen auf;
er erkannte, daß O'Kelly verkehrt sei, daß ihm Asbury, den er
nun näher kennen lernte, gänzlich mißrepräsentirt worden war, und
ging mit verdoppeltem Eifer wieder an die ihm aufgetragene Arbeit.

Nun entwickelte er sich rasch. Er arbeitete fleißig und studirte
die heilige Schrift auf seinen Knieen, er betete viel und stand sehr
oft mitten in der Nacht von seinem Bette auf, um sich vor Gott
zu beugen im Gebet. Jeden Freitag fastete er. Die Sterne, das
Meer, die Berge, die Wälder, die Fluren, die Menschen, die
Thiere — das waren s e i n e B ü c h e r , darin er studirte. Was
Wunder, daß er Erfolg hatte und ein gewaltiger Prediger wurde.
Man erlaube mir an dieser Stelle einige Auszüge aus seinem
Tagebuche anzuführen.

Unter dem 10. Mai 1780 schreibt er: „Erwachte bei Tages=
anbruch, ging zum Gnadenthron, ging zu einem nahen Fluß und
hörte dem Murmeln des Wassers und dem Gesang der Vögel zu,
sandte einige Loblieder zu Jesu empor und bat ihn um das, was
ich nöthig hatte. Dann erforschte ich mein Herz mit folgenden
Fragen:

F r a g e 1. Warum habe ich Eltern, Geschwister und Alles,
was mir auf Erden theuer ist, verlassen? A n t w o r t : Nicht
des Geldes oder Ruhmes oder eitler Ehre wegen, sondern 1) um
meinen innern Frieden zu bewahren; 2) Gott zu gehorchen, ohne
welches dieser Friede nicht möglich wäre; 3) damit ich meinen
Mitmenschen in der Errettung ihrer Seelen behilflich sein mag.

Frage 2. Warum verwende ich so viel Zeit auf's Beten, auf's Lesen und Nachdenken über das Wort Gottes? Antwort: Nicht um damit den Himmel oder Gottes Gunst zu verdienen, noch um von den Menschen gesehen zu werden, sondern damit ich immer besser bekannt werde mit Gottes Wort und Gottes Geist.

Frage 3. Wie lange erwarte ich in dem gegenwärtigen Stand zu beharren? Antwort: So lange wie der Odem in mir ist!

Mittwoch, den 30. Juni. Hatte heute drei schwere Predigt= plätze, wo wir noch keine Gemeinden haben. Am zweiten fand ich namentlich viele rohe Menschen. Etliche waren betrunken, An= dere fluchten und höhnten und noch Andere boten dem Prediger Schnapps an und einer drohte ihn zu prügeln. Ich fühlte Feuer in meinen Gebeinen und predigte über den reichen Mann in der Hölle und Qual. Sie waren aufmerksam. Dann fing es an zu blitzen und zu donnern. Dieses Reden meines Gottes kam mir gut zu statten. Viele wurden ergriffen, schluchzten und wein= ten. Ich ritt durch den Regen heim und ruhte aus."

Dienstag, den 20. Da er, wie es scheint, ungastfreundliche Leute angetroffen hatte, schrieb er: Fühle mich körperlich sehr schwach und habe viele Schmerzen, aber ich muß fort, denn ich habe keinen Platz wo ich mein krankes Haupt niederlegen kann. Singt, ihr lieben Vöglein, und baut eure Nester in Frieden; freut euch, ihr Füchse; hüpfet, ihr muntern Lämmer, aber ich bin auf andere Menschen für ein Ruhelager angewiesen. Aber halt! Auf diese Weise darf ich dem Satan nicht Raum geben. Ist nicht Christus am Kreuz gestorben und ist er nicht mein Freund? Fand eine große Versammlung; erhob mein Herz zu Jesu und er hörte. Anfangs wurde es mir sehr schwer zu reden, aber bald verließen mich die Schmerzen. Das Feuer des Herrn kam herab, und Einige, die nie zuvor einen Methodisten=Prediger gehört hat= ten, fielen zu Boden und schrieen laut um Gnade. Zwei fanden Frieden. Hier wurde auch ein Mann ergriffen, der ihn lange bit= terlich verfolgt hatte.

Auf solche Weise wirkte er fort und nahm zu nach dem in=
wendigen Menschen, an Alter, Weisheit und Gnade bei Gott
und den Menschen, bis zum Jahre 1800. Den größten Theil
dieser dreizehn Jahre brachte er in Virginien zu. Zwei von diesen
Jahren war er Vorstehender Aeltester. Nun aber wurde er in
einen ganz neuen Wirkungskreis versetzt.

Um diese Zeit wanderten viele aus den Küsten=Staaten über
die Blue Ridge und Alleghany Gebirge, um sich auf den Prärien
und in den Wäldern des großen Westens nieder zu lassen. Nach
allen Richtungen drangen sie vor und in West=Virginia, Ohio,
Kentucky und Tennessee befanden sich schon bedeutende Ansiedlungen.
Bischof Asbury und seine wackern Methodisten=Prediger, die Be=
deutung dieser Bewegung richtig erkennend, waren behend und ent=
schlossen sich das Land für Gott und die Kirche einzunehmen.
Man ging den Leuten nach mit dem Evangelium bis an dem äußer=
sten Posten. Als Asbury im Jahre 1800 die erste westliche Conferenz
zusammen berief, befanden sich auf dem erwähnten Gebiet etwa
fünfzehn Reise= und Lokal=Prediger und 1700 Glieder. Der Bi=
schof machte das Ganze zu einem Distrikt und ernannte unsern
McKendree, den er auf der Reise dorthin mitgenommen hatte,
zum Vorstehenden Aeltesten. Die Folge zeigte, daß der Bischof
einen klugen Griff gethan hatte. Die Arbeit, die hier auf den
körperlich leidenden McKendree wartete, war zwar keine leichte,
aber er übernahm sie als ein gehorsamer Knecht des Herrn. Sein
Herr hatte dort Arbeit für ihn, und das war ihm genug. Wäre
er von einer irdischen Gesinnung beseelt gewesen, so hätte er sich
schön bedankt. Ist das Frontierleben jetzt mit vielen Beschwer=
lichkeiten verbunden, damals war es doch noch viel mehr so, denn
wir müssen bedenken, daß dem neuen Ansiedler damals die Loko=
motive noch nicht an der Thüre vorbeipfiff. Da war nicht der Ort
für Leute in weichen Kleidern. Die Leute waren arm und die
Reiseprediger theilten die Armuth mit ihnen. Ein Vorstehender
Aeltester verdiente damals nicht genug, ein Buggy zu halten,

und hätte er's vermocht, so hätte es ihm nichts genützt, denn es
gab damals dort keine Wege, sondern nur Pfade.

Ueber die Flüsse gab es keine Brücken, sondern sie mußten durch=
watet oder durchschwommen werden. „Damals," sagte ein guter
evangelischer Bruder vor einigen Jahren, „ischt der Vorstehende
Aelteste uf sei'm Gaul von Haus zu Haus geritta kumma und hat
d'Leit besucht, aber nau huckt er sich uf de Keers und bi— — —scht,
häscht du mi gseh' "

Aber auf diesem neuen Arbeitsfelde war McKendree so recht
in seinem Elemente. Was waren ihm Strapazen und Gefahren?
Ging doch das Wort Gottes herrlich voran. Fand er doch überall
unsterbliche Seelen, die ihn und das Wort mit Freuden aufnahmen.
Er sagte öfters — und das ist wohl die Erfahrung vieler Pre=
diger — daß er sich nie glücklicher gefühlt habe, als unter diesen
armen Pionieren, die ihm ihr ganzes Herz entgegentrugen, wenn
sie auch sonst nicht viel bieten konnten. Doch wir lassen ihn selbst
reden:

„Wenn die Nacht uns übereilte, ehe wir ein Haus erreichen
konnten, so suchten wir trockenes Holz zusammen, kochten ein kleines
Mahl und beteten dann mit ebenso viel Freiheit, als wenn es in
einem Palast oder in einer Kirche gewesen wäre. Dann streckten
wir unsere müden Glieder aus und genossen unter dem Schutz des
Allerhöchsten süße Ruhe.

„Hatten wir unser Ziel erreicht, so fanden wir zwar nicht immer
bequeme Herbergen, aber wir hatten das unschätzbare Bewußtsein
eines herzlichen Willkomms. Die Leute warteten uns auf mit dem
Besten, das sie hatten. Wir aßen mit Appetit, schliefen herrlich
und freuten uns mit den warmherzigen und gottseligen Leuten,
die die Prediger des Evangeliums aufnahmen wie Engel Gottes.
Und das Beste war: wenn die Zeit des Gottesdienstes kam, ver=
sammelten sich die Leute von Nah und Fern mit brennendem Ver=
langen nach dem Wort des Herrn. Die Gebete der Frommen
stiegen auf zu den Bergen Gottes; die Kraft des Höchsten begleitete

das gepredigte Wort; Sünder wurden erweckt und zu Gott bekehrt, und das Volk Gottes wurde aufgebaut im allerheiligsten Glauben. Ich mußte viel reisen, viel predigen und hatte viel auf den Schultern, und doch halte ich die dort verlebten Tage für die glücklichsten meines Lebens. Sonderbar, wie es scheinen mag, unter diesen Beschwerlichkeiten und Entbehrungen wurde meine zerrüttete Gesundheit wieder nahezu hergestellt. Ich genoß Trost und Frieden und wandelte mit Gott."

Es muß eine wunderbare Auflebung gewesen sein, die zu jener Zeit in allen Theilen des Westens ausbrach. Man nennt sie gewöhnlich „Lagerversammlungs=Auflebung", weil damals diese Einrichtung, die sich seither als ein so erfolgreiches Mittel zum Aufbau der Kirche erwiesen hat, zuerst entstand. Ausgangs des Jahres 1799 machten zwei Brüder, Namens William und John McGee — der eine ein Presbyterianer=Prediger, der andere ein Lokalprediger unter den Methodisten — eine Reise aus dem nördlichen Tennessee (wo sie wohnten) in das südliche Kentucky. Hier war gerade auf dem Arbeitsfelde eines gewissen McGready — ebenfalls ein Presbyterianer — eine Abendmahlsversammlung im Gange. Zu dieser Versammlung waren Viele aus der Ferne gekommen, die in ihren bedeckten Wägen und mitgebrachten Zelten übernachteten. Bei dieser Versammlung predigten die Gebrüder McGee mit Beweisung des Geistes und der Kraft und Viele wurden zu Gott bekehrt. Durch diesen Erfolg ermuthigt, hielten die McGee's noch andere solche mehrtägige Versammlungen im Walde mit noch wunderbarerem Resultate. So entstanden die Lagerversammlungen. Die Bedürfnisse der Zeit brachten sie hervor. Die Leute hatten einen großen Hunger nach Gottes Wort und da die Kirchen und Herbergen fehlten, mußten sie sich im Walde ein Lager aufschlagen.

Als McKendree im darauffolgenden Jahre einer solchen Versammlung beiwohnte, erkannte er sogleich deren Nützlichkeit. Ja dieser kluge Mann fing erst recht an, ihren Nutzen auszubeuten. Er war ein geborener General. Nach einem wohldurchdachten

Plan führte er sie auf allen Theilen seines großen Distrikts ein. Da gab's mächtige Zeiten. Eine jede solche Versammlung war ein Pfingstfest. Aus allen Richtungen strömten die Leute heran. Es wurde gewaltig gepredigt. Es wurde gebetet, gesungen, geweint, gejubelt vom Morgen bis an den Abend und sehr oft auch die ganze Nacht hindurch, daß es im Walde hallte und widerhallte. Die Prediger waren zu jener Zeit alle mächtig, aber McKendree war der Fürst unter ihnen. Hier entfalteten sich so recht seine vorzüglichen Gaben als Prediger und als General über Gottes Heer. Es braucht nicht verschwiegen zu werden, daß es in jener merkwürdigen Auflebung öfters zu schwärmerischen Ausschreitungen kam. Da bedurfte es eines Mannes, der nicht nur ein warmes Herz hatte und das Werk des heil. Geistes förderte, sondern der auch einen klaren Kopf und eine feste Hand hatte und dem Werke des Schwarmgeistes entgegentrat. Ein solcher Mann war McKendree. Er verlor nie die klare Besinnung. Er verstand es, die schwärmerischen Erscheinungen in die Schranken zurückzuweisen. Während daher die Presbyterianer durch das wilde Feuer, das der Teufel neben dem rechten entzündete, nicht wenig litten — indem einige Prediger und viele Glieder dem Schäkerismus anheimfielen — blieben die Methodisten im Allgemeinen im rechten Geleise und vermehrten sich auf erstaunliche Weise. „Wir halten fest an unserer Diszziplin," so rief McKendree immer wieder seinen Predigern und Gliedern zu.

Als McKendree im Jahre 1800 in den Westen kam, waren in der westlichen Conferenz 1741 Kirchenglieder; als er im Jahre 1808 durch seine Erwählung als Bischof in einen andern Wirkungskreis versetzt wurde, zählte sie 16,887 Glieder. Aus dem einen Distrikt waren fünf geworden; die acht Reiseprediger hatten sich auf 66 vermehrt und das Panier des Methodismus war sogar schon westlich vom Mississippi aufgepflanzt.

Von einer Lagerversammlung, die im Jahre 1807 im westlichen Illinois gehalten wurde, giebt uns James Gwinn, der

McKendree dorthin begleitete folgenden Bericht: „Der Goschen Lagergrund war bequem eingerichtet. Wir hatten ein großes Tabernakel aus Laub, worin 700 Personen Platz finden konnten. Es stand auch ein aus Blöcken gebautes Versammlungshaus in der Nähe, worin unsere erste Vierteljahrs-Versammlung gehalten wurde. Das Predigen begann am Freitag und wurde regelmäßig fortgesetzt. Die Leute, die von den andern Versammlungen gehört hatten, fanden sich zahlreich ein. Etliche brachten Schnapps und Karten, um sich damit während der Versammlung zu amüsiren. Freitag und Samstag schien das Predigen wenig zu nützen. Eine schwere Wolke schien über uns zu hängen. Als ich an die Thür des Predigerzeltes kam, stand Br. McKendree allein darin, in Thränen gebadet. Als ich eingetreten war, sagte er: „Mein Bruder, wir haben uns selbst gepredigt und nicht den Herrn. Geh' Bruder, und predige den Leuten Christum den Gekreuzigten!" Mein Herz war tief bewegt. Wir fielen auf unsere Kniee und schrieen um Hilfe. Nach Sonnenuntergang predigte ich über den Text: „Sehet, welch' ein Mensch." Bald fing es an, etwas zu regnen, da aber meine Versammlung im Schutz war, fuhr ich fort, obwohl ich selbst dem Regen ausgesetzt war. Auf eine außergewöhnliche Weise wurde mein Herz erwärmt und meine Zunge gelöst. Bald wurde in allen Theilen der Versammlung Schluchzen und Seufzen vernehmbar; endlich nahm die Kraft Gottes völligen Besitz vom Lagergrund. Wie in einer Schlacht niedergeschlagen lagen die Leute auf ihren Angesichtern und schrieen um Gnade; Einige jubelten bald über ihre Annahme und ermahnten ihre Freunde, dem zukünftigen Zorn zu entfliehen. Wir blieben die ganze Nacht über an der Arbeit. Am nächsten Morgen (Sonntag) feierten wir das h. Abendmahl. Es war ein großer Tag. Die Ewigkeit wird seine Resultate offenbaren. Eine Bekehrung verdient besondere Beachtung, nämlich die eines Chicamauga-Indianers, der auf der Jagd zu uns gestoßen war. Ich gebe seinen eigenen Bericht: „Als ich hier so viel Leute sah, dachte ich, es sei eine gute Gelegenheit, Whiskey

8

zu bekommen. Als Du im Regen redetest, stand ich neben einem Bäumchen. Da kam plötzlich eine ungeheure Last auf mich, unter welcher ich nicht aufrecht stehen konnte. Ich fiel zu Boden und konnte nicht fort bis am nächsten Morgen. Dann wollte ich fort, aber als ich das Singen hörte, zog mich etwas mit aller Gewalt zurück und ehe ich's mich versah, war ich wieder unter den Leuten und dieselbe Last fiel wieder auf mich und es wurde mir vor den Augen so finster, daß ich nicht sehen konnte. Ich fiel auf die Erde und dachte, ich müßte sterben. Ich war zu schwach aufzustehen. Endlich kam ein weißer Mann zu mir und redete mit mir. Da wurde es immer heller und heller, bis Alles um mich her glänzte wie die Sonne. Die Finsterniß und die schwere Last waren dann ganz fort, mein Herz wurde so froh und ich fühlte leicht." Br. Gwinn erzählt weiter: „Ich sah den armen Wilden, wie er mit glänzenden Augen auffprang und sprach: "Good! Good! Good!" Am Montag, als die Versammlung beschlossen wurde, schlossen sich 100 Personen der Kirche an."

Im darauffolgenden Jahre 1808 wurde McKendree als De= legat zur General=Conferenz gesandt. Dorthin wollen wir ihn nun begleiten. Die Conferenz trat am 6. Mai in Baltimore zusam= men. Die Sitzung war eine wichtige, denn an jener Conferenz war es, wo unsere Constitution angenommen und der Kirche eine feste Organisation verliehen wurde. Viele der ersten Helden des Methodismus waren gegenwärtig. Nebst dem alten Asbury, der stets die Hauptfigur des Bildes war, befanden sich dort Jesse Lee, Freeborn Garretson, Thomas Ware, Philipp Bruce, Nathan Bangs, Ezekiel Cooper und noch viele Andere, deren Namen mit einem guten Klange zu uns herabgekommen sind.

McKendree, der als der erste Held vom westlichen Kriegsschau= platz angesehen wurde, mußte am Sonntag den 12. Mai in der Lightstraße Kirche predigen. Diese Predigt machte ihn zum Löwen des Tages und hatte zur Folge, daß er Baltimore als Bischof verließ. Von dieser Predigt erzählt uns Dr. Bangs Folgendes:

„Die Kirche war in allen Theilen mit Menschen angefüllt — Glieder und Freunde, Weiße und Schwarze waren da. Auch waren die meisten Mitglieder der General-Conferenz gekommen, um den Pionier zu hören. Um die bestimmte Zeit erschien Br. McKendree in der Kanzel. Er hatte einen Anzug von grobem, geringem Zeug an, den er im Hinterwald getragen hatte. Nach dem Gesang kniete er nieder zum Gebet. Sein Gebet war etwas stammelnd und es war, als ob er die Worte nicht immer gut herausbringen konnte. Ich wurde ein wenig besorgt und dachte bei mir selber: Was für einen Holzbauern hat man denn heute angestellt, daß er uns durch sein stoffeliges Benehmen lächerlich macht. Und dieses Mißtrauen verließ mich nicht, bis er schon einige Minuten geredet hatte. Sein Text war: „Mich jammert herzlich, daß mein Volk so verderbet ist; ich gräme mich und behabe mich übel. Ist denn keine Salbe in Gilead? Oder ist kein Arzt nicht da? Warum ist denn die Tochter meines Volkes nicht geheilet?“ Jeremia 8, 21. 22. Seine Einleitung schien schwach, seine Sätze unzusammenhängend, seine Aussprache war mangelhaft.

Mit der Zeit nahm er seinen ersten Haupttheil auf, welcher „von der geistlichen Krankheit des jüdischen Volks und der Menschheit im Allgemeinen“ handelte; sodann nahm er den zweiten Theil auf und redete „von den Gefühlen, die durch diesen jämmerlichen Zustand des Volkes in den Seelen der treuen Knechte Gottes geweckt würden,“ und als er endlich an „die herrliche Wirkung kam, die durch Anwendung der Salbe hervorgebracht werde,“ da schien er in die Regionen zu kommen, in denen seine Seele gerne weilte; nun hatte er die ganze Versammlung vollständig in seiner Gewalt und führte sie hinauf in die unaussprechlich herrliche Region der christlichen Erfahrung. Indem er unter Anderm auf die Einwendungen zu sprechen kam, die von Manchen gemacht werden gegen die Aeußerungen der Freude, die öfters aus den von Christo geheilten Herzen hervorbrechen, wies er auf die Jubelrufe des Volkes hin, die durch Festreden am 4. Juli hervorgerufen werden, und rief dann mit schmelzender, himmlischer Begeisterung: „Wie viel größere Ursache hat eine unsterbliche Seele zu jubeln und Gott zu preisen über diese herrliche Erlösung von der Knechtschaft der Sünde!" Diese Worte waren so voller Pathos, daß sie hervorkamen wie der plötzliche Erguß eines Wolkenbruchs. So überwältigend ergoß sich ein Strom der Gnade aus der oberen Welt über die Versammlung. Zuerst wurden plötzliche Schreie gehört, wie von Personen in Todesnoth, dann ertönten Jubelrufe und in allen Theilen des Hauses Schluchzen und Weinen. Die Augen der Leute waren in Thränen gebadet und viele stürzten zu Boden oder lagen hilflos auf ihren Bänken. Ein großer starker Prediger, der neben mir saß, fiel plötzlich, wie von einer Kugel ge= troffen, um. Mein eigenes Herz schmolz in wunderbaren Gefühlen hin, denen ich nicht widerstehen konnte. Nach diesem plötzlichen Schauer des Geistes theilten sich die Wolken und die Sonne der Gerechtigkeit schien herein mit königlicher Milde. Als der Pre= diger von der Kanzel herabstieg, bewunderten Alle seine herrlichen Gaben und sprachen in ihrem Herzen: „Das ist der Mann, den Gott gerne ehren will!"

Bischof Asbury machte die Bemerkung, daß diese Predigt McKendree zum Bischof machen werde. Und so geschah es. Ein zweiter Bischof war nöthig, da Bischof Whatcoat, den man vor acht Jahren erwählt hatte, gestorben war, und Bischof Asbury die Arbeit nicht allein thun konnte. Als es zur Abstimmung kam, fand es sich, daß McKendree aus 128 Stimmen 95 erhielt. Und die Männer, die für ihn stimmten, hatten niemals Ursache diese Wahl zu bereuen. Der Finger Gottes schien auf diesen Mann zu deuten. Und es ist sehr zweifelhaft, ob ein zweiter hätte kön= nen gefunden werden, der die Aufgabe hätte lösen können, die seiner wartete. Er besaß tiefe Frömmigkeit. Er hatte eine impo= nirende persönliche Erscheinung. Sein stattlicher, sechs Fuß hoher Körper, sein offenes, schön geformtes Antlitz, seine volle gewölbte

Stirn, sein seelenvolles Auge gaben ihm ein ungewöhnlich ein-
nehmendes Aussehen. „Alles schien an ihm zu reden," so sagt
Jemand, der ihn oft sah. Als Redner besaß er noch dazu eine
wundervoll reiche und melodische Stimme und hatte die Sprache
vollkommen in seiner Gewalt. Er war ein Mann der Ordnung,
dieses gab sich kund in seinen Reden sowohl als in seiner Ge-
schäftsführung. In dieser Hinsicht war er Asbury überlegen, der
bis dahin die Geschäfte auf eine etwas unregelmäßige Weise geführt hatte; da er aber um so weniger auf diese Weise angehen
konnte, weil man vor ihm nicht die Ehrfurcht hatte wie vor Asbury, so drang er auf Einführung von bestimmten Geschäfts-
Regeln. Seine Thatkraft war unverwüstlich. Asbury selbst er-
staunte über die Arbeitskraft seines jüngeren Collegen.

McKendree war nun also Bischof. Der Titel klingt hoch,
denn man war Jahrhunderte lang daran gewohnt mit demselbigen
fürstliche Güter und irdisches Wohlleben zu verbinden. Aber wie
etwas ganz anderes bedeutete dieses Amt für McKendree! Mehr
Arbeit, mehr Sorgen, mehr Herzeleid, mehr Entbehrungen, mehr
körperliche Leiden. Freilich war dieses Alles für das Wohl seiner
Mitmenschen und um Jesu willen — und das machte ihm diese
Arbeit und Entbehrungen leicht. Wir können uns heute kaum vorstellen, was es auf sich hatte, damals das ganze Gebiet der Kirche
jährlich zu bereisen, denn in jener Zeit gab es nur noch wenige
gute Wagenstraßen, geschweige denn Eisenbahnen.

Seine erste Runde machte er mit Asbury gemeinschaftlich.
Darüber schreibt der letztere in halb humoristischem Ton: „Hier
fahren wir in einer schlechten dreißig Dollars Kutsche, zwei Bischöfe zusammen. Aber wir müssen bekennen, das reimt sich sehr
gut mit unseren mageren Geldsäcken. Doch, was macht's? Wir
haben eine gute Botschaft, und wir haben herrliche Zeiten, und
jede Conferenz wird 1000 neubekehrte Seelen haben. Ist das nicht
guter Ersatz für eine leere Tasche? Und werden wir nicht auf's
Beste belohnt für unsere Arbeit und Entbehrung? Ja, Ehre sei

Gott!" — In der That mit 80 Dollars per Jahr konnten die
Bischöfe wohl nicht gut andere, als magere Geldsäcke haben.

Nicht lange nach Bischof Asbury's Tode, als also das Haupt=
gewicht des bischöflichen Amtes auf McKendree's Schultern lag,
wurde der Friede der Kirche auf längere Zeit gestört durch die
berühmte Controverse über die Vorstehende=Aeltesten=Frage. Da=
durch wurde seine Befähigung zu seinem Amte sowohl als sein
Glaube auf's Schärfste erprobt und es trat so recht deutlich zu
Tage, was die Kirche an ihm hatte.

Es bildete sich nämlich unter den Predigern eine bedeutende
Partei, die die Kirchenordnung dahin verändert haben wollte, daß
die vorstehenden Aeltesten nicht mehr von den Bischöfen ernannt,
sondern von den Conferenzen erwählt würden. Schon in der Ge=
neral=Conferenz des Jahres 1816 wurden dahinzielende Beschlüsse
eingebracht, aber verworfen. An dieser Conferenz wurden auch
zwei weitere Bischöfe erwählt, nämlich Enoch George und Robert
R. Roberts. An der nächsten General=Conferenz, die im Mai 1820
in Baltimore zusammentrat, wurde diese Frage zum Hauptgegen=
stand gemacht. Aber die konservative Partei befand sich noch immer
in der Mehrheit. Das ging besonders daraus hervor, daß Joschua
Soule, der ein entschiedener Gegner dieser Neuerung war, als
Bischof erwählt wurde. In der Abwesenheit Bischof McKendree's
jedoch, der sich seiner Gesundheit wegen auf's Land begeben und
seinen weniger entschiedenen Kollegen den Vorsitz überlassen hatte,
wurde eine Compromißmaßregel durchgesetzt, wonach der Bischof an
der jährlichen Conferenz das Recht haben sollte, dreimal so viele
Männer, als vorstehende Aelteste nöthig sind vorzuschlagen, aus
welcher Zahl dann die Conferenz ihre vorstehenden Aeltesten er=
wählen sollte. Als aber Bischof McKendree zurückkehrte, erklärte
er öffentlich, daß er dieses Gesetz für unconstitutionell halte, da die
Disziplin es der General=Conferenz ausdrücklich verbiete, die sich
auf die General=Superintendentur beziehenden Gesetze zu verän=
dern, und daß er diesem neuen Gesetz auch deshalb nicht gewissen=

hafte Folge leiften könne. Zudem erhob fich auch der neuerwählte
Bifchof Soule und erklärte der Conferenz, daß er fein Amt unter
dem neuen Gefetz nicht antreten könne und er daher vor feiner Ordination dasfelbe niederlege. Diefes führte zu einer längern Debatte, die zur Folge hatte, daß die neue Maßregel auf vier Jahre
fuspendirt wurde, um den Bifchöfen Gelegenheit zu geben, die
Frage über ihre Conftitutionalität den jährlichen Conferenzen vorzulegen. Es follte hier noch gefagt werden, daß Bifchof George
für die neue Maßregel war, Bifchof Roberts fich aber gar nicht
darüber ausfprechen wollte. Bifchof McKendree, obwohl er die
alte Ordnung vorzog, hielt dafür, daß der neue Plan um des Friedens willen eingeführt werden müffe; aber er beftand darauf, daß
es auf dem rechtmäßigen Wege gefchehen folle, nämlich durch vorherige Veränderung der Conftitution durch die jährlichen Conferenzen. Nicht nur war McKendree ein geborener Jurift, fondern
er war auch durch feine Erfahrungen unter feinem früheren vorftehenden Aelteften, O'Kelley, bewogen worden, unfere kirchlichen
Gefetze zu ftudiren wie kein Anderer, und er fah, daß gar kein
Schutz für die kirchliche Ordnung bliebe, wenn man fich fo leicht
über die Conftitution hinwegfetzen könne.

In den darauffolgenden acht Jahren wurde viel über die Frage
agitirt. Bifchof McKendree mußte von der andern Partei wegen
feiner Stellung viele und bittere Anfeindung erleiden. Es wurde
ein befonderes Blatt ins Leben gerufen, um die Reform zu unter-
ftützen. Darin erfchienen oft Schmähartikel gegen die Bifchöfe,
und es war eine Zeit der Unruhe in der Kirche, wie fie feither
nicht dagewefen ift. In der General-Conferenz von 1828 erlitt
diefe Maßregel eine fo vollftändige Niederlage, daß die Kirche
wieder Frieden hatte in allen Grenzen und wieder ganz ihrer großen
Arbeit der Seelenrettung obliegen konnte. Unfer McKendree war
von der Kirche auf's Vollftändigfte gerechtfertigt worden,[*] und

---

[*] Bifchof McKendree bezog fich auf die dritte einfchränkende Regel der
Kirchenordnung, worin der General-Conferenz folgende Vorfchrift gegeben ift:

obschon er körperlich sehr niedergebrochen und kaum einen Tag ohne
Schmerzen war, konnte er doch nun einem ruhigen, wolkenlosen
Lebensabend entgegengehen. Denn daß es Jerusalem wohlgehe,
war seine Hauptsorge.

Körperlich hatte er in der That viel zu leiden. Rheumatis-
mus, Hämorrhoiden, Blasenentzündung, Schwindel, Asthma, das
sind einige der Krankheiten, die ihn während vielen Jahren pei-
nigten. Dazu wurde er nun auch alt und die General-Conferenz
entband ihn durch Beschluß aller Arbeit. Aber er konnte nicht
ruhen. Er unternahm Reisen, die wohl manch' einen jungen, gesunden Menschen abschrecken würden. Er wollte sich lange nicht
der Ueberzeugung hingeben, daß seine Arbeit gethan sei, aber endlich
mußte er. Seine wichtigste Arbeit in seinem Alter war die Gründung mehrerer Missionen unter den Indianern, sowie der erfolgreichen Mission in Liberia, Afrika, und somit wurde er der Vater
unseres Missionswerks unter den Heiden. Er war der erste Präsident
unserer Missions-Gesellschaft.

Ausgangs Dezember 1834 verließ er Nashville, Tennessee, wo
er noch einer Conferenz beigewohnt hatte, um zu seinem Bruder
in Sumner County, Tennessee, zu gehen. Das war seine letzte
Reise. Sein oft ausgesprochener Wunsch, bei seinen Verwandten
zu sterben, wurde erfüllt. Eine eigene Heimath hat er nie gehabt. Wie Asbury, Lee und andere der Helden jener Zeit, fand

---

„Sie darf keinen Theil noch eine Regel unserer Kirchenordnung so ändern,
daß das bischöfliche Amt wegfiele oder der Reiseplan unserer General-Superinten-
denten aufgehoben würde."

Bischof McKendree legte nun dieses Gesetz dahin aus, daß zu dem Reiseplan
unserer General-Superintenten auch die Einsetzung der vorstehenden Aeltesten
gehöre, was zwar die Kirche als ein Körper bis jetzt angenommen hat; aber doch
glaubten viele Methodisten-Prediger damals und viele glauben heute noch, daß
das Amt der Bischöfe nicht wegfiele und der Reiseplan nicht aufgehoben würde,
wenn auch die Conferenz-Mitglieder ihre vorstehenden Aeltesten selbst erwählen
würden.

                                        Anmerkung von Fr. Kopp.

er keine Zeit zum Heirathen. Seine Schwester Nancy, die sein
Liebling unter seinen Geschwistern war, und ebenfalls nie gehei=
rathet hatte, war in dem Hause seines Bruders seine Pflegerin.
Wie ein dienender Engel schwebte sie um sein Bett. Seine Kräfte
nahmen zusehends ab. Als eine Zugabe zu seinen sonstigen Leiden
entstand auch noch ein bösartiges unheilbares Geschwür an seinem
Finger, das ihm fast unausstehliche Schmerzen verursachte. Doch
er murrte nicht. Der Friede Gottes lächelte stets auf seinem Ant=
litz. Als der Tod herannahte, bat er, man solle ihn auf das näm=
liche Bett legen, auf dem sein Vater gestorben war.

Manche waren die holdseligen Worte, die während seinen letzten
Tagen von seinen Lippen fielen. Zuletzt noch gefragt, wie es ihm
gehe, sprach er: „Alles wohl, Alles wohl für Zeit und
Ewigkeit.“ Dann seine ganzen Kräfte zusammenraffend sprach
er nochmals mit Nachdruck: „Ich möchte dieses vollkommen ver=
standen haben, daß es wohl um mich stehe, ob ich lebe oder sterbe.
Seit zwei Monaten ist mein Glaubenshimmel nicht durch ein ein=
ziges Wölkchen getrübt gewesen. Ich habe ununterbrochenes Ver=
trauen in die Liebe meines Heilands.“ Bald darauf hauchte er
in den Armen seiner geliebten Schwester seinen Geist aus. So
schied dieser treue Knecht des Herrn aus diesem Leben am 5. März
1835 und gab das Pergament, das er im Jahre 1808 bei seiner
Ordination als Bischof empfangen hatte, unbefleckt zurück.
Seine Ueberreste wurden dicht neben denen seines Vaters an ein=
samer Stelle begraben, weil seine Verwandten jene Gegend ver=
ließen. Aber seither haben die Glieder der südlichen Methodisten=
Kirche seinen Leichnam sowie den des Bischofs Soule auf den
Campus der Vanderbilt Universität nahe Nashville, Tennessee, ge=
bracht und Beiden gemeinschaftlich ein einfaches Monument er=
richtet.

William McKendree war in der That ein Fürst in Israel.
Es ist nicht nöthig, die einzelnen Züge seines herrlichen Charakters
nochmals hervorzuheben; sie sind so hervorleuchtend, daß wer da

läuft. sie auch lesen kann. Die Gnade Gottes hat viel aus ihm
gemacht.

> „Ach, wer so im Frieden ruhte,
> Wie er, der vielgeprüfte Gute,
> Deß Hügel nun erhaben steht!
> Mit dem Fleisch war nichts gesprochen,
> Da er sich seine Bahn gebrochen
> Und einen Führer sich erfleht!"

> „Für einen ewigen Kranz
> Mein armes Leben g a n z!
> War die Losung;
> G a n z war der Mann,
> Da er begann;
> Ganz, da sein Lebenshauch zerrann."

Jakob Gruber,
der pennsylvanisch-deutsche Cartwright.
Von Fr. Kopp, Galena, Ills.

Zu Anfang dieses Jahrhunderts erschien bei der Philadelphia
Conferenz ein junger Mann aus Bucks County, Pennsylvanien,
der die Ueberzeugung in seiner Seele hatte, daß er vom Herrn
berufen sei das Evangelium zu predigen. Er war den 3. Februar
1778 geboren. Seine Eltern hießen John und Platina und waren
deutscher Abstammung und in der Lehre der lutherischen Kirche
auferzogen.

Dieser junge Mann hatte die Anlage zu einem höchst originellen Charakter. Er wurde ein humoristischer und witziger, dabei
aber ein sehr ernster und nützlicher Prediger des Evangeliums.
Es giebt in der Geschichte der Kirche nicht viele Cartwrights und
Finleys und nur einen Gruber.

Zwei Reiseprediger hatten zu Ende des achtzehnten Jahrhunderts Bucks County bereist, und überall, wo sie offene Thüren
fanden, das Evangelium gepredigt. Der junge Gruber hatte ihnen
mit Interesse und Staunen gelauscht. Er fühlte sich mächtig zu
ihnen hingezogen, trotzdem sie von seiner eigenen Kirche als wilde
Schwärmer verschrieen wurden. Es war eine so wunderbare Kraft
in ihren Gebeten, ein solcher Ernst und Eifer in ihren Predigten,
dieselben enthielten so viele praktische Anweisungen und lebensfrische
Gedanken; auch waren ihre Lieder, die sie sangen, so ergreifend
und mächtig, daß sie ihn zugleich rührten und fesselten, und er die
Nothwendigkeit seiner Bekehrung erkennen lernte. Daher entschloß

er sich, sein Herz Gott zu weihen und machte das Gelübde, des Tages sieben Mal zu beten. Und Gott erhörte diese Gebete und schenkte ihm bald ein neues Herz und Frieden für seine Seele, worauf er sich der Methodisten-Kirche anschloß.

Die Namen der beiden Reiseprediger waren: Simon Miller und Isaak Robinson. Miller stammte von Deutschen und war der deutschen Sprache mächtig, was ihm den Zugang in die deutschen Familien erleichterte. Er wurde sehr ermuthigt durch die Bekehrung des jungen Gruber. Auch wurden zu seiner Freude noch andere Deutsche bekehrt. Dieses reizte die alte Kirche zu großem Widerstand. Von plötzlichen Bekehrungen hatten sie früher kaum gehört. Ihr Prediger hatte sie gelehrt, wenn sie getauft und confirmirt seien, den Religions-Unterricht empfangen haben und von Zeit zu Zeit das heilige Abendmahl genießen, könne Niemand die Aechtheit ihrer Religion in Zweifel ziehen. Man fragte den alten Herrn über seine Ansicht in Bezug auf die Gewißheit der Vergebung der Sünden, worauf er antwortete: „Ich bin jetzt schon zwanzig Jahre Prediger und weiß noch nicht, daß mir meine Sünden vergeben sind, und ich halte es für unmöglich, daß dies irgend Jemand wissen kann."

Weil nun Jakob Gruber ein aufgeweckter Jüngling war, so dauerte es nicht lange, bis er aufgefordert wurde, seine Gaben zu gebrauchen im öffentlichen Gebet und Ermahnen, worauf sich ein Sturm der Verfolgung gegen ihn erhob, nicht nur von Fremden, sondern selbst von seiner eigenen Familie. Es erhoben sich Vater und Mutter, Brüder und Schwestern vereinigt gegen den jungen Ermahner, daß er gezwungen war seine Heimath und sein Vater-haus zu verlassen. Dieses schien den eifrigen Methodisten ein Wink der Vorsehung zu sein, daß Gruber von Gott berufen sei, Alles zu verlassen und in das Reisepredigtamt einzutreten.

Wir dürfen hier mit Freuden berichten, daß als Gruber nach zwei und zwanzigjähriger Abwesenheit von seiner alten Heimath den Bezirk zu bereisen hatte, in dessen Grenzen seine Eltern wohnten,

die alte Feindschaft gegen ihn verschwunden war. Er berichtet
darüber: „Ich war nun wieder unter meinen alten Freunden an
dem Ort, wo ich meinen Pilgerlauf nach dem Himmel begonnen
hatte. Sie gehörten jetzt fast Alle zu der Kirche: Mein Vater und
meine Mutter, meine zwei Brüder, ihre Frauen und Kinder sammt

Jakob Gruber.

meinem Schwager und seiner Familie. Wir hatten Zeiten der
Erquickung miteinander. Ich hatte jetzt Gelegenheit, über die Ver=
gangenheit nachzudenken und über die wunderbare Art und Weise,
wie ich hinausgetrieben wurde in das Reiseprebigtamt.“

Jakob Gruber hatte eine sehr starke Constitution, so daß er

an Arbeit, Entbehrungen und Anstrengung so viel ertragen konnte
als irgend ein junger Mann, und so wurde ihm der schwere
Tioga Bezirk in den Gebirgen als sein erstes Arbeitsfeld ange=
wiesen. Er setzte sich in seiner groben, grauen Kleidung nach
Quäkerschnitt und mit seinem breitrandigen Hut muthig auf seinen
Schimmel und bereiste seinen Bezirk sechs Monate, wofür er einen
Gehalt von $5.75 empfing.

In seinem zweiten Jahre bereiste er den Oneida und Cayuga
Bezirk im westlichen New=York, woselbst viele Seelen bekehrt wurden.
Ueber seine Gebetskraft berichtet ein Prediger aus jener Zeit Fol=
gendes: „An einer Vierteljahrs=Versammlung, die in einer Scheune
gehalten wurde, betete Gruber nach einer eindringlichen und ge=
waltigen Predigt des vorstehenden Aeltesten McLenahan mit solcher
Macht, daß man meinte, Pfingsten sei wieder gekehrt. Die Scheune
schien sich zu bewegen. Eine Anzahl sprang jubelnd auf, wäh=
rend das Jauchzen der Freude und das Rufen um Gnade die
Scheune füllte. Viele blieben auf dem Boden liegen, während
Andere vor Furcht flohen.“

Es ist aber unmöglich, in diesem kurzem Vortrag unserem Hel=
den in seinem fünfzigjährigen Reisepredigtamt von Ort zu Ort zu
folgen. Er bereiste große Bezirke und Distrikte in den Staaten
Pennsylvanien, Maryland, New=York und Virginien. Auch be=
diente er wichtige Stationen in Baltimore, Washington und Phi=
ladelphia. In Baltimore war er zwei Mal an einer großen
Neger=Gemeinde angestellt, die den derben, gewaltigen Mann un=
gemein hochschätzte.

Im Jahre 1804 war Henry Böhm sein College, mit dem er
den Carlisle Bezirk bereiste. Im Jahre 1806 war der spätere
Bischof George sein vorstehender Aeltester, zu dessen Füßen er lern=
begierig wie ein Kind saß, um die Lehren der Weisheit von dem
frommen und demüthigen Manne zu vernehmen. Bischof George
diente der Kirche als Prediger und Bischof 38 Jahre. Er übte
besonders auf junge Prediger einen segensreichen Einfluß aus.

Seine Arbeit beschloß er in Staunton, Va., den 23. August 1828. Sein Tod war ein Beweis für die Kraft der Religion. Zu seinen Brüdern, die um sein Sterbebett standen, sagte er: „Freuet euch mit mir, denn ich gehe zur ewigen Herrlichkeit. Jahre lang habe ich versucht, Andere zur Seligkeit zu führen und jetzt gehe ich selbst dahin."

Gruber's Macht zeigte sich besonders, wenn er bei Lagerversammlungen und großen Zusammenkünften die Leitung hatte. Er war ein echter General und wußte unter den schwierigsten Umständen die Ordnung aufrecht zu halten; wobei ihm sein Witz und Scharfsinn treffliche Dienste leistete. So traf er einst einen jungen Mann an einer Lagerversammlung unter einem hinten herumstehenden Haufen zornig redend, während in der Versammlung mit Bußfertigen gebetet wurde. Gruber frug ihn: „Was giebt es?" Der junge Mann deutete auf den Altar hin und sagte: „Jener Mensch dort hat eine Dame, die mit mir kam, in Angst gebracht und sie an die Bußbank geführt; er kam auch zu mir, aber ich zeigte ihm den Weg, daß er wegging wie ein Schaf." Darauf antwortete Gruber trocken: „Und wenn Du von hier weggehst, dann gehst Du wie eine Ziege." Aufgeregt sagte darauf der junge Mann: „Heiße mich keine Ziege." Gruber antwortete: „Dann heiße auch Du jenen Mann kein Schaf."

Bei einer solchen Lagerversammlung predigte ein PresbyterianerPrediger. Als er recht begeistert war, stieg die Aufregung so sehr, daß Mehrere zu Boden stürzten. Endlich stürzte auch der Prediger nieder auf der Kanzel. Darüber wurden Viele seiner Gemeindeglieder ganz bestürzt. Nachher war sein Predigen in seiner eigenen Kirche voll Kraft und Leben, daß seine Aeltesten ihn fragten, ob er nicht ein "New Light" („Neulicht," der Name einer kleinen religiösen Gemeinschaft unter den Amerikanern) geworden sei. „Nein," antwortete er demüthig, „es ist das alte Licht, hat aber Oel bekommen und ist neu geputzt."

Als Gruber im Jahre 1810 den Monongahela Distrikt in den

Gebirgen als Vorstehender Aeltester zu bereisen hatte, wo fast alle seine Prediger-Bezirke von 30 bis 40 Predigtplätze hatten, munterte er sie auf folgende Weise auf: „Harte Arbeit, aber gute Bezahlung; Brod wird euch gegeben und Wasser habt ihr gewiß, dazu Gnade und Frieden, Alles, was gut ist in dieser Welt und die Krone des ewigen Lebens in der zukünftigen."

An einer Lagerversammlung, die auf diesem Distrikt gehalten wurde, lag unter anderm ein großer Mann, den seine Nachbarn „Major" nannten, in großer Seelenangst an dem Altar und schrie um Gnade. Solche, die sonst gesagt hatten, „nur weibische Männer, unwissende Weiber und alberne Kinder machen solchen Lärm in einer öffentlichen Versammlung," saben mit Staunen auf ihn und riefen: „Seht dort den Major! Seht! Hört! Hört nur!!" So rang er bis nach Mitternacht. Gerade jetzt segnete ihn der Herr, er stand auf, sprang über die Bänke und rief so laut er konnte: „Glorie zu Gott, es ist Gnade für Alle! Ich weiß gewiß, Jesus starb für mich und für Alle!" Und während er Gott lobte, kam seine Frau von der andern Seite her und pries Gott. Die Beiden umarmten einander und war großer Jubel im ganzen Lager.

In jener Zeit wurden oft die Gottesdienste bei solchen Gelegenheiten Tag und Nacht fortgesetzt. Von einer Lagerversammlung, die bei Steubenville gehalten wurde, erzählt Gruber: „Es war nur wenig Unterbrechung bei Tag und Nacht. Das Werk ging fort mit Predigen, Ermahnen, Beten, Weinen, Freuen, Singen und Jauchzen. Ich sah die Sonne drei Mal hintereinander aufgehen und die Versammlung war immer noch im Gang." Uns in unserer weichlichen Zeit ist es unmöglich, den Eifer und die Ausdauer jener alten Helden zu beurtheilen und zu begreifen.

Gruber war ein merkwürdiger Mann und kann nicht nach Jemand anders beurtheilt werden. Gott hatte ihn, wie es uns scheint, für einen besondern Zweck berufen und ausgerüstet. Er war ein ächter Pennsylvania-Deutscher mit all' ihren Eigenthüm-

lichkeiten und Charakterzügen. Aufrichtig und entſchieden bis zum
Uebermaß, gewiſſenhaft und ehrlich bis zur Aengſtlichkeit, getreu
in ſeiner Pflicht den Sünder zu ermahnen, faſt bis zur Unhöf-
lichkeit. In dieſen Stücken mag er hie und da zu ertrem geweſen ſein, ſo daß er ſich ohne Noth Haß und Feindſchaft zuzog.
Auf der andern Seite aber war er ein Mann voll Glaubens
und Frömmigkeit, eifrig, fleißig, betend, treu und unermüdlich im
Dienſte ſeines Meiſters.

Mit der Sünde machte er nie Freundſchaft. Er haßte jede
Gleichförmigkeit mit der Welt und wollte auch allen böſen Schein
vermeiden. Es mag ſein, daß ſein Urtheil in manchen Stücken
etwas zu ſtreng war, und daß er zu viel Gewicht auf kleine Dinge
legte; aber er urtheilte nach dem Maßſtab ſeiner Zeit, von dem
vielleicht die Unſrige zu weit abgewichen iſt. Es hätte Gruber
bis zum Entſetzen erſchreckt, wenn man ihn in eine der "faſhion-
ablen" Methodiſten = Kirchen unſerer Zeit eingeführt hätte. So
hätte er auch unſere Kirchenmuſik nicht ertragen können. Als
er einſt an einer Kirche vorüberging, in welcher eine Orgel ge-
ſpielt wurde, fragte er: „Was iſt das?“ — „Es iſt eine Orgel,“
antwortete ſein Begleiter. — „Und wofür iſt eine Orgel?“ — „Sie
verehren Gott mit Singen.“ — „O ſo, und haben ſie auch eine
Maſchine, um ihre Gebete damit herzuſagen?“

Gruber war ein origineller Denker und verarbeitete das, was
er von Andern hörte, aus Büchern las oder mit ſeinen Augen
ſah, in ſeinem Innern, ſo daß es völlig ſein Eigenthum war,
wenn er es wiedergab, daher waren ſeine Vorträge und ſeine Unterhaltung immer friſch und anziehend. Seine Predigten ſtudirte
er meiſtens auf den Knieen. Wir werden uns daher auch nicht
wundern, daß er in vielen Herzen ſeiner Zuhörer ein ähnliches
Feuer anzündete, wie es in ſeinem eigenen brannte. Wenn er
zum Beiſpiel an Lagerverſammlungen, wie Jakob im Gebet, mit
Gott gerungen hatte, und dann auf die Kanzel trat, predigte er
oft ganz überwältigend. Selbſt, die ihn nicht liebten, ſtaunten

9

über die Weisheit und Kraft, mit welcher er redete. Er machte
das Herz des Gottlosen erbeben durch die Blosstellung seines Cha=
rakters und die furchtbare Schilderung seines Schicksals.

So hatte er auch das Zeug, in seinem Privatumgang die Leute
gehörig zurechtzuweisen. So berichtet er selbst: „Auf dem Wege
zu einer Lagerversammlung traf ich eines Abends zwei Männer
in einem Hause beim Kartenspiel. Als ich an ihnen vorbeiging,
stand ich ein wenig still und sah ihnen zu. Sie hielten ein mit
spielen, worauf ich zu ihnen sagte: "Now you know who can
play best, I wonder which of you can pray best." So, jetzt
wißt Ihr, welcher am besten spielen kann; mich wundert, welcher
von Euch am besten beten kann."

Er konnte es besonders schlecht vertragen, wenn ein Prediger
des Evangeliums die Zeit vertändelte; denn er hielt dafür, daß
demselben seine Pflichten zugleich seine Vergnügungen sein sollten.
So wollte er einmal einen jungen Prediger besuchen, wo man ihm
berichtete, derselbe sei hinab an den Fluß gegangen, um sich eine
kurze Zeit ein Vergnügen zu machen mit F i s c h e n. „Fischen?"
fragte Gruber, „ist er gegangen den Fischen zu predigen? Ich
wußte nicht, daß er einen Auftrag an die Fische hat." Der junge
Mann kam in nicht geringe Verlegenheit, als er dieses hörte und
bemerkte: „Jakob soll mich nicht wieder auf diese Weise erwischen."

Zu jener Zeit waren die Methodisten=Prediger besonders ein=
fach in ihrer Lebensweise und Kleidung, aber Keiner mehr so als
Jakob Gruber. Er erlaubte sich nicht einmal Knöpfe an seinem
Rock zu tragen. Es wurden in jener Zeit auch keine nach der
Mode gekleidete Personen zu den Liebesfesten zugelassen. Die Kirchen=
ordnung verbot „hohe Hüte, ungeheure Bonnets, Spitzen, Krausen
und Ringe." Gruber sagte einmal: „Ungeheure Bonnets hatten
ihre Zeit, jetzt aber sind kleine Dinger in der Mode, die kaum
groß genug sind, die Nase zu bedecken."

Als er eines Tages in einer Kirche schon angefangen hatte zu
predigen, kam eine sehr große Dame herein. Als er sie bemerkte,

hielt er inne und ſagte: „Macht Platz für dieſe Dame; man ſollte
denken, ſie wäre groß genug ohne den künſtlichen Vogel auf ihrem
Hute.“ Einige Tage ſpäter begegnete die Dame Herrn Gruber
und ſagte ihm, er habe ſie grob behandelt, worauf er ihr ant=
wortete: „O Schweſter, Du warſt es? Ich dachte, Du hätteſt mehr
Verſtand.“

Auf einem ſeiner Bezirke hatte er einen Lokalprediger, der früher
Reiſeprediger war, ſich aber verheirathet und ſeßhaft gemacht hatte.
Er war reich geworden und führte ein unabhängiges Leben. Er
hatte eine nette Familie, aber keins ſeiner Kinder war bekehrt.
Als Gruber an einem Sonntag Nachmittag mit ihm und ſeiner
Frau im Zimmer ſaß, kam ein feiner junger Mann und eine auf=
geputzte junge Dame herein. Gruber erzählt: „Der Prediger ſtellte
mir ſeinen Sohn und Tochter vor. Nach einer freundlichen Unter=
haltung nahm ich es auf mich, Ceremonienmeiſter zu ſpielen, und
ſtellte den Vater und ſeinen Sohn auf folgende Weiſe einander
vor: „Dieſer iſt Dein Vater; er iſt ein einfacher Methodiſten=
Prediger und verſucht Jedermann zu überreden, zu Chriſto zu kom=
men, um ſelig zu werden. Die Jugend ermahnt er, am erſten zu
trachten nach dem Reich Gottes; die Kinder, ihren Eltern zu ge=
horchen und dieſelben zu ehren. Was mögen wohl ſeine Zuhörer
denken, wenn ſie Dich, ſeinen älteſten Sohn betrachten? Der Herr
erbarme ſich Deiner!“ Dann wandte ich mich an den Vater und
ſprach: „Dieſer iſt Dein Sohn, dieſer feine, luſtige, neumodiſche
Jüngling mit ſeinen Krauſen und albernem Zeug anhängend iſt der
Sohn eines einfachen Methodiſten=Predigers. Was mag wohl
Deine Verſammlung von Dir denken, wenn ſie Dich predigen hört
und dieſen Deinen Sohn betrachtet? Werden ſich Deine Zuhörer
nicht an den Prieſter Eli erinnern?“ Dann wandte ich mich an
die junge Dame und ſprach: „Dieſe iſt Deine Mutter; ja dieſe
einfache, altmodiſche Frau iſt Deine Mutter. Sie betet für Dich
und verſucht in den Himmel zu kommen und wird Dich zurück=
laſſen in einer ſtolzen, eitlen und thörichten Welt. Betrachte ſie.

Sollte wohl irgend Jemand, der Dich sieht, glauben, daß Du ihr
angehörst?" Dann sagte ich zu der Mutter: „Diese ist Deine
Tochter; diese fein gekleidete junge Dame mit ihren Krausen und
Ringen, Locken und Spangen und eitlem Tand an sich hängend.
Betrachte sie. Was wird das Volk von Dir und ihr denken, daß
Du zwar selbst einfach bist, aber doch Dein Kind eitel und „fashio-
nable" zu sehen liebst. und sie wundern sich, wer wohl diese kost-
spieligen Dinge kauft, der Vater oder die Mutter. Aber Einige
fürchten, daß sie mit ihren "beau catchers" einen Narren fangen
und in das Verderben gehen wird."

Als er im Jahre 1838 in Baltimore stationirt war, hatte sich
eine Anzahl nach der Mode gekleideter Damen nach ihrem Bekenntniß bekehrt und der Kirche angeschlossen, bei welcher Gelegenheit
er die Bemerkung machte: „Noch eine solche Auflebung wird die
Methodistenkirche in dieser Stadt ruiniren," und fuhr fort: „da
kamen sie mit ihrem Firlefanz, mit Bändern, Spitzen, Krausen,
Locken, Ringen und Spangen gleich Jakobs Schafen, sprenglichte,
fleckigte und bunte." Die eng geschnürten Damen nannte er gewöhnlich „Wespen."

Und wie der Mode und Hoffart hatte Gruber auch dem Ta-
bak entschieden den Krieg erklärt. Als er einmal die Häßlichkeit
des Kauens so recht derb in einer Versammlung geschildert hatte,
sagte er: „Sie holten ihre Taschentücher heraus und wischten sich
— nicht die Augen — wohl aber den Mund."

Einmal war er mit mehreren Br. Predigern der Gast einer
Familie. Er hatte sich für eine Zeit lang aus dem Zimmer begeben, während die Brüder die Gelegenheit benutzten und tüchtig
rauchten. Als er zurückkam, sagte er: „O, welch ein Rauch!"
und setzte hinzu:

> „Der Tabak ist ein böses Kraut.
> Der Athem riecht, wenn man ihn kaut;
> Die Nase macht er zum Kamin,
> Er stammt vom Feind — d'rum meidet ihn."

Von größerer Bedeutung war aber ſeine entſchiedene Stellung der Sklaverei gegenüber. Er war den Sklavenhaltern, aber noch mehr den Sklavenhändlern, ein Dorn im Auge und ein Pfahl im Fleiſche. Und da er Jahre lang in den Sklavenſtaaten als Prediger angeſtellt war, und als ächter Me- thodiſten-Prediger das Uebel der Sklaverei öffentlich und ſonderlich verdammte, ſo erregte er die Wuth der Sklavenhalter gegen ſich. Zu jener Zeit ſtanden die Quäker und die Methodiſten faſt ganz allein in der Oppoſition gegen dieſes himmelſchreiende Unrecht.

Als Gruber im Jahre 1812 in der Stadt Baltimore ſtationirt war, hielt er am 4. Juli, kurz vor dem Ausbruch des Krieges mit England eine Rede, der wir Folgendes entnehmen: „Meine Beſorgniß wegen der Sklaverei und des Unglaubens in unſerem Lande iſt größer, als wegen der Engländer und Franzoſen. Die Sünde der Unterdrückung herrſcht auf gräuliche Weiſe in vielen Theilen unſeres Landes. Männer und Frauen, die nach der Conſtitution der Vereinigten Staaten das Recht zur Freiheit haben, werden in Sklaverei gehalten und gleich den unvernünftigen Thieren zu Unwiſſenheit und Elend degradirt. Unſchuldiges Blut, Schweiß und Thränen ſchreien von der Erde zum Himmel gegen die grauſamen Unterdrücker. Aber der Richter iſt vor der Thüre.‟

Im Jahre 1818 leitete er als Vorſtehender Aelteſter eine Lager- Verſammlung in Waſhington County, Maryland, und hielt eine Predigt über die Worte: „Gerechtigkeit erhöhet ein Volk, aber die Sünde iſt der Leute Verderben.‟ Sprüche Sal. 14, 34. Nachdem er die verſchiedenen Sünden gehörig gegeißelt, redete er unter An- derem auf folgende Weiſe über die Sklaverei: „Iſt es nicht eine Schändlichkeit für einen Mann, die Artikel der Freiheit und Unab- hängigkeit in der einen und die blutige Peitſche in der anderen Hand zu halten, während ein Neger mit zerfleiſchtem Rücken zit- ternd vor ihm ſteht?‟

„Es zeigt ſich in unſerem Lande ein großer Eifer, Bibel- und Miſſions-Geſellſchaften zu organiſiren, um Gottes Wort zu den

Heiden zu senden. Wäre es aber nicht besser für Einige, conse-
quent zu bleiben und zuerst die Heiden in ihrer Heimath und in
ihrer Küche zu unterrichten? Was würden die Heiden in der
Ferne denken, wenn man ihnen sagen würde, daß Personen, die
liberal beisteuerten, ihnen die Bibel zu senden, sie selbst weder
lesen noch glauben und befolgen? Es ist aber auch in diesem
Lande ein Unterschied. Uns Pennsylvaniern kommt es sonderbar
vor, aus einigen Staaten Anzeigen folgenden Inhalts zu lesen:
„Zu verkaufen eine Plantage, Pferde, Kühe, Schafe und Schweine;
ebenfalls eine Anzahl Neger, Männer, Weiber und Kinder, einige
sehr werthvoll; ebenfalls einen Kirchenstuhl in der und der Kirche.“
Dann wieder: „Ein schöner junger Neger, welcher ein ausgezeichneter Aufwärter ist, wird an dem und dem Tage und Ort verkauft.“
Weiter: „Fünfzig Dollars Belohnung! Hundert Dollars Belohnung! Zweihundert Dollars Belohnung!“ Für was? „Ein
Sklave ist fortgelaufen, vielleicht um sein Weib oder sein Kind,
die verkauft und ihm vom Herzen gerissen wurden, zu suchen, oder
um die Segnungen eines freien Landes zu genießen und der
Knechtschaft und Tyrannei zu entfliehen.“ In diesem unmensch-
lichen und grausamen Handel werden die zartesten und heiligsten
Bande zerrissen. Muß nicht Gott eine solche Nation strafen
und heimsuchen!“

Diese Predigt wurde in einem Sklavenstaat gehalten vor einer
Versammlung von ungefähr fünftausend Weißen und fünfhundert
Farbigen. Die Farbigen mußten, getrennt von den Weißen, hinter
der Kanzel stehen. Auch ihnen gab Gruber besondere Anweisun-
gen und ermahnte sie ernstlich zur Buße, zum Gehorsam, zum
Gebet und zur Geduld.

Es hatten sich bei dieser Versammlung viele Sklavenhalter ein-
gefunden, die durch diese Predigt furchtbar aufgeregt wurden.
Einige Wochen später schwur man einen Verhaftsbefehl gegen ihn
heraus und Gruber wurde arretirt und vor Gericht gestellt. Die
Anklage lautete auf „Aufwieglung der Sklaven gegen ihre Herren

zur Widerſpenſtigkeit und Empörung." Es gab einen großen
Prozeß, aber man konnte die Anklage nicht beweiſen. Das con-
ſtitutionelle Recht der Redefreiheit wurde durch die Anwälte Gru-
bers ſo gründlich vertheidigt, daß ihn die Geſchwornen einſtimmig
für unſchuldig erklärten. O, welche Urſache haben wir, Gott zu
danken und uns zu freuen, daß durch die Emancipation der vier
Millionen Sklaven dieſer Zankapfel aus dem Wege geräumt und
dieſer Schandfleck von unſerer Nation abgewiſcht wurde!

Im Jahre 1815 finden wir Gruber bei einer Lagerverſammlung in Verbindung mit den „ſogenannten deutſchen Methodiſten."
Es waren dieſes die Brüder der „Evangeliſchen Gemeinſchaft." oder wie ſie damals noch genannt wurden: „Die Al-
brechtsleute." Gruber erzählt: „Die deutſchen Methodiſten
vereinigten ſich mit uns. predigten in deutſch und jauchzten in
engliſch." Es braucht uns auch nicht zu wundern, daß man
damals dieſe Gemeinſchaft „deutſche Methodiſten" nannte, denn
einige waren theils unter den Methodiſten erweckt, theils bekehrt;
ihre Prediger predigten die wesleyaniſchen Lehren und ihre Gemeinden waren nach unſerer Kirchenordnung organiſirt.

Gruber giebt in ſeinem Tagebuch folgenden intereſſanten Bericht über Albrecht und ſeine Leute: „Jakob Albrecht war ein
Deutſcher. ein guter, eifriger und beſonnener Mann, mit einem
unerſchütterlich feſten Charakter. Er war in Lancaſter County,
Pennſylvanien. Mitglied der Methodiſten-Kirche, und gehörte zu
einer Klaſſe in New-Holland, die ihm auch Ermahner-Lizens gab.
Sein Eifer war ſo groß, daß, nachdem er Lizens empfangen hatte,
er herumreiſte zu predigen, zu taufen und Ehen einzuſegnen. Er
erwartete von der Conferenz, daß ſie ihn als Miſſionär unter den
Deutſchen anſtellen würde, aber jener Körper hielt es damals
nicht für angemeſſen, ſeinem Wunſch zu entſprechen. Da er aber
der ernſten Ueberzeugung war, daß ihn der Herr berufen habe,
unter den Deutſchen in Amerika zu predigen, ſo ging er auf
ſeine eigene Verantwortung an die Arbeit. mit der Bemerkung:

„Er könne nicht mit Böhm und Otterbein gehen, weil sie keine Disziplin hätten und ihr Werk wie ein Seil von Sand sei."

Er nahm die Bibel und die Kirchenordnung der Methodisten, reiste von Ort zu Ort, nahm Glieder auf und organisirte Klassen. Seelen wurden bekehrt und bald bekam er etliche gute junge Männer als Gehülfen. Als er so seine Kirche organisirt hatte, wurde er selbst von seinen Gliedern zum Prediger erwählt und ordinirt, und er ordinirte dann wieder seine Gehilfen und setzte sie in das Predigtamt ein.

Von dem verborgenen Gebet hatte er eine eigenthümliche Idee, denn er hielt es für die beste Weise, laut zu beten; und weil er eine sehr starke Stimme hatte, so konnte man ihn in der ganzen Nachbarschaft hören. Auch kannte ich noch nie Jünger, die ihrem Meister so getreu nachfolgten, wie ihm die Seinigen. Sie ahmten ihm besonders im Beten nach und wenn ich einen von ihnen — ohne ihn zu sehen — beten hörte, wußte ich sogleich, daß er ein „Albrechts" war. Einige seiner Prediger wurden sehr bald dienstunfähig, weil sie ihre Lungen übermäßig anstrengten. Nach seinem Tode änderten seine Leute ihren Namen und sie sind gegenwärtig bekannt unter dem Namen: „Die Evangelische Gemeinschaft."

Da diese Gemeinschaft aus dem Methodismus entsprungen ist, so mögen hier noch etliche Bemerkungen am Platze sein, denn man kann den amerikanischen Methodismus nicht beschreiben, ohne dieser Gemeinschaft zu gedenken.

Gegen Ende des vorigen Jahrhunderts fing Jakob Albrecht an unter den Deutschen in Pennsylvanien zu predigen, und ungefähr im Jahre 1800 wurde die Albrechts=Kirche organisirt und zwar nach den Regeln, Lehren und Gebräuchen der bischöflichen Methodisten=Kirche. Ihre Einrichtungen, wie zum Beispiel Führer= Versammlungen, Vierteljahrs=Conferenzen, jährliche Conferenzen und die General=Conferenz, sind gänzlich nach dem Muster der Methodisten=Kirche geordnet. Ihre kirchlichen Aemter, wie Klassen=

führer, Verwalter, Ermahner, Lokalprediger, Diakone, Aelteste, vorstehende Aelteste und Bischöfe sind genau wie bei uns. Ihre religiösen Versammlungen wie Betstunden, Bekenntnißstunden, Vierteljahrs-Versammlungen, anhaltende und Lager-Versammlungen halten sie, mit nur ganz geringem Unterschied, wie die Methodisten. Und in Bezug auf die Lehre hat diese Gemeinschaft nichts Neues, sondern sie ist so vollständig wesleyanisch wie die bischöfliche Methodisten-Kirche. Was die Einfachheit in Kleidung und Lebensweise anbetrifft, so haben sie sich länger als wir nach dem Beispiel des alten Methodismus gerichtet, was zum großen Theil der Zähigkeit des pennsylvanisch-deutschen Charakters zuzuschreiben ist. Alles dieses in Betracht gezogen, muß man staunen über die Behauptung: „Die Evangelische Gemeinschaft sei kein Zweig der Methodisten-Kirche."

Diese Gemeinschaft hat sich in den 80 Jahren ihres Bestehens ungemein ausgebreitet, und was Frömmigkeit, Eifer und Missionsthätigkeit anbetrifft, nimmt sie einen hohen Rang unter den Kirchen Amerikas ein. Auch hat sie in der Literatur und Erziehung mit der Zeit Schritt zu halten versucht. Sie zählt in diesem Lande über 100,000 Glieder, von denen jedoch nahezu der dritte Theil seine Gottesdienste in englischer Sprache hält, dieweil sie des Deutschen nicht mächtig sind.

Auch hat sie ein gedeihliches Missionswerk in Deutschland. Jakob Gruber war ebenfalls gut bekannt mit dem frommen Otterbein aus Baltimore und Henry Böhm, den Stiftern der Vereinigten Brüder-Kirche. Schon im Jahre 1800 hielt eine Anzahl frommer deutscher Prediger aus verschiedenen Kirchen eine Conferenz in der Stadt Baltimore zum Zweck einer innigeren Verbindung, das Werk Gottes zu betreiben, aber erst fünfzehn Jahre später kam es — wie es scheint — zu einer Organisation. Gruber berichtet darüber: „Im Jahre 1815 hielten die deutschen Prediger eine sogenannte General-Conferenz in Mount Pleasant, Westmoreland Co., Pa., woran sich vierzehn Prediger betheiligten. Ich gehörte nicht zu ihnen, wohnte aber den Verhandlungen bei und war mit zehn von den Predigern persönlich bekannt. Sie verfaßten eine Kirchenordnung und organisirten eine Kirche, die sie die „Vereinigten Brüder in Christo" nannten."

Der Methodismus hatte aber zu jener Zeit auf die bekehrten Deutschen bereits einen solchen Einfluß ausgeübt, daß diese Kirchen-Ordnung so viel von der Disziplin der Methodisten enthielt, daß man geneigt ist, auch die Vereinigten Brüder unter die Methodisten zu rechnen. Sie dringen auf Weltverläugnung, auf Bekehrung und Heiligung und haben das Reisepredigtamt eingeführt. Aber mit der Zeit wurde diese Kirche immer mehr englisch, so daß unter ihren 150,000 Kirchengliedern in der Gegenwart wahrscheinlich nicht mehr als 10,000 Deutsche sind.

Zu dieser Zeit fingen auch die Bischöfe unserer Kirche an, ernstlich daran zu denken, eine Mission unter den Deutschen zu gründen. Jakob Gruber sollte der erste deutsche Missionär werden. Aber nach seiner Ansicht war das nicht die rechte Zeit. Die beiden oben genannten Kirchen waren jetzt organisirt und arbeiteten mit Ernst und Eifer. Gruber hatte keine Lust, wie er sich ausdrückte: "on opposition line" mit ihnen zu laufen, da sie nach seiner Ueberzeugung die Lehren des Methodismus den Deutschen predigten.

Kurz vor seinem Ende schrieb Bischof Asbury von Chambersburg an Gruber: „Ich würde die Gründung einer Mission unter den Deutsch=Amerikanern für eine der wichtigsten Unternehmungen meines Lebens halten." Zwanzig Jahre später wurde der Wunsch des Bischofs erfüllt.

Nachdem Gruber zwanzig Jahre als Reiseprediger schwere Arbeit gethan und viele Entbehrungen durchgemacht hatte, verehelichte er sich mit Sally Howard; denn er fühlte jetzt das Bedürfniß, nach einer drei= bis vierwöchentlichen Runde sich einige Tage auszuruhen, und dazu bedurfte er eine Heimath. Aber ob er gleich so lange gewartet hatte, gab es doch böse Zungen, die dies und jenes einzuwenden hatten. Besonders wunderten sich Viele darüber, daß er, ein so entschiedener Gegner der Sklaverei, nun selbst eine Sklavenhalterin geheirathet habe. Er antwortete darauf: „Ich hielt es nie für passend, daß ein junger Prediger, sobald er ein Mädchen findet, die thöricht genug ist, ihn zu nehmen, heirathen sollte, darum habe ich auch lange genug gewartet. Und was das Sklavenhalten anbetrifft, so hatte meine Frau nie mehr als eine Sklavin, und diese wurde frei, als wir zwei Tage nach unserer Hochzeit nach dem Staat Pennsylvanien kamen. So habe ich, statt durch meine Heirath Sklaven zu bekommen, zwei frei gemacht, nämlich Sally Howard, die zu Hause wie ein Sklave arbeitete, und ihr zwanzig Jahre altes Mädchen Susanna.‟

Im Jahre 1850, nachdem Gruber ununterbrochen seine Arbeit als Reiseprediger gethan hatte, machte er sich auf den Weg, in der Hoffnung, Alexandria, Va., den Sitz der Conferenz, rechtzeitig zu erreichen. Auf dem Wege bekam er eine starke Entzündung seines rechten Fußes. Als er nach Baltimore kam, hatte der Schmerz so zugenommen, daß er sich von einem tüchtigen Arzt un=tersuchen ließ. Derselbe erklärte die Krankheit für gefährlich und rieth ihm, so schnell als möglich nach Hause zu eilen, worauf Gruber zur Antwort gab: „Da ich bereits fünfzig Jahre gepredigt habe, sollte ich so gut ein Recht haben zu einem Jubiläum, als irgend ein Jude.‟ Er eilte nach Hause und schrieb einen Brief an seinen Vorstehenden Aeltesten, in dem er die Conferenz bat, ihn auf die Liste der ausgedienten Prediger zu setzen. Er hatte zwei und dreißig Jahre einen Bezirk, sieben Jahre eine Station und elf Jahre einen Distrikt bedient, und in diesen fünfzig Jahren seine Arbeit mit großer Treue und Freudigkeit gethan.

Es wurde Alles versucht, dem Umsichgreifen der schweren Krank=heit Einhalt zu thun, jedoch vergeblich. Trotz der guten Pflege und seiner starken Constitution sanken seine Kräfte während eines dreimonatlichen Krankenlagers so sehr, daß an kein Aufkommen mehr zu denken war. Nie an Krankheit gewöhnt, war es für

ihn eine schwere Prüfung, mit folternden Schmerzen an das Kran=
kenbett gefesselt zu sein.   Darum sagte er auch, es sei für ihn
eine ungewohnte und geheimnißvolle Lektion, die er jetzt zu lernen
habe.   Aber je näher er der Ewigkeit kam, desto gelassener wurde er.
Wie seine Zeit und seine Bedürfnisse, so war auch die ihm zu
Theil gewordene Gnade.   Er sah nun ein, daß seine Arbeit ge=
than sei und er nur noch nach Gottes Willen zu leiden habe.
Unter diesen Leiden wurde sein Herz so weich, so demüthig und
kindlich Gott ergeben, daß deutlich wahrzunehmen war, der himm=
lische Vater vollende in ihm das Werk der Vorbereitung für den
Himmel.

Bis an sein Ende beobachtete er pünktlich seine gewohnten
religiösen Uebungen.   Beim Familiengebet kniete er nieder, so
lange es ihm irgend möglich war.   Und so tief war seiner Seele
das Bedürfniß der öffentlichen Gottesverehrung eingeprägt, so
groß war sein Verlangen nach den schönen Gottesdiensten im
Hause des Herrn, daß er sich während seiner Krankheit regelmäßig
von seinem Bruder auf einem Stuhl in die Kirche tragen ließ,
um zu seiner Aufmunterung das Wort Gottes zu hören, das er
nicht mehr selber predigen konnte.   Den letzten Sonntag, welchen
er auf Erden verlebte, war er noch Morgens und Abends im Hause
Gottes und lauschte den Worten der Predigt über den von ihm
selbst gewählten Text: 1 Petri 5. 10. 11: „Der Gott aber aller
Gnade, der uns berufen hat zu seiner ewigen Herrlichkeit in Christo
Jesu, derselbige wird euch, die ihr eine kleine Zeit leidet, voll=
bereiten, stärken, kräftigen, gründen.   Demselbigen sei Ehre und
Macht von Ewigkeit zu Ewigkeit! Amen.“   Er hatte großen
Genuß im Gottesdienste und Gott hatte auch die Gebete für ihn
erhört und seine Schmerzen gelindert.

Am 23. Mai wurde er zusehends schwächer.   Er war sich nun
bewußt, daß sein Ende schnell herannahe, und seufzte zu Gott um
eine sanfte und selige Auflösung.   Den Bruder Bläsi, einen Nach=
bar, der bis zum letzten Augenblick um ihn war, fragte er, ob es

nicht möglich wäre, in seiner letzten Stunde einige Brüder und Schwestern herbeizurufen, die um sein Bett stehen, ihn sicher abscheiden sehen und mit ihm in den Chor einstimmen würden: „An Jordans Ufer stehen wir."

Am Samstag fragte er Br. Bläck, ob er es wohl noch eine Nacht aushalten könnte. Dieser antwortete, er glaube nicht. Darauf sprach Gruber freudig: „Morgen bringe ich meinen ersten Sonntag im Himmel zu! Letzten Sonntag in der Kirche hienieden, nächsten Sonntag in der Kirche droben." Darauf fragte ihn Br. Bläck, ob er fühle, daß er jetzt am Ufer des Jordans sei, worauf er mit Anstrengung antwortete: „Ich fühle, ich bin!' Dieses waren seine letzten Worte. Die Brüder und Schwestern sammelten sich um sein Sterbebett und sangen das gewünschte Lied. Während des Singens verlor er das Bewußtsein. Als sie geendet hatten, herrschte eine Todtenstille im Zimmer. Die kalten Schweißtropfen standen auf seiner Stirne und ein Gefühl der Gegenwart Gottes durchschauerte jedes Herz. Noch eine Minute und sein seliger Geist hatte sich emporgeschwungen in die Ruhe, die vorhanden ist dem Volke Gottes.

Dr. Willbur Fisk,
und die Erziehungsfache in der bischöflichen Methodiften-Kirche.
Von Rev. G. E. Hiller, Freeport, Ills.

Man hat den Methodiften wiederholt den Vorwurf gemacht, daß fie der höheren Geiftesbildung abhold feien und der Unwiffen= heit Vorfchub leiften und diefen Vorwurf gewöhnlich zu begründen gefucht durch Hinweis auf die Thatfache, daß man bei uns „allerlei

Leute — Schuster, Schneider und wer weiß was Alles — im Pre=
digtamt gebrauchen könne."

Es ist allerdings wahr, daß der Methodismus Handwerker und
ungeschulte Männer ins Predigtamt berief, ebenso wie es wahr ist,
daß unser großer Meister Fischersleute und Zöllner zu seinen
Aposteln machte. Unsere Kirche berief solche Männer, weil Gott
sie zuerst berief durch seinen Geist. Und sollen wir wider Gott
streiten, weil es ihm noch heute wie ehemals gefällt, „zu erwählen
was thöricht ist vor der Welt, daß er die Weisen zu Schanden
mache"? (1 Cor. 1, 25—30.) Jedenfalls hatten wir nie Ursache,
uns dieses Umstandes zu schämen und wir haben das tröstliche
Bewußtsein, sehr selten Jemand als Prediger aufgenommen zu
haben, der nicht die Kraft des Evangeliums an seiner eigenen
Seele erfahren hatte.

Wo sollten auch in früheren Jahren die gebildeten Prediger
hergenommen werden? Der Herr gab unserer Kirche ein großes
Feld, das reif zur Ernte dastand, während der Schnitter wenige
waren. Sie hatte damals keine Hochschule noch die Mittel, solche
ins Leben zu rufen. Sollte sie die Hunderttausende, die bereit
waren, das Wort Gottes aufzunehmen, warten lassen, bis Prediger
herangebildet werden konnten, die die alten Sprachen und Philo=
sophien bemeistert hätten? Nach diesen verlangte das Volk nicht.
Es brauchte das Wort vom Kreuz. Und das konnten die Me=
thodisten ihm bringen, denn sie hatten seine Kraft aus eigener
Erfahrung kennen gelernt. Aber wer aus Diesem schließt, daß die
Methodisten die höhere Bildung überhaupt gering schätzen, der muß
von der Geschichte und gegenwärtigen Thätigkeit unserer Kirche eine
sehr mangelhafte Kenntniß haben.

Die Väter wußten wohl den Werth des Wissens zu schätzen.
Nicht nur machten sie selbst durch fleißiges Forschen von Büchern
guten Gebrauch, sondern sie verbreiteten sie auch unter ihren Leuten.
Es galt bei ihnen der Grundsatz, daß ein bekehrter Mensch danach
streben sollte, auch ein intelligenter Mensch zu werden. Und es

war und blieb eine ihrer größten Sorgen: „Wie können wir Lehranstalten ins Leben rufen, in denen unsere Jugend sich ausbilden
kann?" Diese Frage war nicht leicht zu beantworten. Die Neu-
heit der Verhältnisse, die Armuth der Glieder, der Mangel an
passenden Männern, solches Unternehmen zu leiten, schienen un-
übersteigliche Hindernisse. Deshalb scheiterten auch mehrere Versuche, die man mit Gründung von Hochschulen machte, gänzlich.
Gleich nach der Revolution gelang es Bischof Asbury und Rev.
John Dickenson nach großer Anstrengung bei Abington, Maryland,
das Cokesbury College ins Leben zu rufen. Die Anstalt fristete
auf kurze Zeit kümmerlich ihr Leben, bis sie am 7. Dezember 1795
durch Brandstifter in Asche gelegt wurde. Man baute sie gleich
wieder auf in Baltimore, aber genau ein Jahr nach dem ersten
Brande wurde sie auch hier den Flammen zum Raube und es
blieb vom Cokesbury College weiter nichts übrig als Schulden.
Kein Wunder, daß man während einer Reihe von Jahren den
Muth nicht wieder gewann, sich mit der Gründung von Lehranstalten zu beschäftigen.

Aber es kam die Zeit, da Gott den Methodisten nicht nur die
Mittel, sondern auch die rechten Männer zu dieser wichtigen Sache
gab. Der Mann, der sich als Bahnbrecher der Erziehungssache
in unserer Kirche am meisten verdient gemacht hat, ist Dr. Willbur
Fisk.

Zu Brattleborough, Vermont, wurde am 31. August 1792
dieser herrliche Mann — der Sprößling einer kernigen Puritaner-
Familie — geboren. Seine Eltern waren redliche und fromme
Leute, denen es darum zu thun war, ihre Kinder als nützliche
Menschen, vor Allem aber für den Himmel zu erziehen.

Richter Fisk, sein Vater, war ein von seinen Mitbürgern ver-
ehrter Mann, der lange Zeit das Amt eines Oberrichters in seinem County bekleidete und mehrere Jahre nacheinander Mitglied
der Staatslegislatur war.

Es war Schade um Willbur Fisk, daß seine Eltern, als er

gerade in den beſten Schuljahren war, Brattleborough verließen
und nach einem neuen Theil von Vermont, wo noch gar keine
Schulen waren, überſiedelten.   So kam es, daß er zwiſchen ſeinem
ſiebenten und ſiebenzehnten Lebensjahre nur zwei bis drei Jahre
die Schule beſuchen konnte.   Dieſe Thatſache hat er im ſpäteren
Leben oft bedauert, obſchon er auch in dieſen Jahren alle ihm
von der Farmarbeit übrigen Augenblicke dazu benützte, gute wiſſen-
ſchaftliche Bücher zu leſen.   In 1808—1809 ſandte ſein Vater
ihn in eine ſogenannte County Grammar=Schule, wo er während
dem kurzen Aufenthalt von drei Monaten eifrig lernte und dann
wieder auf die Farm zurückkehrte.   Im nächſten Herbſte war er
abermals ſechs Wochen auf der genannten Schule und ſtand dann
eine Zeit lang einer Diſtriktsſchule als Lehrer vor.   Um dieſe Zeit
entſchloß er ſich, trotzdem ihn ſein Vater (wegen ſchuldloſer Ver-
armung) nicht mit Geldmitteln unterſtützen konnte, ſich auf einem
College eine gründliche Ausbildung zu verſchaffen.   Er wendete
demzufolge allen Fleiß daran, um ſich das nöthige Geld zu beſchaffen
und ſtudirte zu gleicher Zeit Latein und andere Dinge, die ihn be-
fähigen ſollten, in die Vermont Staats=Univerſität einzutreten.
Aber als er auf dieſer Anſtalt im beſten Gange war, brach der
Krieg von 1812 aus und die Staatsregierung ſtellte den Unterricht ein.   Sofort machte er ſich nach Middlebury auf den
Weg, um auf dem dortigen Collegium ſeinen Curſus zu voll-
enden.   Aber einige wegwerfende Bemerkungen, die der Präſident
dieſer Anſtalt über die Schule, von welcher er ſo eben kam, machte,
empörten ihn ſo, daß er ihm ſogleich den Rücken kehrte und nach
Providence, Rhode Island, ging, wo er in die bekannte Brown
Univerſität eintrat, mit Eifer ſeinen Studien oblag und im Auguſt
1815 mit Ehren graduirte.
   Nun hatte er ſein ſchönes, ſich geſtecktes Ziel erreicht.   Er
war jetzt 23 Jahre alt und die Frage trat an ihn heran, welchem Lebensberuf er ſich widmen wolle.   Und es war ihm nicht
leicht ſich zu entſcheiden.   Schon in ſeinem elften Jahre hatte er

sich, gründlich zu Gott bekehrt, der Methodisten = Kirche ange=
schlossen. Seine Eltern und Freunde hatten sich über seinen gott=
seligen Wandel gefreut und hegten gemeinschaftlich die süße Hoff=
nung, daß ihr Liebling ein Prediger des Evangeliums werden
möge. Dieser Wunsch hatte, als er zuerst die Schule besuchte,
auch vollständig mit seinen Neigungen übereingestimmt. Aber
jetzt war es mit ihm anders geworden. Er hatte seinen Heiland
verlassen und die Welt lieb gewonnen, und mit Recht sagte er
sich, daß er in diesem Herzenszustand nicht daran denken dürfe,
Prediger zu werden. Aber er hätte ja die verlorene Gnade wieder
suchen und eine neue Uebergabe an den Herrn machen können?
Das wollte er nicht thun, dazu war die Aussicht auf irdische Größe
zu lockend für ihn. Er beschloß Advokat zu werden und sich einer
politischen Laufbahn zu widmen. Daher begann er bei Herrn
Isaac Fletcher, einem tüchtigen Juristen, mit dem ihm eigenen
Eifer die Rechte zu studiren.

Nach menschlichem Ermessen hatte er als Advokat und Staats=
mann eine glänzende Zukunft vor sich. Seine gottseligen Eltern
aber wurden durch diesen Schritt ihres Sohnes sehr betrübt, denn
die schönste Hoffnung ihres Lebens schien ihnen dadurch zu Grunde
zu gehen. Der Vater sagte zu Willbur, er hoffe zu Gott, daß
solche Unruhe ihn erfassen möge, daß er mit dem Apostel aus=
rufen müsse: „Wehe mir, wenn ich das Evangelium nicht pre=
digte.“ Seine Mutter erzählte später: „Während Willbur darnach
strebte, ein großer Staatsmann zu werden, betete ich immerfort
ernstlich, daß Gott ihn zu einem Prediger machen wolle.“ Diese
Umstände machten den Stand des jungen Mannes nicht zu dem
angenehmsten. Auf der einen Seite wurde er gelockt von glän=
zenden Aussichten auf irdisches Glück und angespornt von seinen
irdischgesinnten Freunden und den Neigungen seines eigenen nun=
mehr eitlen Herzens, auf der andern traten ihm der Ruf Gottes und
der Kirche um Arbeiter in den Weg, die Wünsche und Gebete seiner
Eltern und die innersten Ueberzeugungen seines eignen Gewissens.

Nachdem er eine Zeit lang sich fleißig mit den Gesetzbüchern beschäftigt hatte, wurde ihm von einem bei Baltimore wohnenden Herrn eine Stelle als Hauslehrer angetragen. Er nahm dieses Anerbieten an und sein Amt wurde ihm durch die Bildung, von welcher er sich umgeben sah, und die Liebeserweisungen, womit ihn die Familie überschüttete, höchst angenehm. Aber seine Gedanken waren nicht Gottes Gedanken.

Plötzlich wurde er von einem schlimmen Anfall von Lungenbluten ergriffen. Hierdurch brach seine Gesundheit zusammen und er machte sich auf den Rath seines Arztes auf, zu seinen Eltern zurückzukehren. Als er unterwegs in Burlington, Vermont, in einem Gasthaus eingekehrt war, stellte sich das Bluten wieder so schlimm ein, daß man sein Ende nahe glaubte. Der Gastwirth, obwohl selbst ein unbekehrter Mann, nahm an dem jungen Mann ein reges Interesse und frug ihn ernstlich, ob er auch zum Sterben bereit sei. Dieses brachte Fisk zum ernsten Nachdenken über sich selbst, denn der Umstand, daß ein Mann, der die Gnade Gottes noch nie an seinem Herzen erfahren hatte, solche Frage an ihn stellen mußte, machte ihn tief beschämt.

Aber der barmherzige Gott ließ ihn noch nicht sterben. Als sein treuer Vater, den man schleunigst von dem Befinden seines Sohnes benachrichtigt hatte, im Gasthaus eintraf, fand er ihn, zu seiner Freude, schon auf der Besserung. Sie reisten miteinander heimwärts und kamen in Lyndon an, gerade als dort eine herrliche Auflebung im Gange war. Viele von Willburs Freunden betraten bei dieser Gelegenheit den Heilsweg. Hierdurch wurde sein Herz vollends erweicht. Mit dürstendem Herzen und heißen Thränen begann er nun den verlorenen Frieden wieder zu suchen. Und es gab eine große Freude in der ganzen Umgegend, als er in einer öffentlichen Versammlung mittheilte, wie die Liebe Gottes sein Herz nun wieder erfüllt habe, und wie er fest entschlossen sei, von nun an ganz des Herrn zu sein. Bei Jedermann erwachte sogleich die Erwartung, daß dieser junge Mann als ein auserwähltes Rüstzeug in den

Dienst des Herrn treten werde. Auch für ihn selbst hatte der Advokatenberuf ganz seinen Reiz verloren. Er fühlte, er solle das Evangelium predigen, und er wollte es predigen.

Aber einen Kampf gab es nun doch noch. Welcher Benennung sollte er seine Dienste anbieten? Das war die Frage, die er nicht gleich entscheiden konnte. Die Methodistenkirche war seine geistliche Mutter; er liebte auch ihre Lehren, sie hatte sein Herz. Aber er wußte auch, wie die gebildeteren Leute die Methodisten-Prediger, unter denen sich bis jetzt noch kein auf einem Collegium graduirter Mann befand, verachteten; er wußte, wie viel mehr Reichthum und Ehre ihm als Prediger einer andern Kirche in Aussicht stünden. Aber ein anderes Hinderniß machte ihm noch mehr zu schaffen. Er hatte eine Braut und diese war Mitglied der Episcopalkirche. Fräulein Peck war die feingebildete und edelgesinnte junge Dame, mit welcher er sich verlobt hatte und von der er wußte, daß sie eine starke Abneigung gegen die Methodisten hege. Die Weise, in der er die ganze Sache erledigte, kann in der That manchem andern jungen Manne zum Muster dienen und brachte die Seelengröße dieses Mannes so recht zum Vorschein.

Der Methodistenkirche den Rücken kehren konnte er nicht. Er beschloß daher, ein Reiseprediger zu werden, und legte in einem Briefe an Fräulein Peck ihr die ganze Sache unumwunden vor. Unter Anderm schrieb er wie folgt: „Als Du mir Dein Herz schenktest, wußtest Du nicht, wem Du es gabst. Wenn meine Gesundheit besser wird, so erwarte ich mit der Hilfe Gottes das Evangelium zu predigen, und sehr wahrscheinlich wird dieses unter den Methodisten geschehen. So lange ich die Ueberzeugung habe, daß ich bei diesen Leuten auf dem Wege meiner Pflicht bin, gedenke ich bei ihnen zu bleiben; denn obwohl ich in andern Kirchen mehr Ruhm, Reichthum und menschliche Ehre zu erwarten hätte, möchte ich doch vor allem Andern meine Pflicht erfüllen." Für seine Braut war dieser Brief eine unangenehme Ueberraschung. Sie machte ihm in ihrer Antwort allerlei Gegenvorstellungen und theilte ihm auch ihre persönlichen Skrupel mit. Darauf schrieb er an sie: „Ich würde Dich weniger lieben, wenn Du Dich anders ausgelassen hättest. Du darfst gewiß nicht anders als gewissenhaft handeln. Mein Freund mag von den meinen verschiedene religiöse Ansichten haben, aber wenn sein Herz dabei recht ist, kann ich ihn doch lieben; ich kann meinem Nachbar die Bruderhand reichen, wenn wir auch zu ganz verschiedenen Kirchengemeinschaften gehören; aber von derjenigen, die ich als Lebensgefährtin an meinen Busen nehmen soll, will ich nicht nur, daß sie demselben Gott mit mir diene, sondern auch, daß sie mit mir an demselben Altar knice." Als sie ihm nun zu wissen that, daß sie namentlich gegen drei Lehren der Methodisten Einwendungen zu machen habe: die Lehre von der Möglichkeit des Abfalls, von der christlichen Vollkommenheit und der Verdorbenheit des Menschen von Natur, antwortete er: „Ich muß Dir frei gestehen, daß ich diesen Lehren vollkommen beistimme und sie auch predigen werde."

Diese Correspondenz nöthigt uns Allen Hochachtung ab vor diesen beiden Brautleuten. Es thut uns wohl, hier ein junges Mädchen sowohl als einen jungen Mann zu sehen, die sich nicht von Impulsen oder bloßen Sentimentalitäten, sondern von christlichen Grundsätzen leiten lassen. Wie Mancher hat später den wichtigen Schritt der Verehelichung bitter zu bereuen gehabt, einfach, weil er diesen Punkt nicht gehörig erwog. Zu glauben, daß zwischen Mann und Frau ein bleibendes glückliches Verhältniß stattfinden kann, ohne daß sie in ihrer religiösen Gesinnung mit einander harmoniren, ist eine verderbenbringende Täuschung.

Willbur Fisk und Fräulein Peck blieben einander zugethan. Letztere prüfte Alles gründlich. Es stellte sich zu ihrer Befriedigung heraus, daß ihre Abneigung gegen die Methodisten auf unbegründeten Vorurtheilen beruht hatte.

Bald nach seiner Bekehrung begann Fisk öffentlich zu ermahnen und am 14. März 1818 gab man ihm Lizens, als Lokalprediger das Evangelium zu verkündigen. Im Heimathsort hielt

er seine erste Predigt über die Worte: „Wer ist hierzu tüchtig?"
Diese Predigt machte gleich einen tiefen Eindruck. Man wunderte
sich über seinen trefflichen, klaren Gedankengang sowie seine ein=
dringliche Vortragsweise und hielt ihn nun noch mehr in Ehren
als zuvor. Er wurde nun öfters tüchtig von den Nachbarn ge=
lobt und seine Eltern, die sich allerdings auch sehr über seinen
Erfolg freuten, befürchteten, dieses möchte ihren Sohn zur Selbst=
überhebung verleiten und ihm viel Schaden zufügen. Daher hatte
seine kluge Mutter, die, wie es scheint, ohnehin recht kritisch an=
gelegt war, an seinen Predigten Allerlei auszusetzen und es war
thatsächlich Gefahr vorhanden, daß sie ihren Sohn als Prediger
allzusehr unterschätzte. Dieser Gefahr wurde aber auf folgende
amüsante Weise vorgebeugt: Ihre in einiger Entfernung wohnende
Schwester schrieb ihr einen Brief, worin sie ihr mittheilte, daß auch
einer von ihren Söhnen Prediger geworden sei. „Du solltest ihn
einmal hören," schrieb sie, „er ist ein ausgezeichneter Prediger."
Da erwachte der Mutterstolz der Frau Fisk. Den Brief auf den
Schooß legend und die Brille abziehend, sprach sie: „Ja, sie hat
eben meinen Sohn noch nicht gehört."

Bald wurde Fisk angestellt, auf Craftsbury Bezirk unter dem
vorstehenden Aeltesten zu reisen. Hier hatte er so bedeutenden Er=
folg, daß ein bigotter Gnadenwähler ausrief: „Seit Fisk hier ist,
hat er mehr niedergerissen, als unsere Prediger in zwölf Jahren
aufbauten." Auf diesem seinem ersten Arbeitsfelde gerieth er auch
einmal auf eigenthümliche Weise in Todesgefahr. Eine Frau, in
deren Heimath er öfters herbergte, hatte zu Zeiten Anfälle von
Wahnsinn. Bei einem solchen Anfall sprang sie einmal mit einem
großen spitzen Messer auf Fisk zu und ihm die Weste aufreißend
und das Messer an die Brust setzend, schrie sie: „Du mußt sterben.
Du sprichst so viel vom Himmel und ich will Dich dort hinsenden.
Du bist zu gut, um noch länger hier zu leben." Fisk stand ruhig
vor ihr und blickte ihr unverwandt in die Augen, worauf sie be=
dächtigen Blickes das Messer zurückzog und sprach: „Du bist für's

Leben und für's Sterben geſchickt. Wir brauchen auch ſolche Leute hier auf Erden und ich will Dich leben laſſen."

Im Sommer 1818 wurde Fiſk auf Probe in die Conferenz aufgenommen und wieder nach Craftsbury geſchickt, wo er unter großen Gefahren und Entbehrungen noch ein Jahr treu arbeitete. Im Jahre 1819 war Charlestown, Maſſ., ſein Arbeitsfeld, wo er nur eine kleine Gliederzahl antraf, die ſich aber durch ſeine eifrige Thätigkeit bedeutend vermehrte. In dieſem Jahre fand er auch auf einer Lagerverſammlung den Segen der völligen Liebe. An der Conferenz von 1820 wurde er in volle Verbindung aufgenommen und wieder nach Charlestown geſchickt.

In dieſem Jahre erhielt er auch von ſeiner Alma mater, der Brown Univerſität, den Titel eines "Master of Art". Während dieſer Zeit hatte er von Feinden der Kirche viele Verfolgungen zu erleiden. Auch ſtellte ſich ſein Lungenbluten wieder ein, wodurch er dem Tode nahe gebracht und gezwungen wurde, das Predigen gänzlich zu unterlaſſen und auf länger als ein Jahr nach Hauſe zu gehen. Dieſe Zeit brachte er damit zu, daß er viel ausritt, ſich mit ſeinen Büchern beſchäftigte und mit ſeinen vielen Freunden einen regen Briefwechſel unterhielt.

An der Neu-England Conferenz des Jahres 1822 wurde Fiſk als Aelteſter ordinirt und auf die Liſte der dienſtunfähigen Prediger geſetzt. Aber er wurde dabei beauftragt, wenn es ſeine Geſundheit erlaube, als finanzieller Agent für die New Market Academy, eine Lehranſtalt, die die Conferenz kürzlich gegründet hatte, thätig zu ſein. Die Schule muß auf ſehr ſchwachen Füßen geſtanden haben, denn als Fiſk ſich mit ihren Verhältniſſen näher bekannt gemacht hatte, wurde er überzeugt, daß ihr Gedeihen unmöglich war, und er beſchloß, nichts damit zu thun haben zu wollen. So ſtand es damals mit der einzigen Lehranſtalt, die die Methodiſten beſaßen. Während einer Unterhaltung mit ſeiner Braut kam dieſer Punkt zur Sprache, wobei Fiſk ſagte: „Wenn der liebe Gott mich am Leben läßt und mir Einfluß und Segen verleiht, ſoll es der Me-

thodistenkirche in der Zukunft nicht an höheren Lehranstalten fehlen."
Hiernach scheint es, daß er in dieser Zeit des Leidens und der
Unthätigkeit sich des Rufes und der Weihe bewußt wurde zu der
Arbeit, in welcher er nachher der Kirche zu so großem Segen
wurde.

Am Ende dieses Jahres war seine Gesundheit wieder herge=
stellt. Nun wurde er mit Fräulein Peck, nach einem sieben Jahre
währenden Verlöbniß, ehelich verbunden und stellte sich der Con=
ferenz zur Verfügung. Als die New Market Academy zur Sprache
kam, richtete sich der vorsitzende Bischof an Fisk und sprach: „Warum
hast Du nicht für die Lehranstalt Geld gesammelt?" — „Weil mein
Gewissen es nicht zuließ," erwiderte Fisk. — „Muß sich denn die
Conferenz von Deinem Gewissen regieren lassen?" frug streng der
Bischof. „Nein," gab Fisk zurück, „ich wünsche nicht, daß die Con=
ferenz sich von meinem Gewissen regieren lassen soll, aber ich selbst
muß mich von demselben regieren lassen. Ich möchte auch die Con=
ferenz durchaus nicht controliren; aber wenn, nach gründlicher
Ueberlegung, dieselbe es für gut befindet, die Schule auf eine
bessere Basis zu bringen, so will ich mein Allerbestes für sie thun."

An dieser Conferenz hielt auch Fisk seine berühmte Predigt
über den Universalismus, wozu ihm schon in der vorigen Sitzung
der Auftrag gegeben wurde. Dieses meisterhafte Argument wurde
auf Verlangen publizirt und bildet noch heute eines der besten
Stücke in der Literatur über die zukünftigen Höllenstrafen.

Diese Conferenz machte Fisk zu einem vorstehenden Aeltesten
und der Vermont Distrikt wurde ihm als Arbeitsfeld angewiesen.
Mit frohem, hoffnungsvollem Herzen und mit dem heißen Ver=
langen, recht viel für den Herrn zu thun, reiste er, in Begleitung
seiner jungen Gattin, auf sein Feld. Der Geist des Herrn zog
mit, und es gab auf allen Theilen des Distrikts herrliche Auf=
lebungen. Als das Conferenzjahr zu Ende war, nahm er zum
ersten Mal seine Gattin mit in die elterliche Heimath. Unterwegs
wollten sie in einem nett aussehenden Farmhause übernachten.

„Wenn Ihr Religion im Herzen habt," sprach die Hausfrau, „so beherbergen wir Euch." — „Nun, wenn wir keine haben," gab Fisk zurück, „könnt Ihr uns vielleicht behülflich sein, solche zu bekommen." „Nun ja," sagte die Frau, „von Herzen gern; nur herein, nur herein." Sie hatten selige Stunden mit einander und als das glückliche junge Paar am nächsten Morgen weiter zog, rief die Hausfrau dem Prediger nach: „Gott mit Dir, Du Gesegneter des Herrn!" — Ja, Gott war mit Willbur Fisk bis an das Ende seines Lebens.

Noch zwei Jahre wirkte Fisk mit viel Segen auf dem Vermont Distrikt. In dieser Zeit wurde ihm die Ehre zu Theil, von der Stadt Randolph erwählt zu werden, den Heldengreis Lafayette, der gerade Amerika besuchte, mit einer Begrüßungsrede zu bewillkommnen. Der edle französische Veteran wurde von der Rede Fisk's so tief ergriffen, daß ihm die hellen Thränen über die Wangen rollten. Namentlich that es ihm wohl, als Fisk den Wunsch aussprach, daß „er Theil haben möge an dem großen Siegesfest der Gemeinde der Erstgeborenen im Himmel."

Um diese Zeit beginnt Fisk's so glänzende Laufbahn als Schulmann. Im Jahre 1823 hatte die Conferenz die Br. Hedding, Lindsay und Fisk als Committee ernannt mit der Vollmacht, Maßregeln zu treffen, wodurch die New Market Academy auf bessern Fuß gestellt würde. Da machten die noblen Leute von Wilbraham, Mass., dem Committee das Angebot, daß sie ein passendes Gebäude für die Schule errichten und sich verpflichten wollten, die Schule zu erhalten, wenn dieselbe in ihre Stadt verlegt würde. Dieses günstige Anerbieten wurde mit Dank angenommen. Der edelherzige Amos Binney von Boston gab noch $10,000 in Baar zu Hilfe und im November 1825 konnte die Schule schon durch eine Ansprache von Fisk eröffnet werden. In ihrer nächsten Versammlung erwählten dann die Trustees unsern Fisk als Principal, welches Amt er aber im darauffolgenden Mai erst antrat. Die Schule gedieh. Sie begann mit sieben Schülern, aber am Schluße

des ersten Termins waren es schon 30. Im zweiten Jahr fing
sie mit 75 an und zwei bis drei Jahre später belief sich der durch-
schnittliche Besuch auf 250 bis 300. Hier war Fisk in seinem
Elemente. Nicht nur verwaltete er die Finanzen weislich und
stand den andern Lehrern mit Erfolg vor, sondern er verstand es
auch, die jungen Leute an sich zu fesseln und sie zu edlem Streben
zu begeistern. Aber am meisten lag ihm ihr Seelenheil am Herzen.
Weit davon, ihre religiösen Bedürfnisse aus den Augen zu verlieren, blieb es sein Hauptziel, sie für Christum zu gewinnen. Und
während seiner Verbindung mit dieser Anstalt gab es von Zeit zu
Zeit herrliche Auflebungen, wodurch viele Studenten treue Nachfolger Jesu wurden. Er selbst lebte in inniger Gemeinschaft mit
seinem Gott.

Einen recht amüsanten Auftritt gab es um diese Zeit zwischen
Fisk und einem Pastoren, der unweit Wilbraham eine Gemeinde
hatte. Dieser Pastor schrieb nämlich einen Brief an Fisk, worin
er über einen seiner Studenten klagte, daß er in seinen Ort gekommen wäre, um dort zu predigen und versucht habe, Proselyten
zu machen. Er schloß mit der Bemerkung, daß er ihn (Fisk) für
das Benehmen des betreffenden Studenten verantwortlich halten
müsse. Hierauf erwiderte Fisk in einem sehr höflichen Briefe, wie
sehr leid es ihm thue, daß sich einer seiner Studenten in dem be-
sagten Ort schlecht betragen haben solle. Er habe daher eine Anklage
gegen ihn eingeleitet und fordere hiermit den geehrten Pastor auf,
an einem bestimmten Tage zu erscheinen, um als Zeuge gegen den
verklagten Studenten aufzutreten. Das war dem Pastoren unerwartet. Dieser höfliche, ceremonielle aber bestimmte Brief brachte ihn
in Verlegenheit. Er schrieb, er wisse nichts Bestimmtes über das
Benehmen des Studenten, sondern habe nur so und so gehört; es
passe ihm auch sonst nicht, zum Verhör zu kommen, und er bitte
daher um Entschuldigung. Auf diese feige Weise zog sich dieser
„Verkläger der Brüder" aus dem sich selbst bereiteten Dilemma heraus.

Durch seinen Erfolg mit der Schule und seine Predigten und

Vorträge, die er bald hier bald dort hielt, wurde Fisk nun sehr bald populär und man wollte ihn mit Titeln und Aemtern überhäufen. Im Janur 1829 hatte er die Ehre, vor dem Senat von Massachusetts die sog. „Wahlpredigt" zu halten. Dann wollte man ihn zum Präsidenten der Staats=Universität von Vermont erwählen. Er wurde zum Agenten der Gesellschaft zur Beförderung der Sonntagsheiligung ernannt mit einem Gehalt von $1000 nebst Reisekosten. Dann erwählte man ihn zum Präsidenten des La Grange College in Alabama und ebenfalls als Professor in der Alabama Staats=Universität mit einem Gehalt von $2000. Auch erwählte ihn die Bisch. Methodisten=Kirche von Canada in diesem Jahre zu ihrem Bischof.

Alle diese lockenden Anerbieten wies aber der edle Mann entschieden zurück und blieb, wo er war. Die Arbeit, die er als Lenker des eben erst entstehenden Erziehungswesens seiner geliebten Kirche in Händen hatte, war ein Liebeswerk, und er konnte und wollte sich davon nicht trennen. „Wenn ich eine der Stellen annehmen würde," sagte er, „so möchte ich dadurch wohl den Willbur Fisk groß machen, aber nicht den Methodismus."

Seine Aufgabe wurde immer größer, aber mit der Arbeit wuchs auch seine heilige Begeisterung. Er that die Arbeit dreier Männer für den gewöhnlichen Gehalt eines Methodisten=Predigers. Wir wissen nicht, was wir am meisten an diesem Mann bewundern sollen: die Genialität, die Begabung, die Klugheit, wodurch er so erfolgreich war und allen Klassen von Menschen Bewunderung abzwang, oder die Demuth und Gottergebung, die ihn befähigte, alle die hohen Aemter und Ehren zurückzuweisen und in seinem bescheidenen Wirkungskreise zu beharren. Doch ich nehme das zurück. Wir wissen wohl, was am meisten an ihm zu schätzen. Es ist das Letztere: die gänzliche Aufopferung seiner selbst an Gott und seine Aufgabe. Hätte er seinen Posten verlassen, so hätte die Kirche einen großen Verlust gehabt, denn sie hätte ihn damals nicht zu ersetzen vermocht.

Am meisten staunen wir jedoch darüber, daß Fisk auch
noch sogar das Amt eines Bischofs in seiner eigenen Kirche
ablehnte, wozu ihn die General-Conferenz im Jahr 1836, während er sich mit seiner Gattin in Europa befand, erwählte. Es
gibt kein Amt in Amerika, das mehr Würde und Einfluß mit sich
bringt, als das eines Bischofs unserer Kirche. Dr. Fisk war bis
jetzt der Einzige, der dieses Amt ablehnte.

Zwei verschiedene Anstalten ehrten sich damit, daß sie Fisk
den Titel eines Doctors der Divinität verliehen — im Jahr 1829
geschah dieses von einer Anstalt im Süden und im Jahr 1835
von seiner Alma mater, der Brown Universität.

Die Sache der höheren Bildung hatte sich durch Fisk's Thätigkeit in den Grenzen unserer Kirche schnell gehoben. In den
Staaten Kentucky und Pennsylvania waren nacheinander Collegien
etablirt worden. Im Jahre 1829 faßte die Neu-England Conferenz schon den Muth, in Verbindung mit der Neu-York Conferenz noch eine Anstalt zu gründen, und zwar eine Universität. Da die Leute von Middletown, Conn., den Conferenzen
$30,000 baares Geld anboten, wenn sie die Anstalt in ihrer Stadt
anlegten, wurde dieser Platz als der Sitz der Schule, welche den
Namen Wesleyan Universität erhielt, ausersehen. Im Jahre 1830
wurde Fisk zum Präsidenten der neuen Anstalt erwählt, und im
September 1831 eröffnete er sie mit einer Rede, deren Veröffent-
lichung dazu beitrug, daß die Universität auch außerhalb unserer
Kirche weithin berühmt wurde und die Söhne angesehener Bürger
von ferne kamen, um unter diesem Manne sich für's Leben vorzubereiten. Die Folge entsprach den Erwartungen auf's völligste.
Seine Mühe und Arbeit in Verbindung mit seiner neuen Stellung
war nicht vergeblich. Noch heute gilt Wesleyan Universität, die
jetzt in jeder Beziehung auf's prächtigste ausgestattet ist, für die
beste Anstalt der Kirche. Aber nicht nur stand er der Schule vor,
sondern er leistete der Kirche und der Menschheit auch werthvolle
Dienste durch seine Predigten und Vorträge, die er bald hier bald

dort über die wichtigsten Zeitfragen hielt.   Namentlich zeichnete er
sich aus in der Controverse, die damals zwischen den Methodisten
und calvinistischen Kirchen Neu=Englands über die Lehre von der
Gnadenwahl stattfand.

Seine anstrengenden Arbeiten untergruben aber wieder seine
Gesundheit, und daher gab der Board der Trustees der Schule im
Jahre 1835 dem geliebten Manne eine Commission, die ihn be=
vollmächtigte, zum Besten seiner Gesundheit und der Universität
eine Reise nach Europa zu machen.   Er nahm seine Gattin mit
und blieb ein Jahr abwesend, während welcher Zeit er die bedeutend=
sten Städte Europas besuchte und dann gestärkt an Gesundheit und
bereichert an Erfahrungen auf seinen Posten zurückkehrte.   Als er
in Amerika ankam, drangen viele seiner Freunde in ihn, das Bi=
schofsamt anzunehmen.   Aber er lehnte es entschieden ab, indem
er seine schwache Gesundheit und seine Verbindlichkeit gegen die
Anstalt vorschützte.

Aber nur noch zwei Jahre durfte er dieser Liebesarbeit obliegen.
Im Herbste 1838 nahmen seine Kräfte schnell ab und die Aerzte
theilten ihm bald mit, daß er nicht hoffen könnte wieder gesund
zu werden.   Mit bewunderungswürdiger Geduld trug er seine
Leiden, bis der Tod, der erst am darauffolgenden 22. Februar
erfolgte, ihn ablöste.   Augenzeugen sagen, seine Krankenstube schien
ein Vorhof des Himmels zu sein.   „Wie liegt mir die Schule am
Herzen," sprach er, „aber Gott wird auch ohne mich diese Sache
fortführen."   Als der Tod nahte, rief er: „O, herrliche Hoffnung!"
Und als das Auge am Brechen war und seine Gattin ihn nochmals
fragte, ob er sie kenne, sprach er: „Ja, Liebste, ja!"   Darauf
entschlief er sanft und selig.   So holde Züge lagen auf seinem
Antlitz, daß es fast wie ein Frevel schien, diese Hülle der Erde zu
übergeben.   Aber beim Tode gilt kein Ansehen der Person.   Man
beerdigte seinen Leichnam auf dem Universitäts=Friedhof, wo ein
einfacher Denkstein die Stätte kennzeichnet.   Er brachte sein Alter
auf 46 Jahre, 5 Monate und 21 Tage.

So lebte und starb Willbur Fisk, ein Mann mit einem so
herrlichen Charakter, so ausgezeichneten Gaben und solch inniger
kindlicher Frömmigkeit, daß nur Wenige ihn überragen. Jede
der vielen und ausgezeichneten Lehranstalten, die unsere Kirche
heute besitzt, darf als ein Monument für Willbur Fisk angese=
hen werden. Der Methodisten = Kirche sind ihre Lehranstalten
zum großen Nutzen und Segen geworden. Und wenn wir daran
denken, was in dieser guten Sache geschehen ist, seit Dr. Fisk
mit der ersten armen Anstalt in Verbindung trat, so ergreift uns
freudiges Staunen. Unter der Controlle unserer Kirche stehen ge=
genwärtig 15 Universitäten, 20 Collegien und 76 Seminare. Die
andern amerikanischen Zweige des Methodismus haben zusammen
genommen wohl eine ebenso große Anzahl höherer Lehranstalten.
Diese befinden sich in den verschiedensten Theilen der Welt. Wir
haben eine oder mehrere Hochschulen in jedem Staat der Union,
in Mexiko, in Deutschland, in Schweden, in Italien, in Indien,
in China, in Afrika (die Kinder = Missionsschulen nicht mitge=
rechnet). Diese Anstalten besitzen zusammen Eigenthum von vielen
Millionen Dollars und werden jährlich von zwanzig bis dreißig
tausend Jünglingen und Jungfrauen besucht. Fünf dieser Schu=
len sind deutsche, die sich zwar noch nicht mit den bessern eng=
lischen Anstalten messen können, aber doch von Jahr zu Jahr in
jeder Beziehung Fortschritte machen.

Es steht also um die Sache der Erziehung bei uns schon
ziemlich gut, aber es dürfte noch besser stehen, denn wir stehen
verhältnißmäßig noch immer hinter einigen andern Kirchen in
dieser Beziehung zurück. Im Hinblick auf die Thatsache, daß die
gebildeten Bürger auch die mächtigsten und einflußreichsten sind,
und daß sie naturgemäß ihren Einfluß derjenigen Kirche, der sie
ihre Ausbildung verdanken, zuwenden, sollten wir uns in der
Erziehungssache ein recht hohes Ziel stecken und dann mit aller
Macht darnach streben, es zu erreichen. Es fehlt uns noch im=
mer an vielen Orten die Begeisterung und Opferwilligkeit für

dieſe Sache, die ſie verdient, und die die beſten Männer der
Kirche ihr ſtets zugewanvt haben.

Wir haben aber namentlich Urſache uns darüber zu freuen,
daß die Kirche der Ausbildung ihrer Predigtamts-Candidaten im=
mer größere Aufmerkſamkeit ſchenkt. Wir haben drei Schulen —
das Drew Theological Seminary, das Garrett Biblical In-
stitute und die Boston School of Theology — die nur für
angehende Prediger beſtimmt ſind, und hauptſächlich von ſolchen
Studenten beſucht werden, die ſchon auf einer andern Schule
einen wiſſenſchaftlichen Curſus durchgemacht haben. Jedoch wird
auch in vielen andern Schulen in den wichtigſten theologiſchen
Fächern Unterricht ertheilt. Dieſes geſchieht auch in jeder der
fünf deutſchen Anſtalten.

Eingedenk der Thatſache, daß es gewöhnlich die unbemittelten
Jünglinge ſind, die ſich für den Dienſt des Evangeliums her=
geben, hat auch die Kirche den ſogenannten Board der Erzie=
hungsſache im Jahre 1864 ins Leben gerufen, durch deſſen Thä=
tigkeit armen Studenten, die ſich fürs Predigtamt vorbereiten,
Beiſtand geleiſtet werden ſoll. Dieſer Board hat ſeit 1872, wo
Dr. E. O. Haven zum correſpondirenden Sekretär gewählt wurde,
circa 50,000 Dollars unter 600 bedürftige Studenten ausbezahlt.
Und eine bedeutende Summe iſt auch in dieſem Zeitraum von
den Conferenz-Erziehungsvereinen für denſelben Zweck verausgabt
worden.

Dem Herrn ſei Dank, daß er ſoweit geholfen hat. Kann es
auch wohl einen Beruf geben, für den eine gründliche Ausbildung
nöthiger wäre, als das Predigtamt? Muß nicht gerade der Pre=
diger Allen Alles werden können? — Und wer hat in der Kirche
Chriſti am meiſten geleiſtet? Waren es nicht Männer, wie
Paulus, Luther und Wesley, die eine gründliche Gelehr=
ſamkeit beſaßen? — Es wäre um die Reformation ſchwach be=
ſtellt geweſen, wenn ſie nicht eine ſolche Pflanzſchule, wie die
Univerſität von Wittenberg, gehabt hätte. Und auch heute ſind

solche Lehranstalten für das Gedeihen der Kirche durchaus noth=
wendig.

Auch ist durch die Erfahrung, die hier und da sich kundge=
bende Furcht, als möchten die Prediger durch die Schulbildung ihre
Frömmigkeit einbüßen, gänzlich zu Schanden geworden. Wenn
wir in gewissen Fällen über die Verweltlichung und Saumseligkeit
der Prediger zu klagen hatten, so waren gewiß die Schulen nicht
daran schuld, denn die größte Entschiedenheit und Opferwilligkeit
finden wir oft gerade unter den geschulten Männern. Wir finden
heute die Zöglinge unserer Lehranstalten allenthalben, wo es etwas
kostet für Christum zu zeugen. Sie arbeiten unter Mühsalen und
Entbehrungen an unserer westlichen Frontier; sie sind hingezogen
nach Indien, Japan, China und den Inseln des Meeres, um
unter den widrigsten Verhältnissen die Heiden für Christum zu ge=
winnen und die Gebeine eines Manchen bleichen in der tropischen
Sonne Afrikas, wo er, fern von der Heimath, den Heldentod für
Christum gestorben ist.

Was die Kirche zur Gründung von Lehranstalten herausgabt
hat, hat reichliche Zinsen getragen und nie wurden die Güter
von reichen Kirchengliedern besser angelegt, als die Tausende von
Daniel Drew, Amos Binney, Frau Garrett und Anderen, mit
welchen sie dem Herrn Prophetenschulen erbauten. Und doch ist
durch die vielen kleinen Gaben der Aermeren mehr geschehen, als
durch die großen Gaben dieser Fürsten der Wohlthätigkeit. Wolle
der Herr uns Alle immer mehr für diese gute Sache begeistern
und unsere Lehranstalten reichlich segnen!

Dr. Durbin
und das Missionswerk in der bischöflichen Methodisten-Kirche. *)
Von Philipp Wacker, Dubuque, Jowa.

„Ob eine Hand voll Getreide wäre im Lande, auf den Gipfeln der Berge, so wird seine Frucht rauschen wie Libanon, und werden hervorgrünen aus den Städten, wie das Gras der Erde." (Pf. 72.)

Nie, seit den Tagen der Apostel, ist diese Schriftwahrheit so herr= lich verwirklicht worden, als im gegenwärtigen Jahrhundert. Alle bedeutenden Missionsvereine wurden kurz vor oder während dem= selben gegründet. Die apostolische Kirche war eine ächt missioni=

---

*) Missions and Missionary Society of the M. E. Church. J. M. Reid, D. D. 2 Vols. —Cyclopedia of Methodism. Bishop Simpson.—Annual Missionary Report 1880.

rende, Christus der Mustermissionar. Aber der Eifer ließ nach,
Lehrstreitigkeiten kamen vor. Man brachte Leute in die K i r ch e ,
aber nicht zu Christo. Heidnisches Wesen wurde in der Kirche ge=
trieben, und an vielen Orten verdrängte das Heidenthum solches
Christenthum wieder. Sollte ächtes, apostolisches Christenthum
ausgebreitet werden, so mußte Herz und Verstand vom Geiste des=
selben erfaßt und durchdrungen werden. Beide, die Reformation
des 16. Jahrhunderts und die Wiederbelebung im 18., trugen we=
sentlich zur Anbahnung von Missionsversuchen im In= und Aus=
lande bei. Während der unruhevollen '90er Jahre des vorigen
Jahrhunderts „legte der Herr Ehre ein." Im vorigen Jahrhun=
dert kamen etliche Missionsversuche vor; zu nennen sind hier nur:
„die englische Gesellschaft zur Ausbreitung des Christenthums," „die
mährische," „die Baptisten=" und die „Londoner Missionsgesell=
schaften." Auf den Ueberschritt ins neue Jahrhundert folgte für die
protestantische Kirche die Organisation noch weiterer Missionsvereine.

Unter dem Missionswerk neuerer Zeit nimmt das der Bisch.
Methodisten=Kirche keinen niedrigen Rang ein. Seine Entstehung
und Ausbreitung, die gegenwärtige Thätigkeit und Aussicht für die
Zukunft berechtigen uns, dasselbige, wie die Kirche unserer Wahl,
„ein Kind der Vorsehung" zu nennen. Die Ausbreitung der Kirche
hielt Schritt mit der Ausdehnung der Ansiedelungen des Landes.
Viele Glieder der Kirche unterstützten das gute Werk, aber es war
vereinzelt. Manche Methodisten in ihrem Eifer für auswärtige
Missionen legten ihre Gaben in die Kassen anderer Benennungen,
da uns ein Missionsverein fehlte. Die Frontierarbeit brachte unsere
Brüder auch zugleich mit den Urbewohnern dieses Landes in Be=
rührung. Eine höhere Hand sollte die Missionsversuche unseres
Zions vereinigen und ihnen dauernde Gestalt geben. Es geschah
wie folgt:

Eines Sonntags im Jahr 1816 predigte Marcus Lindsay zu
Marietta, Ohio, und John Stewart, ein dem Trunk ergebener
Neger, war unter seinen Zuhörern. Stewart wurde tief erweckt und

kräftig bekehrt. Hören wir seine eigenen Worte, welche er an Dr. Bangs für dessen „Missionsgeschichte" einsandte: „Bald nach meiner Bekehrung ging ich hinaus ins Feld, um zu beten. Es kam mir vor, als hörte ich eine Stimme wie die eines Weibes, Gott lobend; und dann eine andere als die eines Mannes, zu mir sagend: „Du mußt meinen Rath mit Treue verkündigen." Diese Stimmen waren kräftig in mir. Sie schienen von Norden herzukommen. Ich war bald auf meinen Füßen und redete, als ob ich Zuhörer vor mir hätte." Er konnte den Gedanken nicht los werden, daß irgendwo Sünder seien, denen er selbst Buße predigen müsse, und es zog ihn immer in der Richtung, von wannen er die Stimmen zu hören wähnte. Endlich trat er seine Reise in nordwestlicher Richtung an, nicht wissend, wo er hinkam. Er sagt: „Als ich mich auf den Weg machte, war meine Seele sehr glücklich. Ich steuerte meinen Lauf theils auf dem Wege, theils durch den Wald, bis ich nach Goshen kam, woselbst ich die Delaware Indianer fand." Sie waren, als er eintraf, am Singen und bereiteten sich auf einen Tanz vor; er aber fesselte sie durch ein Zionslied. Wiederholt baten sie ihn. „mehr zu singen." Er predigte ihnen und dachte, da er nun seine Pflicht erfüllt, könne er wieder nach Marietta zurückkehren, aber der innere Drang wehrte ihm. So setzte er seinen Weg weiter fort bis an den oberen Sandusky und kam zum Hause eines William Walker, dem Agenten der Wyandotts. Hier, ähnlich dem stillstehenden Sterne zu Bethlehem, geboten dem Reisenden die merkwürdigen Stimmen Halt zu machen. Sein ungekünsteltes Zeugniß machte bald allem Mißtrauen ein Ende und „bereitete ihm den Weg." Hier traf er den Jonathan Pointer, den er von früher kannte. Er war ein Sklavenflüchtling von Kentucky und ein zurückgefallener Methodist und lebte wie ein Indianer. Stewart sagte zu ihm: „Morgen muß ich diesen Indianern predigen und Du mußt mein Dollmetscher sein." Pointer brach in Thränen aus, da er sich vergangener Freuden erinnerte, und rief aus: „Wie kann ich, ohne Religion, eine Predigt übersetzen?" Aber es folgte darauf eine Nacht des Gebets und Ringens und die Predigt am andern Tag. Stewart hatte einen Zuhörer, eine Indianerin, aber er predigte vor ihr mit aller Treue. Den nächsten Tag verdoppelte sich die Zahl, ein alter Mann kam hinzu. Stewart predigte wieder. Den folgenden Tag war es Sonntag und acht oder zehn fanden sich ein. Bald aber kamen Indianer die Menge und nennenswerthe Bekehrungen fanden statt; Robert Armstrong, welcher als Knabe gefangen genommen und vom Schildkrötenstamm adoptirt wurde, und die berühmten Häuptlinge Between-the-Logs, Mononcue, Hicks und Scuteash waren darunter.

Diese Wunder der göttlichen Gnade bewegten die Kirche tief, und die Bedürfnisse dieses, sowie anderer ähnlicher Werke führten nach drei Jahren die Organisation der Missionsgesellschaft unserer Kirche herbei. Nicht Wenige sammelten Gaben für das Werk, besonders war die Familie des Gouverneurs Trimble in Ohio thätig, auch Baltimore half. Gabriel P. Disosway, damals ein junger unternehmender Kaufmann von New-York, ersuchte Dr. Bangs ernstlich, ohne Verzug Schritte zu thun, eine Missions-Gesellschaft zu organisiren, ähnlich denen anderer Benennungen. Aber man war sich der Sache noch nicht recht klar. Dr. Bangs und Joshua Soule beriethen sich darüber und kamen dahin überein, daß eine solche Gesellschaft unter der Controlle der General-Conferenz stehen müsse und die Missionare derselben in jeglicher Hinsicht der Kirchenordnung ergeben, und sie dermaßen zu gestalten, erforderte viel sorgfältige Ueberlegung. Lokale Vereine waren in verschiedenen Städten allbereits entstanden. In der Prediger-Versammlung zu New-York wurden endlich Schritte gethan, die durch eine Versammlung von Gliedern der Kirche und Freunden der Missionssache die Organisirung herbeiführte. Es geschah am 5. April 1819 in der Forsyth Straße Kirche, und die folgenden Beamten wurden erwählt: Bischof Wm. McKendree, Präsident; Bischof Enoch George, erster Vice-Präsident; Francis Hall, Clerk;

Daniel Ayres, protokollirender Sekretär; Thomas Mason, corre=
spondirender Sekretär; Joshua Soule, Schatzmeister und ein Ver=
waltungsrath von 32 Personen.   Aber es kostete noch viele Mühe,
ehe die gute Sache allgemein siegte.   Der beabsichtigte Plan zur
Weiterentwicklung des Werkes war, daß Zweigvereine in allen
Hauptstädten organisirt würden, welchen dann Hülfsvereine in
anderen Lokalitäten angereiht werden könnten.   Der erste Hülfs=
Verein entstand neunzig Tage nachher, und war die Frauen=
Missionsgesellschaft von New=York.   Derselbe bestand etwa fünfzig
Jahre und that ausgezeichnete Dienste.   Er nahm ein reges
Interesse an allen Frauen im Missionswerk.   Soweit man weiß,
war dies der erste Frauen = Missionsverein im Lande.   Die be=
rühmte Five Points Mission in der Stadt New=York ging aus
demselben hervor.   Manche Glieder der Kirche waren mit Missions=
Unternehmungen im Auslande nicht einverstanden, weil die Bedürf=
nisse des Inlandes, besonders auch der Einwanderung wegen, die
ganzen Kräfte und Mittel der Kirche in Anspruch nähmen.

Im selbigen Jahre noch (1819) entstand die Jünglings=
Missions=Gesellschaft von New=York, welche später die Liberia
Mission in Pflege nahm.   Die Baltimore Conferenz war die erste,
die einen Conferenz=Zweigverein gründete, andere bestehende Vereine
traten als Zweigverein bei.   Die Gesammteinnahme fürs erste
Jahr war $823.64.   Auch hatte man noch keinen Missionar
angestellt.   Das erste Jahresfest der Gesellschaft wurde in der
John Straße Kirche in New=York abgehalten, den 17 April 1820.
Nathan Bangs führte den Vorsitz.   Den 1. Mai tagte die Ge=
neral=Conferenz in Baltimore.   Dieselbe begünstigte das Unter=
nehmen und empfahl jeder jährlichen Conferenz einen Zweigverein
zu gründen.

Der Zufluß der Missionsgaben richtete sich gewöhnlich nach
dem Unternehmungsgeist der Kirche.   Als im Jahre 1828 sich neue
Felder der Kirche eröffneten, wurden im folgenden Jahre die Gaben
verdoppelt.   In 1833 stiegen die Einkünfte höher denn je, denn

man hatte die Mission in Liberia (Afrika) eröffnet, die erste im Auslande. Zur selben Zeit schaute man nach Süd=Amerika. Die Gaben nahmen jährlich zu und erreichten im Jahre 1844 die Summe von $150,000. Durch die Lostrennung der Conferenzen in den Sklavenstaaten zeigt der Bericht für 1845 eine bedeutende Abnahme an. In 1850 war die Einnahme wieder auf $100,000 gekommen. In diesem Jahre wurde ein Mann correspondirender Missions=Sekretär, der diesen Posten länger inne hatte, als irgend einer seiner Vorgänger. Es war Dr. John P. Durbin. Während seiner Amtszeit haben die Missions= gaben dermaßen zugenommen, daß im Jahre 1866 die höchste Summe erreicht wurde, nämlich $682,380.30. Auf diese reiche Ernte folgten einige Mißjahre. Die Verhältnisse unseres Landes hatten dazu beigetragen. Aber im Jahre 1872 war die Missions= gabe wieder auf $680,836.40 gekommen. Die Jahreseinnahmen sind seit der Zeit nicht wieder so hoch gekommen. Dr. Durbin, seines hohen Alters wegen nicht mehr im Stande die Sekretärs= arbeit zu thun, wurde von der Kirche als Ehren=Sekretär bei= behalten von 1872 an bis an sein Ende, welches am 19. Oktober 1876 erfolgte.

Dieser Gottesmann wurde in Bourbon County, Kentucky, im Jahre 1800 geboren. Er stammte aus einer alten Methodisten= Familie und wurde von frommen Eltern sorgfältig erzogen. In seinem achtzehnten Jahre wurde er bekehrt und schloß sich bald darauf der Kirche an. Eine Woche darnach erhielt er Licenz zum Predigen und wurde kurz nachher zur Aushülfe auf einen Bezirk gesandt. In den früheren Jahren seines Predigtamts predigte er gewaltig. Er übte einen ungewöhnlichen Einfluß auf seine Zuhörer aus, aber unter seinem großen Eifer litt seine Ge= sundheit und seine Stimme gab nach. Man gab ihm den Rath, in die Negerhütten zu gehen und sich hinzusetzen und mit den Leuten im Unterhaltungston zu reden. Die Nachbaren kamen herzu. In sechs Monaten hatte sich seine Stimme dermaßen

erholt, daß man ihn in großen Versammlungen wieder hören konnte.
Durch diese Erlebnisse hatte er sich den ihm eigenthümlichen Con=
versationsstyl angewöhnt. Im Jahre 1820 schloß er sich der Ohio
Conferenz an. Während er seinen Bezirk, 200 Meilen an Umfang,
bereiste, las er zu Pferd des Tages und beim Licht des Kienholzes
des Abends. Bald begann er das Studium der alten Sprachen
und besuchte während den Wochentagen die Miami Universität,
später das Cincinnati Collegium, woselbst er den Titel eines Ma=
gisters der Künste erhielt. Im Jahre 1826 wurde er zum Pro=
fessor der Sprachen am Augusta Collegium erwählt, 1831 Ka=
plan des Ver. Staaten Senats, 1832 Redakteur des „Christian
Advocate" in New=York. Im Jahre 1834 aber, da Dickinson
Collegium in die Pflege der Baltimore und Philadelphia Confe=
renzen kam, und er einstimmig dazu erwählt worden war, über=
nahm er die Präsidentenstelle desselben, welche er bis 1845 be=
kleidete.

Im Dickinson Collegium zeigte er ungewöhnliche administrative
und erekutive Fähigkeit. Im Jahre 1842 und 1843 reiste er in
Europa und dem Osten, darüber gab er seine "Observations", vier
Bände, heraus. Er war Mitglied der General=Conferenz von 1844
und nahm Antheil an den Debatten über die Sklavereifrage und
von sieben aufeinander folgenden General=Conferenzen, wo er stets
ein weiser und kluger Rathgeber war. Er war schon frühe ein
Befürworter der Laienrepräsentation. Nachdem er elf Jahre Prä=
sident des Dickinson Collegiums gewesen, übernahm er wieder die
Aufsicht von Gemeinden und war der Prediger der Union und der
Trinity Kirchen in Philadelphia. Hierauf wurde er zum vorste=
henden Aeltesten des North Philadelphia Distrikts ernannt. Als
im Jahre 1850 Dr. Pitman, der Missionssekretär, erkrankte, ernannte
der Board der Bischöfe Dr. Durbin an dessen Stelle. Die Ge=
neral=Conferenz von 1852 erwählte ihn zu diesem Amt. Sein
übriges Leben wurde diesem Amt geweiht. Vermöge seiner admi=
nistrativen Kraft, seiner seltenen Einsicht, großem Ansehen und Po=

pularität und seiner bewegenden Beredsamkeit weckte er die Kirche
auf, und war in hohem Grade in der Verwaltung der Angele=
genheiten der Gesellschaft erfolgreich. Mit Ausnahme der Mission
in Liberia und den ersten Versuchen in Südamerika und dem eben
in China angetretenen Felde, waren alle Missionen unter seiner
persönlichen Aufsicht entstanden. Im Jahre 1872 schlug er eine
Wiedererwählung ab. Selten erschien er danach in der Oeffent=
lichkeit. Am 18. Oktober 1876 hatte er einen Schlaganfall und
endigte sein thatenreiches Leben im Frieden. Wenige sind ihm in
wahrer Popularität gleich gewesen, wenige in wahrer Fähigkeit,
Treue, Einsicht und Fleiß. Als Kanzelredner, christlicher Seel=
sorger, Erzieher und Administrator gehörte er in der Kirche zu den
Ersten.

Wir schauen uns nun in dem Werke um, welches unter seiner
Leitung als Missionssekretär nahezu 30 Jahre gestanden.

Obwohl das allgemeine Missionskommittee, bestehend aus Laien
und Predigern, in der Berathung über die Bedürfnisse eines jeden
Missionsfeldes eine hohe Aufgabe hat, und obwohl die Bischöfe
der Kirche die Aufsicht über die ihnen zugetheilten auswärtigen
Missionen führen, so hat aber der Missionssekretär die Sorge um
alle Missionsfelder das ganze Jahr hindurch zu tragen. Sein
Amt ist daher ein mühsames. Seine Kenntnisse müssen umfang=
reiche sein; auch bedarf er besonders viel Glaubensmuth, Selbst=
verläugnung, Sünderliebe. Der Sekretär hat eine Masse von
Briefen von Missionaren durchzusehen, sie Gott im Gebet und der
Kirche in der Hoffnung auf Unterstützung vorzulegen. Da wird
ihm wie von Söhnen und angestellten Arbeitern die Noth geklagt;
da erinnert man an die Zweckmäßigkeit und Nothwendigkeit, neue
Gebiete aufzunehmen; da fordert man in dringendster Weise mehr
Arbeitskräfte; da erwartet man die nöthige finanzielle sowohl als
auch Gebetsunterstützung von Seiten der Mutterkirche; da wartet
man mit aller Sehnsucht auf Antwortschreiben; kurz, der Missions=
sekretär muß Ernährer und Fürsprecher und Hüter der Missions=

felder sein. Dazu sind nur die allerbesten und tüchtigsten Männer der Kirche fähig.

Der vielbeliebte Dr. Nathan Bangs hatte die Arbeit eines correspondirenden Sekretärs zuerst und zwar Jahre lang gethan. Von 1836, von der General=Conferenz dazu erwählt, that er diese Arbeit ausschließlich, bis ihm im Jahre 1840 Dr. Wm. Capers für die Arbeit im Süden und E. R. Ames (nachmals Bischof) für die Arbeit im Westen beigegeben wurden. Im Jahre 1841 übernahm er die Präsidentenstelle an der Wesleyan Universität zu Middletown, Conn. Dr. Charles Pitman wurde sein Nachfolger. Während seiner Amtszeit, welche Krankheitshalber mit dem Jahre 1850 endigte, wurden zwei wichtige auswärtige Felder aufgenommen, nämlich: China und Deutschland und die Schweiz. Es mußte auch das einheimische Feld erweitert werden. Von California kamen dringende Hilferufe um Geld und Männer. Denn kein Volk ist so geldarm als das, welches das Gold aus der Erde nimmt, „die Liebe zum Geld ist Abgötterei und Götzendienst." Der Board der Bischöfe berief Dr. Durbin an die leere Stelle. Dr. Pitman starb vier Jahre danach. Während Dr. Durbin's Amtsführung erhielt nach und nach die Missionsgesellschaft ihre gegenwärtige Gestalt und inneren Einrichtungen. Er besaß viel= umfassende Kenntnisse, besondere Geschäftsfähigkeiten, war gründ= lich, systematisch, gewissenhaft, selbst in geringeren Dingen. Er schien für den Posten besonders ausgerüstet zu sein. Der Jahres= bericht der Gesellschaft von 1876 sagt von ihm: „Kein Name ver= bunden mit unserer Gesellschaft ist in solchem Andenken, wie der des Dr. Durbin, und das mit Recht; denn die Inspiration seiner Seele und der besonders methodische Charakter seines Geistes sind allen ihren Theilen eingeprägt. Als er das Amt antrat, war unser Einkommen nur $100,000; nun überschreitet es $600,000. Damals wurden für auswärtige Missionen nur $37,300 bewil= ligt, jetzt nahezu $300,000. Foochow war damals unser einziges Feld im Auslande, nun geht die Sonne auf unserm auswärtigen

Werke nicht mehr unter. Seiner Weisheit, Vorsicht, vielumfassenden Anschauung und seinem persönlichen Einfluß müssen diese groß= artigen Resultate größtentheils zugeschrieben werden. Seine Denk= male sind in allen Landen,"

Das Kapitel über „die Erhaltung der Missionen," wie es Jahre lang in der Kirchenordnung stand, wurde hauptsächlich von ihm verfaßt. Demselben gemäß ist die ganze Kirche die Pflegerin des Missionswerkes. Daher kam es auch, daß die Lokalvereine aufgehoben wurden und jede jährliche Conferenz einen Hilfsverein organisirte. Die Prediger hoben die Missionskollekten ohne Un= kosten für die Missionsgesellschaft. Um die Prediger und durch sie die Gemeinden zu erreichen, führte Dr. Durbin eine ungeheure Briefcorrespondenz, machte viele Reisen und hielt viele Ansprachen bei Conferenzen und Massenversammlungen. Die Arbeit nahm so überhand, daß ihm Dr. David Terry als Gehilfe beigegeben wurde. Dr. Terry war der New=Yorker Stadtmissionar und hatte das sog. „Bethel=Schiff" für die Standinavier einzurichten begonnen. Er bekleidete Jahre lang die Stelle eines protokollirenden Sekre= tärs und ist jetzt (1880), obwohl bejahrt, Gehilfssekretär. Dr. Wm. L. Harris wurde als Gehilfe des Dr. Durbin im Jahre 1860 erwählt und nach vier Jahren Dr. J. M. Trimble als Gehilfe für das westliche Feld bestimmt. Dr. Harris half im Osten; aber von 1868 an ließ ihm die General=Conferenz nur Dr. Harris als Gehilfen. Dr. Durbin's Gesundheit nahm ab, aber die Arbeit des Gehilfen nahm zu, bis er im Jahre 1872 zum Bischof er= wählt wurde.

Die erste Person, welche John Stewart nachzog, um unter den Indianern zu arbeiten, war eine edle und begabte Jungfrau, Harriet Stubbs, eine Schwägerin von Oberrichter M'Lean, Andere folgten ihrem Beispiel. Das Missionsgebiet der Kirche er= weiterte sich für Frauen. Besonders war Frauenarbeit in Indien ein dringendes Bedürfniß. Dr. Durbin schrieb im „Missionary Advocate": „Unsere Schwestern im Missionswerk, besonders zu Luck=

now (Indien), sind auf's äußerste angestrengt; aber es sind ihrer zu wenige. Fromme junge christliche Frauen sollten zu ihrer Hilfe gesandt werden." Im Jahr 1868 bei der Zusammenkunft in Boston von Missionar E. W. Parker und Frau von der India Conferenz, und Frau Butler, Gattin des Superintendenten des Werks in Indien, und Dr. W. F. Warren und Gattin, eben von der Deutschland Mission zurückgekehrt, wurde der Anstoß zur Gründung der „Frauen Auswärtigen Missionsgesellschaft" gegeben. Die Organisation geschah im März 1869. Dr. Durbin's Correspondenz trug nicht wenig dazu bei. Der Zweck derselben ist: Missionarinnen unter die Frauen auf auswärtigen Missionsfeldern unserer Kirche zu senden, sowie für deren Besoldung zu sorgen. Der neue Verein wurde anerkannt. Gerade zu dieser Zeit offerirte Frln. Isabella Thoburn der Missionsgesellschaft ihre Dienste. Sie wurde an den Frauenverein gewiesen und wurde die erste von demselben angestellte Missionarin. Die Frln. Woolston, die seit 1859 den Mädchenschulen in Foochow, China, vorstanden, wurden demgemäß an den Frauenverein übertragen. Frln. Clara A. Swain, als Aerztin ausgebildet, ging nach Indien. Sie war wohl die erste ärztliche Missionarin, die Asien bekam. Der Frauenverein wünschte, daß das Mädchen-Waisenhaus zu Bareilly, Indien, demselben übertragen werde. Es geschah. Der Verein theilt sich in sechs Zweige, welche unter der Hauptleitung eines Central-Exekutiv-Committees stehen. Die Einkünfte waren: im ersten Jahre $4546.86, im Jahr der Geldkrisis (1873) $64,309.25, drei Jahre später erreichten sie die Summe von $72,464.30. Sie haben 39 Missionarinnen im Ausland.

Die General-Conferenz von 1872 fand es für nöthig, drei Missionssekretäre zu erwählen und die Wahl fiel auf R. L. Dashiell, Dr. F. M. Eddy und Dr. J. M. Reid. Mit großem Erfolg arbeiteten sie gemeinschaftlich, bis am 7. Oktober 1874 Dr. Eddy plötzlich von der Arbeit zu seiner Ruhe abgerufen wurde. Dr. Dashiell und Reid empfanden seinen Verlust sehr tief. Diese

Beiden wurden von der General=Conferenz 1876 wieder erwählt.
Im März 1880 fiel auch der edle Dr. Dashiell, und an der General=
Conferenz desselben Jahres wurde Dr. Reid wieder erwählt und
ihm Dr. C. H. Fowler beigesellt.

Die beiden vorgenannten Männer starben zu einer Zeit, wo
sie durch ihre Erfahrung und Reise der Kirche erst recht zum Segen
hätten werden können. Beide haben sich überarbeitet, und
wir müssen uns gestehen, daß sie in gewissem Sinn als Märtyrer
der Missionssache gefallen sind. Da hieß es auch: „Thun wir zu
viel, so thun wir es Gott."

Die wichtigsten und höchst interessanten Reisen der Bischöfe auf
den Missionsfeldern müssen wir übergehen. Sie geschahen im
Interesse der Menschheit. Aber Dem, der in Syrien schläft, wollen
wir einige Blümlein auf seinen Grabhügel streuen, welchen ein
Monument dem Besucher bezeichnet, — es ist Calvin Kingsley,
der am 6. April 1870 in den Armen des Dr. Bannister in Bey=
rut verschied. Wir pflücken sie in dem Garten Gottes, und sie
sanft auf sein Grab legend, sprechen wir: „In meines Vaters
Hause sind viele Wohnungen. Wenn es nicht so wäre, so wollte
ich zu euch sagen: Ich gehe hin, euch die Stätte zu bereiten. Und
ob ich hinginge, will ich doch wiederkommen und euch zu mir neh=
men, auf daß auch ihr seid, wo ich bin." „Vater, ich will, daß
wo ich bin, auch die bei mir seien, die du mir gegeben hast, daß
sie meine Herrlichkeit sehen, die du mir gegeben hast, denn du hast
mich geliebet, ehe denn die Welt gegründet ward."

Unsere Lehranstalten sind bis daher dem Missionswerk eine
große Hilfe gewesen. Der Präsident des ersten theologischen Se=
minars zu Concord, N. H., Dr. Dempster, war fünf Jahre als
ausländischer Missionar thätig gewesen. Als das Seminar nach
Boston verlegt wurde und Dr. W. Warren zum Präsidenten bekam,
hatte es wieder einen Mann, der fünf Jahre im Ausland gewirkt
hatte. Die Concord Schule gab der Kirche Dr. Long für Con=
stantinopel, Parks für Indien, Baldwin und Martin für China.

Die Schule in Boston widmet dem Missionsstudium eine Stunde die Woche nebst Vorträgen über das Missionswerk. Im Jahre 1872 wurde eine Klasse zum Studium der spanischen Sprache gebildet mit Rücksicht auf Mexiko und Süd-Amerika. J. R. Wood in Süd-Amerika, J. W. Butler, C. W. Drees, S. P. Craver und S. W. Seiberts in Mexiko waren Glieder derselben. James Mudge in Indien war unter den frühesten Graduirten der Boston Anstalt, auch Ohlinger und Andere in China und Arrighi in Italien. Auch das Garret biblische Institut lieferte für Indien: Downey, Waugh, Baume, Meßmore, Wilson und Andere; für China: Hart und Andere; für Dänemark: Peter C. Rice und Carl Rou und Shank für Süd-Amerika. Das Drew theologische Seminar hat seine einstigen Schüler in Japan, China, Bulgarien, Süd-Amerika und Indien; die Berea Lehranstalt hat Ohlinger in China, Kastendick in Indien, Hoffmann in Süd-Amerika.

Das erste Missionsunternehmen nach der Gründung der Missionsgesellschaft war unter den Franzosen in Louisiana (1820). Der Methodismus in New-Orleans war das fortbestehende Resultat. An den entlegenen Frontiers von Indiana und Illinois, am Fox River, wirkte Jesse Walker, in Logansport S. R. Beggs, in Galena Benjamin Stephenson, auf Rock Island Philipp Cordier; auch wurden Fort Wayne, „Chicaugo" und andere Plätze aufgenommen. So wurden auch Stationen in den südlichen Staaten gemacht. Schon in 1821 drangen die Missionare in Canada ein. Die Zahl der einheimischen Missionare unter dem englisch-redenden Volk beträgt jetzt bei 3000, und der Methodismus wurde in Oregon, California, Texas, Montana, Idaho, Nevada, Colorado, New-Mexiko, Arizona und Utah eingeführt. Seit sechszig Jahren hat die Missions-Gesellschaft in den sich rasch ansiedelnden Staaten und Territorien ein großes Werk gethan.

Von den Anfängen und ersten Erfolgen unter den Urbewohnern dieses Landes haben wir bereits gehört. Römische Missionare unter den Indianern hatten sich Stewart's Arbeit widersetzt, aber

Hülfe traf ein in der Person der schon erwähnten Fräulein Stubbs.
J. B. Finley, ein späterer und erfolgreicher Missionar unter den Indianern, sagt von ihr: „Sie besaß mehr Muth und Besonnenheit,
als irgend Jemand ihres Alters und Geschlechts, mit dem ich je
bekannt gewesen bin. In kurzer Zeit war sie allgemein beliebt
und geehrt. Der Stamm (der Wyandotts) sah sie an wie einen
Engel Gottes, der ihnen von der unsichtbaren Welt gesandt wurde.
Sie nannten sie „Schöner Rothvogel" und freuten sich in ihrer
Gegenwart zu sein. Sie unterrichtete die Indianer Mädchen im
Lesen." Das Werk war auf Finley's Distrikt. Häuptlinge waren
unter den Bekehrten und redeten von Jesu Sünderliebe in den
Liebesfesten. Die Indianer Squaws (Frauen) legten dem Vorstehenden Aeltesten, Finley, eine Bittschrift an die Conferenz um
einen Missionar vor, desgleichen die Häuptlinge. Moses Hinkle
sen. wurde ihnen zugesandt. In 1822 wurden 200 Bekehrungen
berichtet. Am 17. Dezember 1823 verschied Stewart, indem
er die Umstehenden noch ernstlich ermahnte. Er hatte sieben
Jahre im Segen gewirkt. Im selben Jahr wurde die Mission
bis an den Saginaw Fluß in Michigan ausgedehnt. Das heilige
Feuer lief von Stamm zu Stamm, im Osten, im Nordwesten, im
Süden bis an den Golf und im fernen Westen wurde unter zahlreichen Stämmen dem Herrn ein Volk gesammelt. Nicht Wenige
wurden Lokalprediger und Klaßführer. Unter den Cherokees wurden
an einer Indianer-Lagerversammlung in 1823 einunddreißig Seelen bekehrt. Am Schluß kamen zwanzig bis dreißig Indianer vor
und baten die Prediger ihnen doch zu sagen, wie sie die Gunst
des „Großen Gottes" finden und glücklich wie die andern werden
könnten. Die Versammlung mußte fortgesetzt werden. Viele Kinder
konnten die heilige Schrift lesen und doch hatte man bis dahin für
die Mission unter den Cherokees erst $200 ausgegeben. In 1828
wurden 800 Glieder unter diesem Stamm allein berichtet und sieben
Prediger. Der Stamm hatte bereits Gesetze angenommen. Ein
Wochenblatt wurde herausgegeben. Warum hat man sie später

nach dem fernen Westen getrieben? — Sie zählen jetzt 20,000
Seelen im Indianer Territorium, werden größtentheils vom Ame-
rican Missionsboard bedient, haben gute Kirchen und Schulen.
Die Choctaw Mission im Staate Mississippi war eine der ergie-
bigsten unter den früheren Indianer-Missionen. Dieser Stamm
zählte 20,000 Seelen. An einer Lagerversammlung in 1828
wurde Oberst Greenwood Laflor, der angesehenste Häuptling unter
ihnen, zu Gott gebracht. Am Ende des Jahres konnten 600 Glieder berichtet werden, und in 1830 waren es viertausend. Alle
bis auf vier der einflußreichen Männer des Stammes waren bekehrt und das Heidenthum und der Alkohol verbannt. Gegenwärtig besitzen sie die besten Schulen und Seminarien im Indianer Territorium, reden meistens die englische Sprache und sind
Bürger der Vereinigten Staaten geworden. Durch das Wirken
eines bekehrten Mohawk-Jünglings wurden in 1829 hundert
Seelen gerettet, so daß 1831 hundertdreißig Glieder und hun-
dertfünfzehn Schulkinder berichtet wurden. Diese gehörten dem
Stamm der Oneidas an. Sie zogen später nach Green Bay,
Wisconsin, woselbst die Mission fortbesteht.

Die Statistik für 1880 zeigt folgende Zahlen für die Indianer-
Missionen: 19 Missionare, 33 indianische Lokalprediger, 1790 volle
Glieder, 384 Probeglieder, 20 Sonntagschulen, 1343 Sonntagschüler, 20 Kirchen, 9 Prediger-Wohnungen; ihre Missionsgabe
war $306.95.

Das Werk in California in seiner großartigen Ausdehnung
kann hier nicht beschrieben werden; es sollten jedoch einige Worte
über seine Entstehung gesagt werden. Im Jahre 1848 hatte man
in California Gold entdeckt. Bald strömten Viele dahin. Die
Gottlosigkeit nahm zu, aber der Herr hatte auch seine Zeugen auf
dem Plan. J. H. Willbur und Wm. Roberts, auf ihrer Durch-
reise nach Oregon im Jahre 1847, hatten schon daselbst gepredigt,
eine Klasse und eine Sonntagschule gebildet. Im Jahre 1848
wurden Isaac Owen von der Indiana Conferenz und Wm. Taylor

von der Baltimore Conferenz für California bestimmt. Im Jahre
1852 sandten die Bischöfe achtzehn Männer in dieses Feld, wovon
dreizehn Familien hatten. Bischof Ames organisirte das Werk in
der California Conferenz den 3. Februar 1853 mit 1274 Gliedern, 114 Probegliedern — noch einmal so viel als im Jahr vorher.
Auch hat die California Conferenz seit 1856 ein kleines Missionswerk in Honolulu, der Hauptstadt der Sandwich Inseln.

Bis zum Jahre 1878 hatte die Missionsgesellschaft für alle
inländischen Missionsfelder $7,337,516.90 verausgabt, währenddem
sie für Missionen im Auslande bis dahin $4,883,404.95 ausge-
legt hatte.

Wir haben noch die Missionen im Auslande zu betrachten,
und das wollen wir in der Reihenfolge ihrer Entstehung thun.

1. Durch die afrikanische Sklaverei dieses Landes entstand die
Nothwendigkeit einer Mission in Liberia. Die Colonie gleichen
Namens ging aus der Colonisations-Gesellschaft hervor, welche
im Dezember 1816 zu Washington gegründet wurde. Diese Colonie war allen Menschenfreunden willkommen. Daniel Coker,
einer der Emigranten nach Afrika, hatte schon auf dem Schiffe
eine kleine Gemeinde gebildet nach Ordnung unserer Kirche. Dies
geschah 1820 auf dem Schiffe „Elisabeth.“ Im August 1822 traf
ein Mann, Namens Ashmun, bei der Colonie ein, der mit Gottes
Hilfe derselben Gestalt und Bestand gab. Er gründete die Stadt
Monrovia. Daraus entstand die Republik Liberia an der West-
küste Afrikas. Im Jahre 1832 wurde der unvergeßliche Melville
B. Cox als Missionar dahin gesandt. Er fiel im „heißen Mit-
tagslande,“ aber er hatte gesagt: „Laßt Tausend fallen, ehe Afrika
aufgegeben wird.“ Er verschied am 21. Juli 1833 mit den Worten:
„Komm, komm, komm, Herr Jesu, komme bald!“ Frln. Sophronia
Farrington wurde nebst Andern bald nachgesandt. Sie hat die
Ehre, die erste ledige Dame zu sein, welche die Missions-Gesellschaft
in dieses Feld sandte. Sie erreichten Monrovia den 1. Januar
1834. Den 10. organisirten die Brüder die sog. „Liberia jähr-

liche Conferenz" und die „Conferenz" in eine Temperenzgesellschaft.
Die Erlebnisse von Frln. Farrington in Afrika sind höchst inte-
ressant. Im Jahre 1834 wurden John Seys und Frank Burns
gesandt, welcher Letzterer in spätern Jahren Missionsbischof für das
Werk wurde. Dr. S. M. E. Gofeen und John Seys haben
Großes in Liberia und unter den Eingeborenen ausgerichtet. Frau
Ann Wilkins verdient genannt zu werden als sehr erfolgreiche
Lehrerin. Einmal waren alle ihre Schüler bis auf's jüngste zu
Jesu gebracht. Sie war stark im Glauben, voll guter Werke.
Im Jahre 1842 zählte die Mission 1000 Glieder, von denen 150
Eingeborene und Heiden waren; 600 Kinder wurden in Schulen
unterrichtet, und waren 14 Kirchen und 8 Predigerwohnungen da
und 17 farbige Prediger.

Ein Werk, das die Brüder auf dem „dunkeln Continent" ausgerichtet haben, darf nicht unerwähnt bleiben. Im Jahre 1845
hatte Kapitän Bell das Sklavenschiff „Pons" von Philadelphia
gefangen. Es waren 900 Sklaven, meistens Knaben von 10 bis
20 Jahren, nur 47 Mädchen, an Bord. Diese Armen wurden
von der liberischen Regierung den Missionaren anvertraut. Sie
gehörten den Congos an und befanden sich in grauenhaftem Zustande. Im Verlauf eines Jahres waren die Hälfte bekehrt und
konnten lesen.

2. Im Jahre 1836 trafen zwei unserer Missionare in Süd-
Amerika ein. Sie nahmen Rio de Janeiro und Buenos Ayres
zu gleicher Zeit auf. Es waren Justin Spaulding und Dr. John
Dempster. In der Stadt Rio de Janeiro traf Dr. Dempster 1000
römische Priester, die nur selten predigten und sich auch der Erziehung der Jugend nicht annahmen. Die Industrie war weit
zurück. Mit der Moral war es schlecht bestellt. Die politischen
Unruhen haben für Jahre das Missionswerk dort gehindert. Wm.
Taylor's angelegte Missionen versprechen Gutes für die Zukunft.

3. Das Werk in China begann, wie Gottes Werk immer
beginnt, auf wunderbare Weise. Ein Jüngling, Namens Judson

T. Collins, Student in der ersten Klasse der Michigan Staats-
Universität zu Ann Arbor, war schon in seinem 14. Jahre bekehrt
worden. Er konnte den Gedanken an China nicht los werden.
Dieses war zu der Zeit, als auch die Kirche stark an Missions-
Unternehmungen in jenem großen Reiche dachte, und sie sandte
endlich ihn und M. C. White im Jahre 1847 in dieses ferne Land.
Foochow war eine der fünf Hafenstädte, die den Ausländern offen
waren. In diese Stadt, die damals sehr gottlos war und eine
halbe Million Einwohner zählte, reisten sie und pflanzten das
Panier des Kreuzes auf. Ihre Einwohnerzahl ist jetzt zu einer
Million herangewachsen und ist die Hauptstadt der gleichnamigen
Provinz, die 25 Millionen Seelen zählt. Aus diesem kleinen Anfang sind folgende Missionen entstanden: 1) Die Foochow Conferenz mit 14 auswärtigen und 81 eingeborenen Arbeitern nebst 21
eingeborenen Lehrern; 2) Central-China mit 9 auswärtigen und
4 eingeborenen Missionarinnen und 7 Helfern; 3) Nord-China
oder Peking mit 15 auswärtigen und 7 eingeborenen Arbeitern
und 8 sonstigen Gehilfen. Die ganze Gliederzahl der drei Felder
beträgt 2552. Die Namen der Missionare haben in dem Herzen
der Kirche einen Wohlklang. Hier einige: Collins, Maclay, Wiley
(jetzt Bischof), dessen Gattin in China starb, Gibson, Baldwin,
Sites, Hart, Wheeler, Lowry, Ohlinger, Plumb. Im Ganzen
wurden seit Begründung der Mission 72 gesandt.

Aus diesem Werk entstand auch die chinesische Mission in California. Otis Gibson wurde im Jahre 1868 dafür bestimmt. Ein
geräumiges Missionshaus in San Francisco, welches $31,000
gekostet, ist einer der Beweise des Erfolgs. Und da die Bevölkerung Chinas 400 Millionen oder den dritten Theil der Erden-
bewohner ausmacht, wird diese Mission selbstverständlich für eine
der wichtigsten gehalten.

4. Im Jahre 1835 wurde ein junger Schwede, Namens Olof
Gustav Hedstrom, in die New-York Conferenz auf Probe aufgenommen. Er bediente mehrere Arbeitsfelder, bis daß er im Jahre

1845 der Anfänger eines mächtigen Gnadenwerkes unter den Skandinaviern wurde. Missionsfreunde hatten ein Schiff gekauft, es „John Wesley" genannt, und „Pastor Hedstrom," wie er seitdem allgemein bekannt geworden ist, hielt seinen ersten Gottesdienst darinnen ab, den 25. Mai 1845. Die Versammlung bestand aus fünfzig Schweden. (In der Nähe des Schiffes wohnten viele Deutsche, unter denen die Brüder Lyon und Hartmann wirkten.) Auf diese Weise wurde der gute Same weit ausgestreut, denn manche Schiffsleute nahmen denselben in die alte Heimath mit. Deutsche, Belgier, Schweden, Finnen und Norweger fanden sich auf dem „Bethel Schiff" ein. Im Jahre 1847 entstand eine Gemeinde in den Grenzen der Rock River Conferenz. In Jowa, Wisconsin und Minnesota entstanden dänische, norwegische und schwedische Gemeinden. Die nordwestliche schwedische Conferenz wurde organisirt den 6. September 1877 zu Galesburg, Illinois. Es entstand auch die nordwestliche norwegische Conferenz. Andere Theile des Werkes sind mit englischen Conferenzen verbunden. Der Bericht für 1880 zeigt folgende Zahlen an: 64 Missionare, 65 Lokalprediger, 5351 Glieder, 697 Probeglieder, 85 Sonntagschulen.

Aber die Wirkung auf ihr Vaterland zeigt noch größere Erfolge; wir begnügen uns aber mit der Statistik, welche folgendes angiebt: Für Norwegen: 20 eingeborene ordinirte Prediger, 16 Lokalprediger, 2598 Glieder, 409 Probeglieder, 42 Sonntagschulen mit 2290 Schülern; für Schweden: 37 eingeborene ordinirte Prediger, 79 Lokalprediger, 5988 Glieder, 1836 Probeglieder, 128 Sonntagschulen mit 6148 Schülern; für Dänemark: 3 auswärtige Missionare mit 2 Gehülfen, 5 eingeborene ordinirte Prediger, 629 Glieder, 110 Probeglieder, 17 Sonntagschulen mit 1079 Schülern.

5. Das Werk unter den Deutschen dieses Landes und die Mission in Deutschland und der Schweiz wird in andern Vorträgen abgehandelt.

6. Zu den Zeiten der Königin Esther gehörte in das damalige
große Weltreich eins der interessantesten Länder der Erde. Der
Ganges bewässert seinen nördlichen Theil; das höchste Gebirge der
Welt bildet seine natürliche Grenze im Norden; der Indus ist fast
die Grenze im Westen der größten Breite dieser großen Halb-
insel, die sich vom 34. bis 8. Breitengrade und vom 65. bis 90.
Längengrade ausdehnt und einen Flächenraum hat so groß wie
Europa, mit Ausnahme von Rußland und Skandinavien, welcher Raum von nahezu 300 Millionen Menschen bewohnt wird.
In diesem Lande leben 10,000 Juden, 150,000 Parsen, 17 Millionen Ureinwohner, 40 Millionen Mohamedaner und 170 Millionen Brahmanen. Indien ist ein reiches Land, darum hat sich
mancher Kaufmann Mühe darob gemacht, auch England. Die
Christen Englands und Deutschlands haben in diesem Lande mehr
oder weniger Mission getrieben, dennoch blieb vieles Gebiet unbesetzt.

Als Dr. Durbin im Jahre 1850 sein Amt antrat, entging
ihm die Lage der Dinge in Indien nicht. Schon im Jahre 1852
machte er den Missionsboard auf die Wichtigkeit einer Mission
daselbst aufmerksam, aber erst im Jahre 1856 kam es zur That.
Als Dr. Coke, der erste Methodisten-Missionar nach Indien, fast
im Anblick seiner Ufer umgekommen, wurde James Lynch sein
Nachfolger. In seinem Alter bedurfte er einen Gehülfen, denselben bekam er in der Person des Wm. Butler. Fünfzehn
Jahre später war Butler auf seinem Weg nach Indien als erster
Missionar der Bisch. Methodisten-Kirche. Er verließ seine Gemeinde in Lynn, Mass., den 9. April 1856. Den Abend vorher,
am Schluß des Abschieds-Gottesdienstes, überreichte ihm Dr.
Durbin seine Commission, Instruktionen und Reisepaß, und hielt
eine Ansprache vor einer zahlreichen Versammlung. Am 25. September war er in Calcutta. Nach vielen Berathungen und schlaf-
losen Nächten wählte er Rohilcund und Oudh, zwischen dem
Ganges und dem Himalaya Gebirge gelegen, als Missionsfeld.

Hier wohnten mehr denn achtzehn Millionen Menschen, die ausschließlich unserer Kirche zur Versorgung überlassen waren. Bareilly und Lucknow, die zwei größten Städte, hatten eine Ge-
sammtseelenzahl von wenigstens 450,000. Das Land ist so über-
völkert, daß auf die Quadratmeile 47 Mal soviel Menschen kommen, als das in den Ver. Staaten der Fall ist.

Die Sepoy Rebellion in 1857 brachte Dr. Butler's Wirken
zum Stillstand. Gott half ihm und den Seinen durch Gefahren.
Er hatte die Fürbitte ganzer Gemeinden hierzulande. Gerade auf
den Tag, da die Meuterei in Bareilly begann, den 31. Mai 1857,
wurde ein Abschieds-Gottesdienst in der Broomfield Straße Kirche
zu Boston abgehalten, denn die Brüder J. L. Humphrey und R.
Pierce von der Black River Conferenz reisten Tags darauf nach
Indien ab. In 1858 konnte die Arbeit wieder aufgenommen
werden. Das Werk gedieh herrlich wie kein anderes Unternehmen
der Kirche im Auslande. Nur die Ausdehnung dieses wahrhaft
großartigen Werkes sei hier noch erwähnt. Die Nord = India
Conferenz faßt in sich die Provinz Oudh und die Distrikte Rohilcund, Cawnpore, Kumaon und Gurhwal in den nordwestlichen
Provinzen. Hier ist das Werk hauptsächlich unter den Einge-
bornen. Es sind 44 auswärtige Arbeiter thätig, nebst 22 Eura-
siern und Europäern als Gehülfen, 183 eingeborne Prediger und
Gehülfen, 13 Lokalprediger, 337 eingeborne Lehrer und 46 andere Gehülfen. Die Conferenz zählt 1666 Glieder der Kirche,
1128 Probeglieder, 236 Tag= und 218 Sonntagschulen, 504
Waisen; sie hat 27 Kirchen und 49 Prediger-„Heimathen.“

Das Werk der Süd=India Conferenz begann in 1872. Die
Conferenz zählt vier Distrikte: Bombay, Madras, Calcutta und
Allahabad. Madras im fernen Süden, Allahabad am Ganges im
Norden, während Bombay Afrika über den indischen Ocean die
Hand reichen möchte und Calcutta gegen Sonnenaufgang Cali-
fornia. Diese Conferenz hat 36 auswärtige und 9 eingeborne
Prediger und Gehülfen, nebst 46 Lokal-Predigern. Sie zählt

1335 Glieder und 686 Probeglieder, hat 44 Sonntagschulen,
23 Kirchen, 9 Prediger-„Heimathen.“ Die Anfänge dieses Werkes
sind hauptsächlich dem glaubensvollen Wirken des weltberühmten
Evangelisten, William Taylor, zuzuschreiben, welcher anfänglich mit
so viel Erfolg in California gearbeitet hatte.

7. An der Donau, wo sich dieser deutsche Fluß ins Schwarze
Meer ergießt, nördlich von dem Balkangebirge liegen die Städte
Rustschuk, Sistof und Tultscha, dem großen Grenzgebirge Bulgariens
näher, Loftscha, Tirnova und Schumla. Hier und in etlichen anderen Städten haben unsere Brüder seit 1857, mit etlichen Unter-
brechungen, in großer Geduld und mit viel Selbstverleugnung
gearbeitet. Die Brüder Wesley Prettymann und Albert L. Long
machten in Schumla, der südöstlichen Ecke Bulgariens, zuerst Halt.
Bald darauf folgte ihnen Br. F. W. Flocken; und um der Russen
und Deutschen willen, die in Tultscha, dem andern östlichen Extrem
des Landes, wohnten, wurde er von der Missionsbehörde angewiesen, daselbst sein Hauptquartier zu machen. Aber in Tirnova
wurde der erste öffentliche Gottesdienst abgehalten und nicht ohne
Erfolg. Selbst Priester (von der griechischen Kirche) kamen zu
Missionar Long um Aufschluß und um die Bibel, das Werk ging
langsam aber doch sicher voran.

8. Seit dem Jahre 1832 hatte der Geist des Dr. Charles
Elliot keine Ruhe mehr, weil der Methodismus noch nicht auf
italienischem Boden gepflanzt war. Er schrieb und redete
viel darüber. Seinem Tochtermann Dr. Lewy Bernon sollte es
vergönnt werden, der erste Missionar unserer Kirche dahin zu sein.
Den 14. März 1871 empfing er seine Bestellung von Bischof Ames.
Der Anfang wurde gemacht in der Stadt Bologna. Zwei Brüder
schlossen sich dem Missionar als Arbeiter an; ein dritter, Teofilo
Gay, ein vielversprechender Zögling aus der Genfer theologischen
Schule, predigte zum ersten Mal in der Stadt Rom den 18. Dezember 1873. Florenz wurde noch vor Ende jenes Jahres besetzt.
Hier drang man auf Anstiftung der Priester auf den Prediger ein;

Tags darauf wurden sechs der Ruhestörer eingesteckt. Im Juli 1874 wurde Prof. Alceste Lama, Dr. Ph. D.D., in Rom zu Gott bekehrt. Er war zur Zeit Professor in dem populärsten Collegium zu Rom und hatte blos zwei Jahre vorher seine Stelle als Professor der Philosophie im päpstlichen Seminar daselbst aufgegeben. Im Jahre 1875 wurde Prof. E. Caparali, L.L. D., der Sohn einer Wiener Gräfin, zu Milan bekehrt. Er war als Editor und als Schriftsteller in weiten Kreisen bekannt. Beide vereinigten sich mit der Kirche. Im selbigen Jahre kam in Rom Vincenzo Ravi sammt seiner gläubigen Gemeinde, 40 an der Zahl, zu uns. Die Erlangung unseres Kircheneigenthums in Rom hat eine merkwürdige Geschichte, muß aber übergangen werden. Das Gebäude ist das erste protestantische Gotteshaus daselbst. Es wurde am Christtag 1875 eingeweiht. Es wurde italienisch und englisch gepredigt. Eine Menge Volks hatte sich versammelt; die Zeitungen der Stadt wie auch Correspondenten auswärtiger Blätter lieferten Artikel darüber. Die Wahrheit hatte einen Sieg errungen. Prof. Domencio, D. D. L.L. D. und Lehrer des Lateinischen im theologischen Seminar zu Wien, wurde 1879 bekehrt und schloß sich der Kirche an. Bischof Merrill hat diese Mission im Frühjahr 1881 in eine jährliche Conferenz organisirt. Sie zählt über 900 Glieder mit Probegliedern und 16 Prediger.

9. Japan ist eines der versprechendsten Felder. Begonnen im Jahre 1872 durch Dr. Maclay, hat es jetzt 10 Missionen mit 9 Gehilfen und 52 eingeborene Helfer, 478 Glieder, 160 Probeglieder, 13 Tag-, 15 Sonntagschulen, 6 Kirchen und 3 Schulgebäude.

10. Mexiko wurde 1873 begonnen. Dr. Buttler, der Pionier in Indien, wurde mit dieser Mission betraut. 16 männliche und weibliche Missionare sind auf 7 Missionen thätig. Ihnen zur Seite stehen 17 eingeborene Gehilfen. In dieser unserer Nachbarrepublik haben wir 241 Glieder, 308 Probeglieder, Tagschulen, Sonntagschulen, Waisenhäuser, Druckerei, 5 Kirchen und 7 Wohnungen.

Wo wird es ein Ende nehmen?! Vielleicht in dem Welt=
theile, aus welchem die Vorfahren des Stewart hergekommen sind.
Dieser Farbige war dem Drange des Geistes gefolgt und ging zu
den Urbewohnern dieses Landes. Durch seine Erfolge wurde die
Kirche auf die große Aufgabe aufmerksam gemacht, auch den Ver=
kommenen „das Brod des Lebens" zu bringen. Sie sorgte, wie
wir gesehen, für die Indianer und bemühte sich um die Eingewan=
derten aus Europa; sie brachte die frohe Botschaft hinüber nach
Afrika und reicht Südamerika die Bruderhand; sie hilft Denen in
Asien, sie versäumt Europa nicht. Bis Afrika mit dem Evan=
gelium erleuchtet sein wird, mag es wohl der Fall sein, daß es aus
Asiens Städten „hervorgrünen wird, wie das Gras der Erde."
Dann wird „die Erde voll sein von Erkenntniß der Ehre des Herrn,
wie Wasser, das das Meer bedeckt."

Alfred Cookman
und die sogenannte Heiligungs=Bewegung.
Von Rev. Emil Uhl, Galena, Jlls.

Unter die besondern Vorzüge, welche die Methodistenkirche vor
anderen auszeichnet, zählen wir als den köstlichsten und theuersten
den seligen Beruf, wahre biblische Heiligung zu verbreiten. Und
wir, als Methodisten, verstehen darunter nicht nur den allgemeinen
und allerdings von jedem Christen zu erwartenden Wachsthum in
der Gnade, sondern einen bestimmten durch den Glauben an Christum
zu erlangenden Gnadenstand, in welchem sich der Gläubige bewußt
wird, daß das Blut Jesu Christi ihn nach 1 Joh. 1, 7 von aller
Sünde rein macht, und er nach 1 Thess. 5, 53 durch und durch
geheiligt wird an Geist, Seele und Leib, in welchem seligen Stande
er erst recht geschickt ist, nach 2 Cor. 7, 1 „mit der Heiligung fort=
zufahren in der Furcht Gottes." — In der Erfahrung dieser herr=
lichen Verheißung bestand von jeher die Kraft des Methodismus;
und nahm dieselbe ab oder zu, mit der Vergrabung oder treuen
Benutzung dieses so köstlichen ihm anvertrauten Kleinodes. Zu
einer Zeit nun, da hauptsächlich als Folge des Krieges allgemeine
Verweltlichung die Kirche bedrohte, verbanden sich eine Anzahl
Methodisten=Prediger im Jahr 1867 als das sogenannte National=
Heiligungs=Committee, um diesen so köstlichen Schatz der Väter
wieder mit Kraft und Entschlossenheit hervorzuholen und dem Volke
anzupreisen. Einer der edelsten und reinsten dieser kleinen muthi=
gen Schaar, ja wohl das eigentliche Herz derselben, war Alfred
Cookman, der Gegenstand der Betrachtung dieser Abhandlung.

Alfred Cookman wurde geboren den 4. Januar 1828. Er war der erstgeborene Sohn des durch seine ausgezeichnete Beredsamkeit so populär gewordenen Georg Grimston Cookman. Seine Mutter, als sie ihren Erstgeborenen an ihr mit Freude bewegtes Herz drückte, konnte sich eines Gefühls der Täuschung nicht ganz erwehren, in der Voraussicht der wahrscheinlichen Vernichtung ihrer Nützlichkeit als Mitarbeiterin ihres Gatten in seinen Pastoralpflichten. Sie war mit großen Plänen mit ihrem Gatten nach Amerika gezogen, um mit ihm im Missionswerke thätig zu sein, und dieses Vorhaben hegten sie Beide noch mit besonderer Vorliebe. Als sich nun aber die Mission einer Mutter deutlich vor ihr öffnete, so fühlte sie ihren Enthusiasmus ziemlich gemäßigt. Der Herr gab ihr aber einen glücklichen Gedanken: „Alfred sollte ihr Salomon werden, der den Tempel für sie errichte, an dessen Bau sie verhindert wurde." So war sie völlig mit ihrem Beruf ausgesöhnt und sah die Erziehung ihres Sohnes als die Hauptaufgabe ihres Lebens an. Mit der Ueberzeugung, daß er ihr von Gott gegeben, weihte sie ihn auch wieder von seiner Geburt dem Herrn für's hl. Predigtamt. Alle ihre Gedanken, Gefühle und Pläne für das Kind trugen den Stempel dieser Centralidee. Sie hatte Talente und Gaben, durch welche sie sich in irgend einer Sphäre würde ausgezeichnet haben, aber mit weiblichem Instinkt und wahrem mütterlichem Gefühl sah sie ihre größte Nützlichkeit und ihren schönsten Ruhm darin, daß sie sich selbst in ihrem Sohn verliere, daß sie ihre Zeit und Energie auf ihn verwende, um in ihm den Mann zu erziehen, der als Vorbild unter Menschen stehen sollte. Und gewiß, Männer zu erziehen, Söhnen die Pflege, Unterweisung und Sympathie zu bieten, die sie bedürfen, und durch die aufeinanderfolgenden Perioden ihrer Entwicklung einen controlirenden Einfluß zu behalten, ist das würdigste und edelste Streben, das des Weibes Herz erfüllen kann. Da die Berufspflichten des Vaters ihn viel vom Hause weg hielten, so fiel die Hauptaufgabe der Erziehung ohnehin der Mutter anheim; sie erwartete jedoch nicht, durch fromme Wünsche und Gebete allein den Charakter zu formiren, sondern hatte ein nie ermüdendes, wachsames Auge auf ihn gerichtet. Doch war es kein übermäßiges, beständiges Treiben, das schon oft böse Früchte getragen. Sein Vater brachte ihm schon frühe die Idee bei: „Spiele, wenn du spielst und arbeite, wenn du arbeitest."

Schon im Alter von sieben Jahren war Alfred ein keineswegs gleichgültiger Zuhörer unter der Menge, die den gewaltigen Predigten von den beredten Lippen seines Vaters lauschten. Von seiner frühesten Erfahrung schreibt er: „Ich werde nie aufhören, für die Unterweisung und das Beispiel eines treuen Vaters und einer liebenden Mutter dankbar zu sein. Ich weiß mich in diesem Augenblicke an keine Periode meines Lebens zu erinnern, selbst nicht in meiner frühesten Kindheit, da ich nicht Gottesfurcht vor Augen gehabt." Als er etwa sieben Jahre alt war, wurde er in einer Wachnacht durch eine Predigt seines Vaters über das zweite Kommen Christi ernstlich beunruhigt; er dachte, das Ende und die Wiederkunft des Herrn sei zur Hand und fand sich nicht bereit, den ernsten Scenen des Gerichts zu begegnen. Von da an datirte er seine Erweckung. Er wurde in seinem zehnten Jahre gründlich und kräftig zu Gott bekehrt, während sein Vater in Carlisle, wo sich auch das bekannte Dickinson Collegium befindet, stationirt war. Er kam während einer anhaltenden Versammlung, obwohl es ihm eine große Prüfung war, einigemal an den Betaltar, jedoch ohne den gewünschten Erfolg. Den dritten Abend war der Altar, meistens von den Studenten des Collegiums, so angefüllt, daß kein Platz mehr da zu sein schien für ihn, ein armes geängstigtes Kind, und er fand seinen Weg in eine einsame Ecke der Kirche, und als er da allein mit seinem Jesu kniete, kam ein hervorragendes Glied der presbyterianer Kirche zu ihm und suchte ihm den Weg des Glaubens klar zu machen, da faßte er Muth und sprach: „Ich will glauben, ja ich glaube; ich glaube jetzt, daß Jesus mein Heiland ist, daß Er mich jetzt errettet," und plötzlich brach

das Licht der Gnade in seine Seele. Er erwähnt diese Erfah=
rung im späteren Leben und sagt: „Die Erinnerung daran
erfüllt mein Herz mit unaussprechlicher Dankbarkeit, Liebe und
Freude. Seliger Tag, o seliger Tag, da Jesus mir die Sünd'
vergab!" Von Carlisle wurde Herr Cookman nach Washington,
Distrikt Columbia, versetzt, und auch hier zeigten sich die Nach=
theile, welchen die Predigersfamilie durch den vielen Wechsel aus=
gesetzt ist, nicht nur daß Alfreds Studien, wozu er in Carlisle
die beste Gelegenheit hatte, unterbrochen wurden, sondern er wurde
auch aus dem segensreichen Umgang und Gesellschaft solcher, die
mit ihm den Heiland gesucht und gefunden hatten, herausgerissen.
Er verlor in seiner neuen Gesellschaft bald von seiner Wärme und
seinem Eifer für den Herrn, doch sein Zurückstehen war nur von
kurzer Dauer. Die Zeit der Lagerversammlung kam heran, er
wünschte mitzugehen und seine Mutter gab gerne ihre Zustim=
mung und sagte: „Mein Sohn, ich will, daß Du an dieser Ver=
sammlung eine gänzliche Wiederherstellung Deiner früheren glück=
lichen Erfahrung suchest, und jeden Schritt wieder gewinnst, den
Du durch Mangel an Wachsamkeit verloren hast." Der Kampf
war ein langer und schmerzlicher, er rang die ganze Nacht, bis
ihm endlich bei Anbruch des Tages die Freude des Heils Gottes
wieder hergestellt wurde. Sein Vater war über Nacht nicht auf
dem Lagergrunde geblieben. Alfred wußte von woher er kommen
würde und eilte ihm entgegen, sprang in seine Arme, fiel ihm
um den Hals und sagte ihm, wie glücklich er sei. Seit dieser
Zeit war Lagerversammlung ihm geheiligter Grund.

Herr G. G. Cookman befand sich zu dieser Zeit seiner Wirk=
samkeit in Washington auf dem Zenith seines Ruhmes. Er wurde
als Kaplan in den Senat gewählt und füllte auch diesen Posten
zur größten Befriedigung aus. Aber die verhängnißvolle Zeit,
welche diesen so nützlichen Mann vom Felde seiner Thätigkeit
und von der Welt hinwegnahm, rückte nun schnell herbei. Herr
Cookman hatte sich entschlossen einen Besuch in England zu machen.

Die amerikanische Bibelgesellschaft hatte ihn zum Delegaten er=
wählt, sie in London am Jahresfest der brittischen und auslän=
dischen Bibelgesellschaft zu repräsentiren. Auch sollte er der Ueber=
bringer der ersten Botschaft der Administration des neuerwählten
Präsidenten General Harrison an die brittische Regierung sein.
Sein Hauptzweck jedoch war, seinen ehrwürdigen Vater noch einmal
zu sehen und eine Thräne am Grabe seiner Mutter zu weinen.

Seine Abschiedspredigt wurde in der Halle des Kapitols ge=
halten, da nicht nur seine Gemeinde, sondern auch der Senat
ihn als ihren geistlichen Hirten betrachteten. Es war eine tief be=
wegte Versammlung, es schien als habe sie ein Gefühl ergriffen, als
ob sie dem, der ihre Herzen so oft mit neuem Feuer von Oben ent=
zündet und dem Hause Gottes solch vermehrten Reiz und In=
teresse verliehen, in Wahrheit das letzte Lebewohl sagten. Bald
nachher, den 11. März 1841, schiffte sich Cookman in New=York
auf dem Dampfschiff „President" ein, und nie hörte man wieder
etwas, weder vom Schiffe noch von irgend Jemand, der darauf
war. Es war Herrn Cookmans ernster Wunsch und Verlangen
gewesen, Alfred mit sich nach England zu nehmen. Er dachte,
es würde dem Großvater besondere Freude bereiten; auch hatte
Alfred nun schon ein Alter erreicht (13 Jahre), in welchem er
dem Vater ein Gesellschafter sein und zugleich manchen Genuß
und Vortheil für sich von der Reise haben konnte. Wir mögen
uns wohl vorstellen, wie stark sein Verlangen gewesen sein mag,
seinen Erstgebornen bei einer so langen Abwesenheit von Hause
und auf solcher Reise bei sich zu haben. Aber zugleich fühlte
Cookman auch, was für eine Entbehrung es für seine Frau
wäre, Alfred gehen zu lassen, und wie es ihren Schmerz ver=
größern müßte, im Falle Keiner von ihnen wieder zurückkehrte.
So gab Cookman zuletzt seinen Wunsch daran, und es wurde
Alfred überlassen, selbst zu wählen, ob er mit dem Vater gehen
oder bei der Mutter bleiben wolle. Es ist schwierig zu sehen, wie
irgend etwas für einen Knaben von seinem Alter, Geschmack und

Gewohnheiten mehr anziehend sein konnte, als diese Reise mit
seinem von ihm fast angebeteten Vater. Er hatte von der Schön=
heit des Landes, von Großvater, Onkel, Tanten und Cousinen
erzählen gehört, bis er in seiner lebendigen, jugendlichen Phan=
tasie sie und ihre prächtigen Heimathen lebendig vor sich sah.
Aber Alfred Cookman liebte auch seine Mutter, wie vielleicht we=
nige Knaben, auch liebte er seine Brüder und seine Schwester,
wie wenige ältere Brüder, und seine Hingabe an das, was er
für Pflicht erkannte, war ihm damals schon zum Grundsatz
geworden, und dies bestimmte denn auch seine Entscheidung: „Ich
will bei der Mutter bleiben und ihr helfen die Kinder zu ver=
sorgen." Diese Worte geben uns den Grundton seines Charakters.
Die Erfüllung seiner Pflicht galt ihm stets für das Erste und da=
mit wurde er unter Verantwortlichkeiten gebracht, die mit Gottes
Segen ihn zu dem machten, was er war.

So ging denn der Vater allein. Er ging vergnügt, und unter
seinen letzten Worten, die er noch am Familienheerd redete, waren
diese: „Nun Knaben, wenn euer Vater im Meere untergeht, so
geht seine Seele direkt zu Gott, und ihr müßt ihm im Himmel
wieder begegnen."

Der Schmerz der Familie über den Verlust des Vaters ist nicht
zu beschreiben, und selbst die herzliche Theilnahme und Liebe, an
welchen treue Freunde es den Verwaisten nicht fehlen ließen, schien
nur mit beizutragen, sie den ganzen Umfang und die Tiefe ihres
Verlustes erkennen zu lassen. Was mußten sie in dem verloren
haben, dessen Verlust Jedermann, selbst der verhältnißmäßig Fremde
so tief empfand und beklagte!

Alfred trat wie ein Engel an die Seite seiner Mutter. Er un=
terdrückte seinen eigenen Kummer und erschien vor ihr stets ruhig
und heiter. Sie war gewöhnt in dem Sonnenschein und Glanze
des Ruhmes und der Nützlichkeit ihres Gatten sich zu erfreuen
und fand sich durch diesen Schlag in solche Finsterniß versetzt, daß
sie in die tiefste Traurigkeit versank und für zwei Jahre ihre frühere

Heiterkeit nicht wieder gewann. Während Alfred in der Gegenwart seiner Mutter solche Fassung behielt, lag er oft Nächte wach
und dachte an seinen Vater. „Wie scheute ich mich," sagt er in
späteren Jahren von jener Zeit, „immer wieder von der Postoffice
ohne Brief heimzukehren und meiner theuren Mutter zu begegnen
und ihre Täuschung zu sehen!" — Gewiß aber machte der Herr
in dieser großen Prüfung den Anfang, ihn für das große besondere Werk vorzubereiten, in welchem er ein so leuchtendes Beispiel
und mächtiges Werkzeug sein sollte. Bisher war er gewöhnt sich
an seinen Vater anzulehnen, nun aber lehnten sich Mutter, Brüder
und Schwester, alle an ihn, und ihm blieb allein der Herr, an
den er sich lehnen konnte. Seine Mutter gibt seinem Betragen
aus dieser Zeit ein schönes Zeugniß: „Er war erst dreizehn Jahre
alt, als sein theurer Vater auf so geheimnißvolle Weise von uns
genommen wurde, doch erkannte er sogleich seine Stellung als
der Aelteste von sechs Kindern und suchte treulich die Lücke zu
füllen, die eine weise, obwohl undurchdringliche Vorsehung gemacht hatte. Die Ewigkeit wird es erst enthüllen, was er in
den Jahren seiner Minderjährigkeit seiner Familie als Sohn und
Bruder war." Er war schon frühe in verschiedener Weise in Arbeiten christlicher Liebe thätig. So war er auch Mitglied einer Gesellschaft christlicher junger Männer, die in Baltimore das sogenannte
Seemanns-Bethel organisirten. Als nun Einer aus ihrer Mitte
starb, wurde Alfred Cookman, obwohl erst 17 Jahre alt, aufgefordert, eine Leichenrede vorzubereiten, welches er auch that. Es
war seine erste Predigt über den Text: „Sterben ist mein Gewinn." Die Rede machte einen tiefen, unvergeßlichen Eindruck
auf die ganze Versammlung. Sein Ruf zum Predigtamt war
bei Denen, die ihn bei dieser Gelegenheit gehört, außer Zweifel.
Bald nachher erhielt er kurz nacheinander Erlaubniß zum Ermahnen und zum Predigen. Im Herbste des Jahres 1846 wurde
er im neunzehnten Lebensjahre als Prediger ausgesandt unter der
Aufsicht eines älteren Bruders. Es war eine feierliche Stunde,

als der junge Prediger seiner Mutter Thüre verließ und mit ihrem
Segen auf seinem Haupte und ihrem warmen Kuß auf seinen
Lippen, sich in den Sattel schwang, um in den Hügeln zu ver=
schwinden. Seine Mutter, obwohl mit nicht geringer Selbstver=
leugnung, machte freudig die Uebergabe und dankte Gott, daß Er
ihren Sohn würdig geachtet in seinem Dienst zu gebrauchen.

Er erwähnt dieser Begebenheit in folgenden Worten: „Im
Begriffe, eine der glücklichsten Heimathen zu verlassen, um in's
Reisepredigtamt einzutreten, gab mir meine ausgezeichnete Mutter
gerade beim Abschied noch folgenden Zuspruch: „Mein Sohn,
wenn Du recht glücklich und nützlich in Deiner Arbeit sein willst,
so mußt Du ein gänzlich geheiligter Diener Jesu sein.“ Dieses
Abschiedswort der Mutter folgte ihm als ein guter Engel hin
und her in seinem bewegten Leben eines Reisepredigers.

Mit diesem Schilde, den seine Mutter ihm gegeben, ging er in
manche Schlacht und kam wieder mit demselben siegreich zurück,
und als er endlich fiel, wurde er offenbar auf demselben in den
Himmel heimgetragen. Ueber seine Erfahrung gänzlicher Heili=
gung lassen wir ihn selbst reden: „Häufig fühlte ich den Drang,
mich Gott zu ergeben, und betete um die Gnade der gänzlichen
Heiligung; aber dann erhob sich diese Erfahrung vor meinen Augen
als ein Berg von Glorie und ich sagte: Es ist nicht für mich, ich
kann unmöglich jene Höhe erklimmen, und wenn ich auch könnte,
so sind doch meine anklebenden Sünden und Versuchungen der
Art, daß ich solchen erhabenen Stand nicht erfolgreich behaupten
könnte. Während solche Gedanken mein Gemüth bewegten, kam
Bischof Hamline mit seiner frommen Gattin nach New=Town,
einer der Hauptbestellungen auf meinem Bezirk, um eine Kirche,
die wir erbaut hatten, dem Dienste Gottes zu weihen. Er blieb
ungefähr eine Woche, in welcher Zeit er nicht nur wieder und
wieder mit derselben Kraft und Salbung des heiligen Geistes pre=
digte, sondern auch die Gelegenheit wahrnahm, sehr eingehend mit
mir über meine persönliche religiöse Erfahrung zu reden. Sein

sanftes, doch würdevolles Benehmen, sein schönes christliches Bei=
spiel, apostolische Arbeit und väterliche Unterweisung, machten den
tiefsten Eindruck auf mein Herz und Gemüth. O, wie ich Gott
preise für das Leben und die Arbeit des geliebten Bischofs
Hamline!"

„Eines Nachmittags nach einer gesegneten Unterhaltung, for=
derte er uns auf die Gelegenheit zu ergreifen und uns als Gläu=
bige Gott zu übergeben, als solche, die von den Todten lebendig
geworden, und von der Stunde an dem Heiland zu vertrauen,
als dem Erlöser von allen Sünden. Nachdem kniete ich allein
vor meinem Gott und brachte eine gänzliche Weihe meiner selbst
auf den Altar. Aber Jemand möchte sagen: „Hattest Du das
nicht schon zur Zeit Deiner Bekehrung gethan?" Ich ant=
worte Ja! aber mit dem Unterschied, damals brachte ich Kräfte,
die todt waren in Uebertretungen und Sünde, und nun weihte ich
Kräfte, die vom neuen Leben der Wiedergeburt durchdrungen, ich
übergab mich als lebendiges Opfer; damals gab ich mich auch
selbst her, aber nun mit vermehrter Erleuchtung des Geistes fühlte
ich, daß meine Uebergabe mehr intelligent, speziell und sorgfältig
war, es waren: „Meine Hände, meine Füße, meine Sinne,
meine Eigenschaften des Gemüthes und Herzens, meine
Zeit, meine Energie, meine Ehre und Ansehen, meine
irdische Habe, mein Alles ohne irgend welchen Rückhalt oder
Schranke." Damals sehnte ich mich nach Vergebung, aber jetzt
war mein Verlangen und Glaube nach etwas Weiterem gerichtet,
ich verlangte nach der bewußten Gegenwart dessen, der mein Herz
heiliget. Während ich sorgfältig Alles so dem Herrn weihte,
machte ich in meinem Herzen den Bund mit meinem himmlischen
Vater. Dieses ganze, jedoch unwürdige Opfer soll für immer
auf dem Altar bleiben und von nun an will ich nach Seinem
Willen glauben, daß der Altar die Gabe heiliget. Frägst Du,
was war der unmittelbare Erfolg? Ich antworte: „Friede,"
ein breiter, tiefer, voller, heiliger Friede. Dieser

13

kam nicht nur als Zeugniß eines guten Gewissens vor Gott,
sondern gleichfalls von der Gegenwart und der Wirkung des hei=
ligen Geistes in meinem Herzen. Doch konnte ich nicht sagen,
daß ich gänzlich geheiligt sei, nicht weiter, als sofern ich mich selbst
Gott geweiht hatte. Den folgenden Tag traf ich Bischof Ham=
line und seine Frau; ich wagte es, ihnen von meiner Uebergabe
und Glauben an Jesum zu sagen, und im Bekennen nahm ich
eine Vermehrung des Lichtes und der Kraft in mir wahr. Frau
Hamline schlug vor, uns gemeinschaftlich im Gebet vor Gott zu
vereinigen. Wir knieten vor dem Herrn und Eins um das Andere
betete, da gab mir Gott um Christi willen den Geist, wie ich ihn
nie zuvor empfangen hatte, so daß ich mich zu dem Schluß und
Bekenntniß gedrungen fühlte, daß das große Werk der Herzens=
reinigung, für welches ich so oft gebeten, in mir vollbracht sei —
ja auch in mir. Wunderbar! Gott heiliget meine Seele. — Ich
kann es nicht bezweifeln. O nein! — Dieses Zeugniß war so
direkt und unzweifelhaft, als das Zeugniß der Kindschaft zur Zeit
meiner Annahme in die himmlische Familie. Brauche ich zu sagen,
daß die Erfahrung der Heiligung eine neue Epoche in meinem
religiösen Leben eröffnete? — Einige der Eigenthümlichkeiten dieses
höheren Lebens waren: selige Ruhe in Jesus, eine klarere und mehr
bleibende Erfahrung von Reinheit durch das Blut des Lammes,
ein beständiges Wachsthum in der Gnade und Genuß in des
Meisters Dienst — und welch' seligbewußte Vereinigung und be=
ständige Gemeinschaft mit Gott! Welche vermehrte Kraft, den
Willen Gottes zu thun und zu leiden! Welche kindlich zarte Furcht,
den unendlich heiligen Geist zu betrüben! Welche Liebe für die,
und Verlangen nach Solchen, die Heiligung lieben! Welcher Zu=
tritt und Vertrauen im Gebet! Welches Interesse und Trost in
religiöser Unterhaltung! Welche Erleuchtung und Freude im Lesen
des Wortes Gottes und welche vermehrte Salbung und Kraft auf
der Kanzel!"

So berichtet Alfred Cookman über seine Erfahrung der Hei=

ligung, nachdem mehr als ein Dutzend Jahre verflossen waren,
und wo, wenn ruhigere Ueberlegung Irrthümer der Jugend ver=
beffern konnte, man annehmen dürfte, daß er es gethan hätte. Wer
kann diesen so einfachen und offenbar erfahrungstreuen Bericht
lesen und einen Augenblick an der großen Veränderung, die er hier
berichtet, zweifeln? Sollen wir sein Zeugniß annehmen von der
Veränderung, die er erfuhr, als er dort in Carlisle allein mit
seinem Jesus in einer Ecke der Kirche war, von der entzückenden
Freude, als er im Gefühle der Erneuerung dort auf der Lager=
versammlung nahe Washington in seines Vaters Arme sprang,
und dieses Zeugniß von der Herzensreinigung verwerfen oder be=
zweifeln, von welchem er behauptet, daß es eben so klar und be=
stimmt war, als jene?

Leider aber machte auch Alfred Cookman dieselbe traurige Er=
fahrung, wie so viele andere fromme Personen vor und nach ihm,
daß er sich diesen köstlichen Segen nicht gleich von der ersten Er=
fahrung desselben bewahrte.

Er selbst redet davon in folgenden Worten: „O daß ich meinen
Bericht über persönliche Erfahrung gerade hier schließen könnte
mit dem einfachen Zusatz, daß mein Leben bisher in Ueberein=
stimmung mit dieser Erfahrung ein ununterbrochenes Wachsthum
war, gefördert durch beständigen Frieden! — Wahrheitsliebe jedoch
und der Wunsch, daß Andere aus meinem Irrthum Nutzen ziehen
mögen, drängen mich, meiner Erfahrung noch einen Paragraphen
beizufügen. Weißt du von einem klaren Himmel voller Sonnen=
schein — endlich durch finstere Wolken verdunkelt? — Weißt du
von einem Kleinod von unendlichem Werth, durch sträfliche Nach=
lässigkeit verloren? — O daß ein so herrlicher Morgen in meiner
geistigen Geschichte nicht mehr und mehr leuchten sollte bis auf
den vollen Tag, daß ich mich unter irgend welchen Umständen von
dieser köstlichen Perle persönlicher Erfahrung trennen konnte! —
Acht Wochen vergingen, Wochen des Lichts, der Kraft, Liebe und
des Segens; Conferenz kam herbei, ich fand mich in Mitten ge=

liebter Brüder, und vergessend, wie leicht der heilige Geist betrübt wird, erlaubte ich mir, mich in einen Geist der Zerstreuung hinein-ziehen zu lassen, und nachdem ich eine Zeit lang in thörichten Scherzen und Erzählen von Anekdoten zugebracht, nahm ich wahr, daß ich großen Schaden gelitten, und ging mit einer mir wohl bewußten Verringerung der Kraft auf mein nächstes Arbeitsfeld." Dies Bekenntniß ist um so schmerzlicher, daß er gerade an der Conferenzsitzung, anstatt im Glauben gestärkt zu werden sollte am innern Menschen Schaden nehmen; doch ist es wohl möglich, daß auch Methodisten-Prediger sich in einer unbewachten Stunde ver-gessen mögen, und das besonders an der Conferenz in der Freude des Wiedersehens, wenn sie sich zugleich, wenigstens für eine Woche, der Last und Verantwortung einer ihnen anvertrauten Gemeinde entbunden finden. Was auch immer die Wirkung dieser Unter-haltung für die andern Brüder gewesen sein mag, für Alfred Cook-man war sie verhängnißvoll. Gewiß kommt dabei auch sehr viel auf die Erziehung des Gewissens an; sein Gewissen, um seiner kürzlichen so hohen Erfahrung willen nur um so empfindsamer, war verwundet, und er sank auf eine niedere Stufe, auf welcher er auch etliche Jahre verblieb. Mit dem Verlust der Erfahrung ging auch die klare Erkenntniß immer mehr verloren, und obwohl er der Sache der Lehre und Heiligung nie opponirte, sondern stets auf der Seite der Freunde derselben zu finden war, so hatte er doch manche Schwierigkeit im eigenen Herzen in Bezug auf diese köstliche Lehre. Auch machte er manche ernste Anstrengung, wieder in Besitz dieses köstlichen Kleinodes zu kommen, doch immer ver-geblich; besonders schien ihm der Gebrauch des Tabaks, den er sich angewöhnt hatte, ein Hinderniß zu sein. Doch ehe wir ihm in seiner inneren geistigen Erfahrung weiter folgen, kann ich nicht umhin, einen äußerst angenehmen Zwischenfall aus dieser Zeit seines Lebens zu berühren, nämlich sein Besuch bei seinem Groß-vater Cookman in England, an welchen er sich besonders seit dem Verluste seines Vaters recht innig angeschlossen und einen inte-

ressanten Briefwechsel mit ihm unterhalten hatte. Der alte Herr
drang mit besonderem Verlangen auf den Besuch und man dachte,
daß es Alfred nicht nur in seinen späteren Jahren noch große
Befriedigung gewähren, sondern ihm auch jetzt eine solche Reise
wesentliche Vortheile für die Nützlichkeit in seiner Laufbahn bieten
würde.

Der Besuch war in jeder Beziehung ein angenehmer und segens-
reicher. Alfred Cookman war ganz entzückt von dem Eindruck, den
sein theurer Großvater und die übrigen Verwandten, ihre stattlichen
Wohnungen und überhaupt die Scenerien in England auf ihn
machten. Von seiner Ankunft in Hull, der Stadt, wo sein Großvater wohnte, schreibt er an seine Mutter: „Meine Gefühle waren
unbeschreiblich, als ich mich seiner Wohnung nahte. Tausend Erinnerungen und Empfindungen drängten sich in mein Gemüth. —
Großvater ist ausgegangen und ich benutze die Zeit, indem ich
einige Zeilen niederschreibe. Ich bin in einem völligen Entzücken!
Meine einzige Furcht ist, ich möchte aufwachen und es Alles einen
Traum finden. — Ich bin in Hull, ja mehr, ich bin in meines
Großvaters Wohnung." Von der Wohnung und seiner Umgebung
sagt er: „Es ist ein Paradies, herrlich, bezaubernd. Ueber dem
schön verzierten Feuerplatz im Empfangszimmer hängt das Bild-
niß meines theuren Vaters und vor mir das Portrait von Onkel
Alfred, von welchem das Bild, das wir haben, genommen ist."

„Laß mich gerade hier sagen, ich bin ganz eingenommen von
England. Meine Erwartungen waren hoch gestellt, aber sie sind
mehr als erfüllt." Seinen Großvater beschreibt er: „Großvater
kommt; ich sehe seine hohe, aufrechte, imponirende Gestalt, sein Gang
ist noch fest und sicher, sowie schnell. Er trägt sich noch nach der
altenglischen Weise, und alles zusammen ist er der schönste alte
Herr, den ich in England gesehen oder dem ich irgendwo begegnet
bin. O wie glücklich bin ich in seiner Gesellschaft!" Doch nebst der
Freude des persönlichen Umgangs mit den so theuren Verwandten
sollte die Reise zugleich auch von großem gegenseitigem Segen

werden. Es wurde Alfred Cookman reichlich Gelegenheit geboten,
in verschiedenen Kirchen zu predigen, wo der amerikanische Enkel
seines allgemein geachteten Großvaters mit großem Enthusiasmus
aufgenommen wurde. Versammlungen von Tausenden von Zu=
hörern wurden zu Thränen gerührt und nicht selten füllte sich der
Altar mit heilsuchenden Seelen. Ich lasse hier nur einen kleinen
Auszug aus einem seiner vielen begeisterten Briefe an seine Mutter
folgen: „Gestern Abend predigte ich im Tabernakel zu einer Ver=
sammlung, die buchstäblich vollgekeilt war. Ich denke, die Menge
war größer als am letzten Sonntag. Nie sah ich eine aufmerk=
samere, ehrfurchts= und gefühlvollere Versammlung. Wir hatten
Suchende um den ganzen Altar sowohl als in der Sakristei. Nicht
mir, o Herr, sondern Deinem Namen sei alle Ehre. Wer weiß,
ob nicht eine gnädige Vorsehung meinen Besuch ehren will, indem
mir Seelen als Lohn und Siegel meines Amtes gegeben werden,
und sollte ich das Werkzeug zur Rettung auch nur einer einzigen
Seele sein, so wäre ich reichlich belohnt für alle Zeit und Geld,
zu diesem Besuch verwendet."

Alfred's Tante schreibt in einem Brief an seine Mutter: „Irgend
ein Anderer als er selbst wäre in Gefahr gewesen bei solcher Popu=
larität."

Und wohl war solch' unbegrenzter Enthusiasmus über einen
noch so jungen Mann geeignet, ihm den Kopf zu verdrehen. Es
scheint ihn aber nicht weiter berührt zu haben, als eine dankbare
Anerkennung der Güte Gottes in ihm zu erwecken.

Nach seiner Rückkehr finden wir ihn wieder in großem Segen
auf seinem Posten wirkend. Den 6. März 1851 verehelichte er sich
mit Frln. Anna Bruner von Columbia, Pa. Er hatte in diesem
so wichtigen Schritte ernstlich im Gebet um die leitende und über=
wachende Hand des Herrn angehalten, und ihr eheliches Leben war
und blieb ein äußerst glückliches bis an's Ende. Er wurde mit
seiner jungen Frau auf der neuen Bestellung auf's herzlichste bewill=
kommt. Die Geschwister hatten in ihrer neuen zukünftigen Hei=

math Alles für sie in Ordnung gebracht, wodurch sie sich alsobald heimathlich unter ihnen fühlte.

Solche kleine Liebesdienste, dem Prediger bei seinem ersten Erscheinen erwiesen, tragen viel dazu bei, seine ganze Dienstzeit angenehm und nützlich zu machen, während in deren Ermangelung, sei es auch nur aus Gedankenlosigkeit, leicht ein Frösteln in die Herzen einkehrt, welches zu überwinden oft viele Tage der Liebe und Freundschaft erfordert.

Er arbeitete stets mit großem Eifer und gänzlicher Hingabe und daher auch mit ungewöhnlichem Erfolg, so daß seine Dienste bald überall von den ersten Gemeinden auf's dringendste gesucht wurden. Während er in Harrisburg stationirt war, wurde er eingeladen, die Predigt am Jahresfest des Dickinson Collegiums zu Carlisle zu halten. Am Abend desselben Tages predigte er in der Methodistenkirche der Stadt; es war das erste Mal, daß er wieder in jener Kirche war, wo sein Vater einst mit so großem Erfolg gewirkt und er selbst dort in einer Ecke Frieden gefunden. Ein Augenzeuge berichtet den interessanten Vorfall an Rev. John Cookman, den Bruder von Alfred Cookman, in folgender Weise: „Die Kirche war gedrängt voll. Am Schluß der Predigt erwähnte er in rührendster Weise seinen seligen Vater; der Eindruck war über alle Beschreibung. Ein alter Prediger, der sich zur Zeit unter seines Vaters Administration befunden hatte, sagte: „Die Gestalt von Georg G. Cookman erhob sich so lebendig vor mir — während sein Sohn predigte, — daß ich in die Tage zurückversetzt wurde, wo sich die Menge um Den versammelte, den ich für den besten Kanzelredner hielt, den ich je gehört hatte. Nach der Predigt gab er einen rührenden Bericht von seiner Bekehrung in dieser Kirche durch die gesegnete Mitwirkung jenes theuren Mannes, von dem er glaubte, daß er zu seiner Ruhe eingegangen sei. Aber Herr Hamilton (dies war des Mannes Name) war in der Kirche und sobald die Versammlung entlassen war, kam er an den Altar und gab sich Deinem Bruder zu erkennen. Nie werde ich ihr Begegnen

vergessen. Während sich die Leute entfernen wollten, bemerkte sie
die Gestalt des würdigen Herrn sich dem Altar nahend und alle
Augen folgten ihm. Kein Auge blieb trocken, das die Begegnung
dieser Beiden sah, die sich nicht wieder getroffen hatten, seit sie sich
in jener so ernsten und glücklichen Stunde unter dem Lichte des
Kreuzes gefunden hatten."

Es sei uns nun auch vergönnt, durch kurze Auszüge aus
seinen Briefen einige Blicke in sein Familienleben zu thun. An
seine Frau:

„Ich habe zuversichtlich erwartet, gestern von Dir zu hören, und
war nicht wenig getäuscht, als der Postmann nichts für mich hatte.
Doch Abends kam der kleine Abgesandte an und wurde über und
über gelesen. Deine Versicherungen von unwandelbarer Liebe thaten
meinem Herzen sehr wohl. Es ist in dieser Welt von unaufrich=
tigem Bekenntniß und bloßem äußeren Schein so beseligend zu
wissen, daß ein warmes treues Herz schlägt, an welchem man ver=
trauensvoll ruhen kann. Auch nie für einen Augenblick habe ich
die Aechtheit Deiner Liebe bezweifelt, und nächst der Perle von
großem Werthe schätze ich sie als das theuerste Kleinod meines
Herzens. Sei versichert, daß Du sie nicht thöricht angewandt
hast. Ich bin froh, daß unsere lieben Buben so wohl sind. Möge
der liebe Gott sie uns noch viele, viele Jahre gesund erhalten. Es
sind zwei prächtige Buben, für welche wir dem Geber aller guten
Gaben gründlich dankbar sein sollten. Ich habe natürlich ein
ernstliches Verlangen, Dich wieder daheim zu haben, doch wenn
Dein Bleiben in Columbia Dir irgend Nutzen bringt, so möchte
ich nicht so unverantwortlich selbstsüchtig sein, auf Deine Heimkehr
zu dringen. Ich kann noch bestehen und will gerne noch ein wenig
länger in Hoffnung leben, wenn es zu Deinem Wohle dient.
Mache Dir's bequem, werde fett und stark und komm heim, wenn
Dir's gefällt 2c." Ein anderer Brief an seine Frau:

„Wie dankbar war ich doch für Deinen Brief, der so viel
wahre Gottesfurcht und Ergebung athmete. Ich versichere Dich,

er kam zu mir wie ein Engel des Lichts in meiner Verlassenheit.
Ich brauche Dir nicht zu sagen, daß Deine enthusiastische Anhänglichkeit in meinem Herzen die wärmste Erwiederung findet. Wie
danke ich Gott, daß Er Dich mir je gegeben, daß ich Dich mein
eigen nennen darf. Gott segne Dich, meine Theure, und erhalte
Dein werthvolles Leben noch viele, viele Jahre. Küsse meine
Knaben für den armen Papa. Sage ihnen, ich werde ihren
Wagen aus dem Keller bringen und ganz für ihren Gebrauch
bereit haben. Billy hält sich ruhig und wohl, er hat nichts dagegen, seine kleinen Meister wieder zu sehen. Er ist ganz fertig
für eine Ausfahrt."

Vom zehnten Jahrestag ihrer Verehelichung finden wir von
ihm folgendes Zeugniß ihres häuslichen Glücks: „Unser Leben
der Liebe und Treue war wie ein immer tiefer und breiter wer-
dender Strom, auf welchem wir in glücklicher Harmonie dahin
zogen. Unsere Heimath mit ihren fünf kleinen, schönen, verspre-
chenden Knospen war ein Eden, in welchem unser himmlischer
Vater seine beständige Gegenwart offenbarte. O, wie viel von
reiner Liebe und wahrer Freude haben diese zehn Jahre in sich
gefaßt, die glücklichsten zehn Jahre meine Lebens! Nimm, meine
theure Annie, dieses geringe, aber aufrichtige Zeugniß an, das ich
Deiner zärtlichen Sorge, beständigen Freundlichkeit, ungetrübten
Gütigkeit, unermüdlichen Treue und ununterbrochenen, ja sich fortwährend mehrenden Anhänglichkeit widme." So viel über sein
eheliches Verhältniß.

Das allgemeine Verlangen nach seinen Diensten brachte ihn
öfters in delikate Verhältnisse seinen Brüdern im Amte gegenüber.
So wurde er in die Pittsburg Conferenz transferirt, um an der
größten und reichsten Gemeinde angestellt zu werden. Methodisten = Prediger sind nur Menschen und gleich andern Menschen
lieben sie es nicht, aus Feldern, welche sie durch harte Arbeit und
Mühe zur Knospe und Blüthe gebracht haben, verdrängt zu werden.
Aber es war für einen Körper von guten Menschen unmöglich,

harte Gefühle gegen Alfred Cookman zu haben. Er durfte sich
seinen Brüdern nur zeigen und alles Vorurtheil war entwaffnet.
Ueber seinen Anfang in Pittsburg schreibt ein einflußreiches Glied
jener Gemeinde: Ich stellte ihn meiner Familie vor als unsern
neuen Prediger fürs kommende Jahr, von dem sie so viel reden
hörten, und freute mich über sein Kommen. Aber der junge Prediger war nicht so gestimmt, er sah traurig aus und sagte mit
ernstem Nachdruck: „Ich bin hier, um Verordnungen zu gehorchen,
aber meine Meinung ist, daß die Beamten eurer Gemeinde einen
Irrthum begingen, mich an diese so wichtige Station zu verlangen.
Ich hoffe, es geschah unter eurem ernstlichen Gebete, denn ich
fühle tief die Nothwendigkeit der Hülfe von Oben in der Erfüllung der Pflichten, die hier meiner warten." Er sprach dann
noch von der Größe der Verantwortlichkeit und den besonderen
Schwierigkeiten des Werkes.

Als er aber am folgenden Tage, als am ersten Sonntage, seine
Arbeit begann, so war der schüchterne junge Mann von gestern
nun in der Verkündigung des Wortes so kühn wie Paulus, den
er so sehr liebte, und bei dessen Charakter er so gerne verweilte.
Und wenn überhaupt Zweifel da waren über die Zweckmäßigkeit
seiner Berufung an die Gemeinde, so schwanden sie alle durch den
Eindruck, welchen er in seiner ersten Versammlung auf Aller
Herzen machte.

In dieser Zeit wurde er nun auch wieder in dem köstlichen
Segen der Heiligung erneuert. Nach langem, vergeblichem Kampfe
kam auch sein Tag des völligen Sieges wieder. Seine Uebergabe
an den Herrn, in Substanz dieselbe, wie er sie beim ersten Ergreifen dieses Segens gemacht hatte, setzte er schriftlich auf, doch
hören wir ihn selbst: „O, daß ich überhaupt von dem Lichte wandern mußte und nachher so manches Jahr mit Schwanken zwischen
Gott und Selbst verschwendete! Kann ich mir das je vergeben!
O, welche bittere, bittere Erinnerung!

„Das Bekenntniß, das ich mache, ist mir abgedrungen durch

Offenheit und Besorgniß für Andere. Es ist die größte Demüthi=
gung meines Lebens. Könnten mich Alle die hören, welche in
das klare Licht christlicher Reinheit eingegangen sind, ich wollte
sie bitten und mit ganzem Ernste eines Bruders nöthigen, sich durch
meine Thorheit warnen zu lassen.

„O, laßt Solche, wenn's möglich wäre, lieber zehn Mal sterben,
als williglich vom Pfade der Heiligung weichen, denn wenn sie
ihre Schritte rückwärts kehren, so bleibt doch die Erinnerung an
die frühere unbefleckte Reinheit und bewährt sich stets als ein Tropfen
Bitterkeit im Kelche des süßesten Trostes. — Beinahe zehn Jahre
sind vergangen, seit ich das erste Mal diesen Segen erlangt; wieder
weihe ich mich sorgfältig ganz dem Herrn, die Uebergabe soll na=
türlich auch jene zweifelhafte Gewohnheit einschließen. Ich sagte,
ich will versuchen, mich um Christi willen zu enthalten; ich glaube,
ich bin um seinetwillen zu irgend etwas bereit. Ich nahm nun
Jesum wieder an als meinen Erlöser von allen Sünden und em=
pfing das Zeugniß desselben Geistes und wandelte seitdem im Lichte,
wie Gott im Lichte ist, und erfahre die Gemeinschaft mit den Hei=
ligen und bezeuge demüthig und dankbar, daß das Blut Jesu
Christi mich von aller Sünde reinigt. „Wie ihr empfangen habt
den Herrn Jesum Christum, so wandelt in Ihm.“

„Das ist, wie ich's verstehe: Bewahret euch in derselben Stellung
zu Gott, darin ihr waret, als ihr Christum den allgenügsamen Er=
löser angenommen. Ich nahm ihn an in einem Geiste gänzlicher
Uebergabe, unbedingtem Glauben und demüthigem Bekenntniß.
Ich darf es nicht wagen, für einen Augenblick mein Opfer wieder
zurückzunehmen, zu versäumen auf Jesum zu schauen oder mich vom
Geiste des Bekenntnisses zu trennen.“

Die Aufrichtigkeit, Geradheit und der Ernst, von welchem dieses
Zeugniß durchdrungen, müssen es einem Jeden empfehlen. Die
Tabaksprobe war für ihn allein. Der Gebrauch des Tabaks war
ihm in der völligen Uebergabe, die er machen wollte, im Wege,
doch wollte er es nicht als einen Prüfstein für Andere erheben. Er

wollte, daß Andere in zweifelhaften Fällen für sich selbst entschieden, und daß Jeder in seiner Meinung gewiß sei. Er war in der Darstellung des christlichen Lebens am weitesten von einem engherzigen, censorischen Geiste entfernt, er erhob nie künstliche Bedingungen und legte kein Gewicht auf einzelne Verrichtungen weder der Selbstverläugnung noch der Ausübung besonderer Pflichten, sondern drang vielmehr auf eine breite, tiefe, gründliche Ergebung an den Herrn und war gewiß, daß unter deren erleuchtetem Antrieb der Neugeborene sowohl als der gänzlich Geheiligte sich in die göttlichen Forderungen finden würde. Es machte ihm wenig aus, ob ein Bruder in geringeren Punkten persönlicher Gewohnheiten buchstäblich seine Methode und Meinung annahm, wenn er nur den wahren Geist der Heiligung hatte und in seinem Leben ihre wesentlichen Früchte zeigte. Dies war ein Punkt, welcher nicht wenig dazu beitrug, ihm Einfluß über alle Klassen von Gemüthern zu geben.

Der Nachdruck, welchen er seitdem auf die Lehre von der völligen Liebe legte, kann nicht wohl übertroffen werden. „Herzensreinheit", ein Lieblingsausdruck von ihm, war von der Zeit bis zum Ende seines Lebens das bezeichnende Thema seines Wirkens. Ohne zwar andere Gegenstände christlicher Wahrheiten auszuschließen, nahm dies seine besten Gedanken auf und wurde die Würze seiner besten Predigten, sein ganzes Wesen war mit dieser Salbung durchdrungen.

Zu Hause oder in der Ferne, auf der Kanzel oder im geselligen Kreise, im Studirzimmer, am Betaltar oder am Krankenbett, war die bewegende Kraft seiner Seele, die Atmosphäre seines Lebens: Dem Herrn geheiligt.

Unter den Bekehrungen, mit welchen Gott seine Arbeit dieser Zeit ehrte, war auch die seines Bruders Georg; nichts hätte ihm größere Freude bereiten können, als daß sein Bruder, der in seiner Kindheit sein Gespiele gewesen, ihm nun auch in der Gemeinschaft Jesu beigegeben wurde. Die Beiden wurden nun auch unzertrennliche Arbeiter für den Meister und wetteiferten miteinander,

der Eine in den Reihen der Laien, der Andere im Predigtamte.
— Das Geheimniß seines Erfolges war das so offenbare Ver-
langen, den ihm anvertrauten Seelen Gutes zu thun, in welcher
Liebesarbeit er sich selbst, aus den Augen verlor.

Mit seinen eigenen Kindern verkehrte er in herzlicher, kindlicher Weise und wird es gewiß nicht ohne Nutzen und Interesse
sein, einige Auszüge aus Briefen an seine Kinder zu vernehmen:

An Georg und Frank: „Ihr müßt nicht denken, daß Euch Papa
vergessen hat, weil er so lange nicht geschrieben. Jeden Tag denkt
er an seinen kleinen Georg und Frank und wundert, wie es ihnen
geht. Ich hoffe, Ihr seid gehorsam und liebevoll gegen Tante
Befie und Großmama und alle die Andern. Ihr werdet doch nie
mit einander streiten. Bedenkt, kleine Brüder sollten immer liebevoll zu einander sein. Ihr müßt auch Eure Gebete Morgens und
Abends nicht vergessen. Sagt nie böse Worte und habt keine Gesellschaft mit bösen Buben. Wenn Ihr einen Buben fluchen hört,
so wendet Euch von ihm ab und sagt, er kann nicht mein Spiel-
kamerad sein. Geht auch zur Sonntagschule und betragt Euch gut
in der Kirche. Die Leute schauen auf Euch und erwarten ein
gutes Betragen von Predigerskindern.

„Willie ist noch immer ein kleiner Sonnenstrahl und freut sich
noch so viel wie immer, wenn er in Papa's Studirzimmer sein
darf. Die kleine Marie ist ein Honigtropfen und küßt süßer als
je. Nun Frank, wässert Dir der Mund nicht für einen Kuß?
In der zweiten Woche im Juli hoffe ich zu Euch zu kommen und
ich bringe Mama und die Andern mit. Werdet Ihr Euch freuen,
uns zu sehen? Nun lebt wohl und seid gute Knaben.“

An seine älteren Söhne: „Brunie's Brief kam heute Morgen
zur Hand. Wir freuten uns, zu vernehmen, daß Ihr wohl seid
und Euch vergnügt. Seid recht gute Knaben, so lange ihr in Columbia bleibt. Macht so wenig Lärm und Unruhe als möglich.
Großmama und Großpapa sind beide alt und können nicht mehr
so viel ertragen als sonst. Vergeßt dies nicht und wenn Ihr im

Hause seid, so sprecht leise und sitzt ruhig auf Euren Stühlen.
Ich denke, Ihr solltet jeden Tag etwas lesen. Wählt Euch ein
interessantes Buch und les't jeden Tag etwas, und wenn ich komme,
könnt Ihr mir sagen, wieviel Seiten Ihr gelesen, denn ich werde
Euch darnach fragen. Streitet nicht miteinander, solches Betragen
ist schmählich und besonders für Brüder. Seid stets sanft, ge=
duldig und liebevoll in allen Euren Worten und Spielen und
ganzem Umgang miteinander.

„Ein Anderes — vergeßt nie, daß Ihr junge Christen und Glieder
der Kirche seid. Die Augen Anderer schauen auf Euch. Ich traue
es Euch wohl zu, daß Ihr keine Unwahrheit oder sonst böse Worte
sagen würdet, oder nehmen, was Euch nicht gehört. Aber bedenkt
auch, daß ein zorniges Gemüth und zornige Worte mit dem Cha=
rakter des Christen unverträglich sind. Ihr habt Eure Religion
nicht in Philadelphia gelassen, sondern sie mit Euch genommen.
Leset daher jeden Tag Eure Bibel, betet dreimal täglich und geht
jede Woche zur Klaßversammlung. Bittet die Tante Euch mit=
zunehmen, und sollte es Euch auch ein Kreuz sein, nehmt es auf
Euch um des Heilands Willen und entschließt Euch, jede Woche
die Klaßversammlung zu besuchen. Befolgt hierin Eures Vaters
Rath. Er weiß, was das Beste ist, und hat alle Eure Erfahrungen
durchgemacht. — Leset diesen Brief über und über und beherziget
den Rath, den wir darin gegeben.“ Es ist rührend, wie gefaßt
und ergeben er durch die Gnade in Trübsalsstunden war.
Er schreibt an seine Schwester Marie Cookman:

„Wir haben so eben wieder ein anderes, schönes Kleinod ins
kühle Grab gelegt. Unsere kleine süße Rebekka ist nun in der be=
sonderen Fürsorge dessen, der herniederschaut und auch ihren Staub
bewacht, bis Er sie wieder auferstehen heißt. Ich habe oft ver=
sucht trauernde Eltern zu trösten, nun hat mich Gott in seiner
Vorsehung besser für diese meine amtliche Pflicht zubereitet. Unser
theurer Liebling war im Tode schöner als im Leben 2c.“

„Ich fühlte heute, welche Prüfung es ist eines zu begraben, das

Bein von unserem Bein und Fleisch von unserm Fleische ist. Vom Grabe zurückkehrend konnte sich die tief ergriffene Mutter eines hörbaren „Lebe wohl, mein theurer Liebling," nicht enthalten. Ich dachte: „Ja, bis wir uns dort, wo keine Thränen und kein Tod mehr sind, wiedersehen." O, wie köstlich ist mir das Wort: „Tröster" diesen Nachmittag. Gottes Geist kommt mir ungewöhnlich nahe und tröstet mich. Ohne Zweifel ist diese Erfahrung in Antwort der Gebete Solcher, die mir so theuer sind."

Beim Tode seines Bruders Georg schreibt er unter Anderem: „So könnte ich Seiten füllen von gesegneten Erinnerungen. Der Tod hat eine irdische Seite, dies habe ich nie zuvor sowohl verstanden. Manches mal wenn ich in den letzten vier Wochen in seine frühere Heimath einkehrte oder an seinem Grabe stand, hat mich Trostlosigkeit ganz entmannt. Linderung und Trost finde ich nur, indem ich mich zur himmlischen Seite erhebe. In dieser Richtung vermehrt sich der Glanz und die Sehnsucht. Die Zeile: „Ihr Himmelschöre alle preist" hatte nie so tiefe Bedeutung oder erschien mir so köstlich als jetzt ic."

Ich will nur noch kurz den Tod seines ältesten Sohnes erwähnen, der im Alter von 16 Jahren starb, nachdem er seit dem zwölften Jahre sein Herz dem Heiland gegeben und zur großen Freude seiner Eltern und Aller, die ihn kannten, einen ausgezeichneten christlichen Lebenswandel führte.

Sein Vater schreibt: „Als sein Scheiden bereits da war, wurde er von einem wunderbaren, seligen Glanze erleuchtet, den alle Anwesenden wahrnahmen. Seine trauernde Mutter hielt seine Hand in der ihrigen und sagte: „Ich übergebe Dich Jesu, Brunie, ich könnte Dich keinem Andern übergeben; o sage, kennst Du mich nicht, mein Engel-Knabe? Kennst Du Deine theure Mamma nicht?" Er gab durch ein süßes Lächeln des Erkennens das gewünschte Zeichen, das Gebet erhört, dann schloß er seine Augen im Tode und sein schöner Geist war mit den Engeln. Unser verherrlichter Knabe! Wir preisen Gott für das zeitweilige

Darlehen, es machte die Erde schöner und den Himmel anzie-
hender."

Kurze Zeit nach der Begräbnißfeierlichkeit wurde er in der
alleinigen Gegenwart der nächsten Familienglieder begraben und
Alfred Cookman betete noch mit großer Salbung in solcher Weise,
daß ein Herr, der in ehrfurchtsvoller Entfernung dabei stand und
zuhörte, zu sich selbst sagte: „Wenn die Gnade Gottes einem
trauernden Vater solche Kraft zu geben vermag, so muß ich sie
haben." Er suchte und fand nachher diese Kraft und er und Herr
Cookman wurden intime Freunde.

Wie lieblich glänzt uns da die Gnade entgegen aus dem
Wechsel der verschiedenen Familien= und Lebensverhältnisse!

Als er in New=York stationirt war, fand er alsobald seinen
Weg zu den von Dr. Palmer wöchentlich gehaltenen Versammlungen zur Beförderung in der Heiligung und empfing dort nicht
nur manchen Genuß, sondern trug selbst auch viel zu ihrem Nutzen
und Segen bei. Ich gebe hier einige seiner Bemerkungen aus
diesen Versammlungen: „In den letzten Wochen habe ich mich
besonders mit einem Ausspruch Luthers beschäftigt, wo er sagt,
daß der erste, zweite und dritte große Schritt in der Frömmigkeit
Demuth sei. — Seit Jahren durfte ich als mein Bekenntniß
sagen: „Ich bin erlöst durch das Blut Christi. — Ich setze keinen
Zweifel in meine persönliche Reinigung, aber ich möchte mit dem
Geiste erfüllet sein. Ich hungere und dürste nach Gerechtigkeit
und Gott sättiget mich. Ich war stets zu besorgt, die ganze
Fülle auf einmal zu erlangen, aber ich bin nun willig
nach und nach erfüllt zu werden, wie Gott es für
gut findet. Ich steige aufwärts. Ich verlasse meinen gegenwärtigen Stand nicht, und doch steige ich aufwärts und wünsche fortwährend so aufzusteigen. Ich bin durch die unendliche
Versühnung des Lammes gereinigt und mein besonderes Verlangen
ist, mit Gott erfüllt zu sein, daß ich Ihm treu ergeben und zu
jedem guten Werk geschickt sein mag."

Seine Sommerferien brachte er auf den verschiedenen Lager-
Versammlungen in unermüdlicher Arbeit im Dienste des Herrn zu,
so daß die Führer seiner Gemeinde ihm sagten: „Wozu sollen
wir Dir Ferien geben, Du ruhst doch nicht, sondern arbeitest viel
mehr, als wenn Du zu Hause bleibest.“ Heiligung war auch
hier der Gegenstand, der ihn besonders in Anspruch nahm, und er
hielt mit besonderer Kraft und Salbung den großen Versammlungen diesen köstlichen Segen vor, und hatte die Freude, daß
nicht allein Viele vom Volke, sondern auch eine große Anzahl
Prediger und viele Solche, die bereits im Dienste ergraut waren,
sich gänzlich dem Herrn weihten und im Glauben in diesen seligen
Stand eintraten, so daß er in einem Bericht an seine Mutter
davon sagt: „Ich konnte nicht verstehen, wie meine schwachen
Fähigkeiten, von seiner Kraft begleitet, solche herrliche Resultate
erzielen konnten. Er hat mich zu einem Apostel der Heiligung
gemacht.“

Am Anfang des Conferenz-Jahres 1867 kamen einige Freunde
der Heiligung auf den Gedanken, Lagerversammlungen als ein
Mittel zu gebrauchen, diese köstliche Lehre und Erfahrung zu be-
fördern, und man ließ einen Ruf an Solche ergehen, die geneigt
waren in der Sache mitzuwirken, sich in Philadelphia zu versammeln. Die Versammlung kam zu Stande und es wurde beschlossen, in Vineland, New-Jersey, eine Lagerversammlung zu diesem besondern Zweck zu halten. Alfred Cookman war einer von
denen, welche den Ruf unterzeichnet hatten, er nahm thätigen Antheil an allen Verhandlungen der Convention, und als die Zeit
der Lagerversammlungen herbeigekommen, war Keiner, der herzlicher in ihren Zweck und Geist einging, als er. Diese Versammlung war mit solch außerordentlichem Erfolg gekrönt, daß
man sich gedrungen fühlte, eine weitere für das kommende Jahr
anzuordnen, und es wurde eine Gesellschaft formirt die Sache in
die Hand zu nehmen, worüber Rev. Wm. McDonald folgenden
Bericht gibt:

14

„Es wurde eine Geschäftsversammlung von Denjenigen gehalten, die den Ruf für die Vineland Lagerversammlung unterzeichnet hatten, um unter Anderem die Frage über Abhaltung einer anderen solchen Versammlung im folgenden Jahre in Betracht zu ziehen. Br. Cookman war gegenwärtig und gab der Maßregel seine herzlichste Zustimmung. In jener denkwürdigen Versammlung wurde das National = Lagerversammlung = Committee gegründet. Br. Cookman betete mit einer fast beispiellosen Inbrunst, als ob eine große Schlacht im Anzug und der Sieg nur durch die Anführung des Herrn der Heerschaaren gesichert werden könne. Das Committee wurde organisirt und alle Geschäfte verhandelt, während sie sich noch auf den Knieen befanden. Br. Cookman wurde als Einer des Committees bestimmt, den Platz für die nächste Lagerversammlung zu sichern."

In dieser Verbindung war Br. Cookman ein weit größeres Feld seiner Nützlichkeit eröffnet. Gott hatte ihn erst zum Lichte gemacht und ihn nun auch auf einen Leuchter gestellt, von wo aus sein Licht der ganzen Nation leuchten konnte. Der Segen Gottes in der Heiligung und Bekehrung vieler Seelen ruhte so sichtbarlich auf diesen Lagerversammlungen, daß später zwei und mehr in einem Sommer gehalten wurden. Die Ankunft Cookmans an diesen Versammlungen wurde stets mit großer Freude begrüßt und seine Predigten und Arbeit mit wunderbarem Segen begleitet.

Er selbst bricht in Freude darüber aus: „Das Panier vom vollen Heil wehet herrlich in diesen altehrwürdigen Wäldern. Der Geist der Heiligung, welcher Abbott und Garrettson und unsere Väter groß machte, ist über die durch sie gegründete Kirche dieser Gegend zurückgekehrt. Der Athem des Herrn bewegt sich unter uns. Hallelajah!"

Es dürfte nicht uninteressant sein zu hören, was er von Kinderbekehrung hielt. Er äußerte dies bei einem rührenden Vorfall gelegentlich der Aufnahme eines seiner Kinder in die Kirche.

Ein Augenzeuge berichtet: „Ich werde nie den Vorfall vergessen, als ein theurer kleiner Sohn von ihm, nur acht Jahre alt, sich zum Anschluß auf Probe anbot. Mein Herz schmolz, als ich den starken Mann wie ein Kind gebengt sah, und die Gemeinde fragen hörte, ob er dieses Lamm in die Heerde aufnehmen solle. Da sah ich den liebenden Vater, wie nie zuvor, als er sagte: Lasset die Kindlein zu mir kommen und wehret ihnen nicht, denn ihrer ist das Himmelreich."

An einer Sonntagschul = Convention sprach er über Kinder= bekehrung: Er glaube nicht, daß der Weg zum Himmel durch das Territorium der Sünde führe, sondern daß Kinder schon in einem frühen Alter mögen zu einer seligmachenden Erkenntniß der erlösenden Liebe gebracht werden. Als Illustration führte er einen Knaben an, der im Alter von zehn Jahren bekehrt wurde, Sonntagschüler war, später Lehrer und Bibliothekar wurde, dann Ermahner und nachher Prediger des Evangeliums, und dieser Knabe stehe heute vor ihnen, um seinen Glauben an die wie= dergebärende Kraft der Gnade in den Herzen den Kindern aus= zusprechen. Die, welche mit seiner Liebe zu Kindern und seinen seltenen Gaben sie zu interessiren bekannt sind, können dankbar sein, daß er so frühe zu Gott gebracht wurde, welchem Umstand wohl auch seine Sympathie, die er stets für Kinder an den Tag legte, zuzuschreiben ist, wodurch viele junge Herzen ermuthigt wurden dem Rufe des Heilandes zu folgen.

Sein Eifer trieb ihn, wie so manchen andern treuen Gottes= mann, mehr zu thun, als Klugheit ihm erlaubt hätte. Und ob= wohl ihn bereits ernstliche Symptome zur Schonung seiner Kräfte mahnten, verstand er es nicht zu ruhen, er hatte es nie zuvor bedurft, so war es ihm nun schwer, damit zu beginnen. Als die zweite Lagerversammlung des Sommers in Urbana begonnen, ließ es ihm keine Ruhe mehr, während seine Brüder an der Ar= beit waren und ihn brauchten, er mußte hin. Seine Frau bat ihn mit Thränen, denn sie wußte besser als irgend sonst Jemand, wie krank er bereits war: „O. Alfred, Du gehst doch nicht nach Urbana?" „Meine Theure," antwortete er, „es ist Gottes Wille." Als er dort ankam, waren die Glieder des Committees sehr über= rascht, aber zugleich auch hoch erfreut, da sie ihn sahen. Keiner von ihnen dachte, daß er es wagen würde zu kommen; er predigte zwei Mal während der Versammlung mit solcher Kraft und Sal= bung, wie er sie wohl kaum je zuvor gezeigt hatte. Und unaus= löschliche Eindrücke wurden durch diese Predigten auf Tausende un= sterbliche Seelen gemacht. Seine Arbeit war jedoch nicht auf die Predigt beschränkt. Prediger und Glieder versammelten sich um ihn, begierig jedes seiner Worte aufzufangen, sie ahnten wenig, daß er nicht allein von Herzen sprach, sondern daß er sein Herz selbst hinweg redete.

Noch einmal finden wir ihn auf der Lagerversammlung, wo er ebenso wenig als zuvor an Schonung dachte; er predigte seine letzte Lagerversammlungspredigt über den Text: „Werdet voll Geistes." Im Wesentlichen dieselbe Predigt, die er zu Urbana gehalten. Die Predigt schlug mächtig ein; er war aber von der Anstrengung sehr ermattet, doch blieb er noch spät in die Nacht hinein bei der Arbeit mit Singen, Beten, Reden und Ermahnen, bis seine Frau, auf's äußerste um ihn bekümmert, ihn nöthigte, aufzuhören und sich zurückzuziehen: „O, meine Liebe," sagte er, „es ist so selig, es ist herrlich." — Doch Alfred Cookman war zu weit gegangen, seine Constitution hatte ihre Elastizität verloren; bisher daran gewöhnt, mit der Enthebung von harter Arbeit also= bald ihre Kraft wieder zu erlangen, zeigte sie nun keine Zeichen von Erholung. Der Bogen, zu lange gespannt, hatte seine Kraft verloren und völlige Erschlaffung folgte. Sonntag den 22. Okt. 1871 erfüllte er seine letzten öffentlichen Dienste. Er hatte in ge= sunden Tagen oft den Wunsch ausgesprochen: „Wenn es Gottes Wille ist, so möchte ich in meinem ganzen Harnisch sterben und sowohl durch meinen Tod als durch mein Leben predigen." Sein Wunsch wurde, wenn nicht buchstäblich, so doch wesentlich erfüllt. Seine Arbeit und Leben waren mit einander beendet. Des Morgens predigte er sehr ernst und eindrucksvoll über: „Von dem, der da nicht hat, soll auch das genommen werden, das er hat.“ Des Nachmittags besuchte er die Sonntagschule. Gegen Abend klagte er, daß er nicht wohl fühle; seine Frau war sehr besorgt und wollte Jemand anstellen, des Abends für ihn zu predigen, doch ließ er es nicht zu, indem er sagte: „Ich glaube, ich habe eine Botschaft vom Herrn an die Gemeinde, ich werde vom welkenden Blatt predigen.“ Als er aufstand, seinen Text auszugeben, hielt er ein welkes Blatt in der Hand und sagte: „Dies ist mein Text; wir Alle welken wie die Blätter.“ Als er beendet, verließ ihn die Kraft in den Füßen, er reichte, von der Kanzel tretend, das Blatt einem Freunde und sagte: „Das Blatt und der Prediger sind einander sehr ähnlich, beide welken.“ Er wankte nach Hause und als seine Frau ihn dort empfing, war er beinahe außer sich vor Schmerz in den Füßen, doch dachte er nicht, daß sein Ende so nahe. Er war völlig ergeben in den Willen Gottes,

Er lernte hier auf seinem Schmerzenslager erst recht verstehen, was es heißt: vollkommen gemacht durch Leiden. Er sagte: „Seit vielen Jahren habe ich gewußt, was es ist, im Blute des Lammes gewaschen zu sein, nun aber erst verstehe ich die volle Bedeutung jenes Verses: „Diese sind es, die gekommen sind aus großer Trübsal und haben ihre Kleider gewaschen und haben ihre Kleider helle gemacht im Blute des Lammes.“ Ich glaubte immer, daß das Blut allein hinreichend sei, aber ich lernte nun erkennen, daß uns Trübsal und Leiden zum reinigenden Blute bringen. Auch wurde dadurch mein Interesse und Mitgefühl für die leidende Menschheit wunderbar vermehrt. Es hat mir die Kraft und Köstlichkeit mancher Schriftstellen, die sich auf Leiden beziehen, wunderbar geöffnet.“ Zu seiner Frau sagte er: „Gott hat etwas vor mit dieser Krankheit; entweder bereitet er mich vor für größere Nützlichkeit hier oder für den Himmel. Ich bin ganz passiv in seinen Händen und versuche zu lernen, was er mich lehren will. Ich bin unter den Händen des himmlischen Künstlers.“

Als er sein Ende nahen fühlte, suchte er seine Frau auf die Trennung vorzubereiten. „Wo wirst Du wohnen," fragte er sie eines Morgens, „in Columbia oder in Philadelphia?" Zu Thränen gerührt antwortete sie: „Warum fragst Du mich so, ich könnte nirgends leben ohne Dich." Als er ihre Gefühle wahrnahm, sagte er liebevoll: „Ich dachte, ich möchte es gerne wissen." Später frug er wieder: „Meine Theure, wenn der Herr mich hinwegnehmen sollte, könntest Du sagen: Dein Wille geschehe?" Sie antwortete bestürzt: „Ich fühle, daß Du dem Herrn gehörst und ich habe immer so gefühlt, aber ich glaube nicht, daß Er Dich von mir nimmt." Er antwortete: „Gottes Wille ist immer recht." „Aber," sagte sie, „wie kann ich ohne Dich leben?" Er antwortete: „Jesus kann Dir Alles sein. Er war bisher mit uns. Er wird Dich nicht verlassen noch versäumen. Du weißt, die Bibel ist voll Verheißungen für die Wittwen und Waisen. Lebe Augenblick für Augenblick im Aufschauen auf Jesum, und wenn Er es erlaubt, will ich oft bei Dir sein. Ich will Dein Schutzengel sein und der Erste, der Dir am Perlenthor begegnet."

Als seine Mutter, nicht ahnend, daß sein Ende so nahe, ihn verließ und ihm den Abschiedskuß gab, hielt er ihre Hand, schaute auf in ihre Augen und sagte: „Mutter, nächst Jesu verdanke ich Dir Alles. Dein heiliger Einfluß, Dein gottseliges Beispiel, Deine weisen Rathschläge, haben mich zu dem Christen und Prediger gemacht, der ich bin."

Zu seinem Bruder Rev. John Cookmann sagte er: „Ich fürchte mich nicht zu sterben; der Tod ist das Thor zu unendlicher Herrlichkeit; ich bin gewaschen im Blute des Lammes."

Zu seiner Schwägerin Frln. Rebekka Brnner: „Ich bin so froh, daß ich volles Heil gepredigt habe, was wollte ich jetzt ohne dasselbe thun? Wenn ihr auch alles Andere vergesset, so behaltet mein Zeugniß: „Gewaschen im Blute des Lammes." Jesus zieht mich immer näher und näher seinem großen Herzen unendlicher Liebe."

Zu seiner Frau sagte er: „Wie Du Dein Kleines in Deinen Armen am Herzen hältst, so ruhe ich ganz sicher an Jesu Brust."

Zu seinem Sohn Georg, der gerade von New-York angekommen war: „Mein Sohn, Dein Papa schwebte den ganzen Tag nahe den Thoren des Todes."

Bald nachher hatte er einen neuen Anfall und die Sinne verließen ihn. Vier Stunden später, halb elf Uhr Abends, den 13. November 1871, verschied er in der Fülle seiner Kraft, im 44. Lebensjahre und hinterließ seine Gattin mit sieben Kindern. Sein so früher Tod war unerwartet und erregte allgemeine tiefe Trauer und Theilnahme. Trauer-Gottesdienste wurden in verschiedenen Kirchen gefeiert. Bischof Simpson, Rev. McDonald und Dr. (jetzt Bischof) Foster redeten mit tiefem Gefühl bei seiner Leichenfeierlichkeit. Der Letztere sagte unter Anderem: „Als mein kleiner Sohn mir die Trauerbotschaft brachte, und wohl wissend, wie tief es mich ergreifen würde, nur in leisem Tone sagte: ‚Vater Br. Cookman ist todt.' O, welch ein Schlag für mich! Mit einem mal ergriff mich der Gedanke, daß der heiligste Mann, den ich kannte, von uns genommen, und dies ist noch heute mein Zeugniß.'

Dr. De Witt Talmage gibt ihm folgendes Zeugniß: „Es war nicht sowohl etwas, das ich ihn je sagen hörte, oder thun sah, das einen so mächtigen Einfluß auf mich ausübte, als vielmehr er selbst. Er war die personificirte Gnade des Evangeliums. Ich kam öfters in religiösen und philanthropischen Versammlungen mit ihm zusammen, und bei ihm sein, hieß gesegnet werden. Je mehr ich ihn sah, desto mehr liebte ich ihn. Es ist nicht sowohl die Methodisten-Kirche, als die ganze Christenheit, die in ihm Verlust leidet. O, daß wir Alle mehr von seinem Geiste besäßen und zuletzt seinen schönen und triumphirenden Tod stürben!"

Wir aber räumen ihm gerne als seine besondere Auszeichnung in der Kirche die einer lebendigen Illustration von der Lehre der christlichen Heiligung ein. Sein Einfluß war ein so mächtiger,

weil Heiligung in seinem Leben deutlich g e s e h e n und g e f ü h l t
wurde. Bei ihm war sie anziehend, nicht abstoßend. Seinem
geheiligten Geiste entströmte ein süßer Geruch, der uns noch um=
gibt, und sein Andenken bleibt im Segen. Er ging heim wie ein
geschmückter Krieger, vor dem sich die Thore der Ewigkeit weit
aufthun und dem zuletzt nichts mehr zu thun bleibt, als den
Wagen Israels zu besteigen und heimzuziehen „f a h r e n d d u r c h
d i e T h o r e , g e w a s c h e n i m B l u t e d e s L a m m e s."

Gilbert Haven, D.D.,
Bischof der Bischöflichen Methodisten-Kirche.
Von E. Funk, St. Paul, Minn.

Gottes Wege sind wunderbar, seine Pläne sind reiflich gelegt und ihre Ausführung bewirkt unausbleiblich den bestimmten, von Gott gewollten, der Menschheit dienenden und Gott verherrlichenden Zweck. Gottes absolute Weisheit, wenn auch nicht von Menschen verstanden, macht sich allenthalben geltend. In dem Ordnen der wichtigsten Momente des Universums, von der Erschaffung unserer und anderer Welten, bis hinauf zu seiner Thätigkeit in den geheimnißvollen Angelegenheiten, hat Gott der Herr seine eigenen Pläne erdacht und nach Belieben ausgeführt. Allerdings gefällt es Ihm, sich beliebige Mittel und Personen dazu auszuersehen, die, wenn auch in den Augen der Menschen geringfügig und klein erscheinen, dennoch von Gott gesegnet, von ihm zubereitet, Erstaunliches und Unerwartetes erzielen.

Welche Enthüllungen werden dann offenbar, und wie unendlich erhaben erscheint Gottes unbeschränkte Weisheit, wann die glorreiche Vollendung des Reiches Gottes auf Erden vollzogen wird, wann vor der versammelten Menschheit und den heiligen Engeln Gottes Schalten und Walten offenbar wird! Dann, und nicht bis dann, wird uns Manches, das jetzt uns so geheimnißvoll erscheint, klar.

Am 6. Januar 1880 trugen gottesfürchtige Männer die Ueberreste von G. Haven zum letzten Ruheort. — Es war ein unvergeßlicher Tag. — Thränen der tiefsten Trauer wurden vergossen, die

Bischof Gilbert Haven.

allergreifendsten Reden wurden gehalten, an Ehrenbezeugungen,
dem Verewigten dargebracht, fehlte es nicht, denn ein großer gelehrter, gottesfürchtiger, scheinbar für die Menschheit fast unent=

behrlicher Mann war gestorben.   Kein Mann in der Methodisten=
Kirche, mit Ausnahme ihres Stifters, J. Wesley, hat mehr Auf=
sehen gemacht, hat mehr Freunde aber auch Feinde gehabt und ist
im Allgemeinen mehr betrauert worden als G. Haven.

Man sagt von ihm, er sei ein Sonderling gewesen, er habe
in den Extremen sich bewegt, er habe für außerordentliche und
beim ersten Anblick unausführbare, von sich selbst erfundene Ideen
geschwärmt, für sie gelebt, gerungen, gefochten, ja sich selbst förm=
lich aufgeopfert; so sagt man allerdings nicht zu viel, denn ein
Mann, constituirt, wie er es war, konnte kaum anders sich be=
wegen.

Gilbert Haven hatte die Bestandtheile eines außerordentlichen
Mannes.   Es war in ihm ein **Riesengeist**, ein klares **Faf=
sungsvermögen**, ein ruhiges scharfes **Urtheil**, ein mehr
als gewöhnliches **Gedächtniß**, ein eiserner **Wille**, der, wenn
es sich um das Recht handelte, sich auch nicht ein Haarbreit von
seiner unternommenen Bahn abwenden ließ, ein Herz, das liebte
mit einer Inbrunst und Wärme, wie nur ein Christ es vermag.

Die eigentliche Basis dieser seiner geistigen und moralischen
Größe war jedoch die **Macht seiner Ueberzeugung**, welcher
er immer, auch unter den allerschwersten Proben, folgte.   Keine
Drohung von Seiten seiner bittersten Feinde, keine Nachtheile, so
schwer sie auch auf seine eigene Person fielen, bewogen ihn, in der
Erfüllung seiner klar erkannten Pflicht auch nur im geringsten nach=
zugeben.   Gilbert Haven war ein origineller Charakter — ein
selbstständiger, allseitig gebildeter, der Menschheit dienender Mann.

Er lebte im Interesse Anderer; er gehörte dem Zeitalter an,
in welchem er lebte; er fühlte sich berufen, kleine und große An=
gelegenheiten betreffs des Wohlergehens der menschlichen Familie
zu den seinen zu machen.   Er war rastlos, unternehmend, ja un=
verwüstlich und unnachgiebig in seinem Eifer und in seiner Arbeit
für Andere.

Er war ein erprobter, in der Leidensschule schwer geläuterter

Mann. Das irdische Glück schien gegen ihn zu sein; gerade die
Freuden, die ihm am behaglichsten waren, durfte er nur lange
genug genießen, um sie zu kosten, und aber auch nachher ihre Abwesenheit desto peinlicher zu empfinden.

Er wußte, was es heißt, im Kreise der Lieben zu weilen, mit
ihnen die unschuldigen Freuden dieses Lebens zu genießen; jedoch
sollte er nur zu bald bitter empfinden, was es heißt, das Liebste
auf Erden schonungslos von sich gerissen zu sehen, den enggeschlossenen
Familienkreis aufgelöst, er mit seinen zwei Kindern alleinstehend
in der öden Welt, als Pilgrim und Gast auf und ab ziehen zu
müssen. Zu Zeiten war er so beengt und wurde seine innere Noth
so groß, daß er in seiner Verzweiflung ausrief: „Bin ich denn ein
Christ?" Und dann ermannte er sich wieder und warf sich mit
doppelter Energie in sein Berufsleben, in welchem er, wie es schien,
Ruhe und Befriedigung fand.

Durch „Leiden vollkommen gemacht," wurde bei ihm praktisch
ausgeführt. Er konnte deshalb auch besser nachher als vorher mit
den Weinenden weinen und einigermaßen mit den Fröhlichen sich
freuen. Er mußte zuerst durch's tiefe Thal der Leiden, um nachher
auf eine unerwartete, ungeahnte Höhe des Ansehens gestellt zu
werden. Vergegenwärtigen wir uns den Mann in den einzelnen
wichtigen Momenten und Perioden seines Lebens. Suchen wir ihm
in seinen edlen Charakterzügen nachzuahmen, während wir zugleich
in seinen schwachen Seiten, deren wir nur wenige finden, es uns
sagen lassen: „Nur Einer ist vollkommen, Jesus, euer Meister."

Haven's Familie war in Massachusetts eine umfassende und
angesehene. Richard Haven kam im Jahre 1640 aus dem westlichen Theile Englands und ließ sich in Lynn nieder. Er war ein
ehrbarer und frommer Mann. Sein Ansehen war der Art, daß
beschlossen wurde, er, der Unteroffizier Haven, solle des Sonntags
bei den Gottesdiensten in der Kanzel neben dem Prediger sitzen.
Dies war keine geringe Ehre, zumal da die Geistlichkeit in jenen
Tagen zu der Nobilität gehörte. R. Haven's Familie bestand aus

sieben Söhnen und fünf Töchtern. Unter den Söhnen machte sich besonders Nathaniel prominent; derselbe bekleidete mehrere der wichtigsten Aemter. Er starb 1746 im Alter von 87 Jahren nach einem nützlichen und glücklichen Leben. Dieser Zweig der Familie war ein sehr fruchtbarer. N. Haven hatte fünf Söhne und fünf Töchter, unter welchen Moses der hervorragendste war. Moses war der Vater von fünf Söhnen und vier Töchtern, unter welchen war Gideon Haven, ein Diakon der Kirche zu Farmington. Dieser hatte ebenfalls fünf Söhne und vier Töchter, unter welchen Jotham mit acht Söhnen und zwei Töchtern gesegnet wurde; unter deren Zahl war Gilbert Haven, der Vater des Gegenstandes dieser Biographie.

Gilbert Haven sen. wurde geboren in Farmington, Mass., den 21. April 1791. Er vermählte sich 1811 mit Hannah Burrill, wohnte eine Zeitlang zu Mount Auburn, nachher Sweet Auburn und dann Goldsmith's deserted Village genannt, von wo er nach Malden zog, wo er am 20. Februar 1863 starb.

Gilbert Haven sen. war Friedensrichter und eine Reihe von Jahren war er Sonntagschul-Superintendent, zuerst in der Congregationalisten-, nachher in der Methodisten-Kirche. In beiden Kirchen wurde er als ein Meister in Israel anerkannt. Richter Haven, wie man ihn gewöhnlich nannte, war ein ehrwürdiger Mann; er besaß alle die Auszeichnungen, deren sich Neu-Englands leitende Männer rühmen konnten. Würde, Beständigkeit, Höflichkeit und ein gewisses Wohlwollen gegen Jedermann und doch, wenn es nothwendig war, eine unnachgiebige Entschiedenheit. Es war auch deshalb, daß die Mutter des G. Haven jun. ihm oft sagte, nachdem er Bischof geworden war: „Dein Vater eignete sich viel besser zum Bischof als Du." Er hatte ein auffallend rares Talent, schnell eine Sache zu durchblicken und meistens correct sein Urtheil zu geben. Manchen Streit hat er für die Einwohner geschlichtet, ohne es zum Rechtsstreite kommen zu lassen. Später wurde er zu einer angesehenen Stellung im Boston Zollhause beför-

dert, und eine seiner wichtigsten Handlungen war, seinem eigenen
Sohn den Eid der Treue abzunehmen, der mit dem achten Regi=
ment von Massachusetts für 90 Tage im Dienste der Regierung
stand.

Hannah Burrill, die Mutter von Bischof Haven, war eine
Tochter von christlichen Leuten in Farmington, Mass. Ihr Vater,
John Burrill, war ein Soldat im Revolutionskrieg gewesen; ein
Umstand, worauf Hanna immer stolz war, besonders wenn sie sagte,
er, ihr Vater, sei mit George Washington während jenes schreck=
lichen Winters in Valley Forge gewesen.

Sie war klein von Person, aber ein großer Geist war in ihr.
Jetzt noch beim hohen Alter von 93 Jahren, trägt sie so recht den
puritanischen Typus.

Sie gehört zu den Frauen und Müttern, welche sich für immer
verdient gemacht und allen Verhältnissen gewachsen zu sein scheinen.
Sie hatte eine unermüdliche Energie, ein unerschöpfliches Maß Ge=
duld, sie war muthig, ja furchtlos, und vor Allem hatte sie ein
zartes Gewissen. Ihr Hauptziel als Ehegattin und Mutter war
die Erziehung ihrer Kinder. Daß ihre Kinder Etwas in der Welt
sein sollten, dafür lebte, betete und wirkte sie unablässig.

Von seiner Mutter hat Bischof Haven Folgendes geerbt: nämlich
den scharfen, fertigen Witz, sein heiteres Gemüth, seine immer gleich
bleibende Gewissenhaftigkeit und seinen unersättlichen Appetit für
schwere Arbeit und Lösung kritischer Aufgaben. Von seinem Vater
erbte er seine Exekutiv=Fähigkeiten, Würde und Entschiedenheit,
welche ihm später in seiner amtlichen Stellung sehr zu Gunsten
kam. Gilbert Haven wurde geboren am 19. September 1821 zu
Malden, Mass. — Ungefähr um diese Zeit schloß sich der Vater
der Bisch. Methodistenkirche an. Zwei Jahre später folgte die
Mutter. — Der Methodismus, damals neu in Neu=England,
sprach ihnen gleich zu, freilich ahnten sie kaum, daß sie der Kirche
in der Zukunft einen Prediger, Editor und Bischof geben würden.
Es war damals gebräuchlich, wie es jetzt noch der Fall ist bei

guten Methodisten, daß die Kinder frühe dem Herrn geweiht wurden in der heiligen Taufe, und so wurde denn auch der noch im Embryo befindliche Bischof durch die Hand des wohlbekannten John Adams in die sichtbare Kirche Christi aufgenommen. In der Familie war G. Haven der Anziehungspunkt, wie er es ja auch in allen Kreisen war, in welche er später geführt wurde. Er war ein aufgeweckter, lebhafter Knabe, nicht boshaft, eigensinnig und unbändig, aber er war wild und voll physischen und geistigen Lebens. War etwas Besonderes im Gange, so war er der Anführer.

Zwischen dem jungen Gilbert und seiner Mutter existirte eine mehr als gewöhnliche Anhänglichkeit. Er vergötterte sie fast und sie pflegte, selbst nachdem er Bischof geworden war, ihn als „My Boy" zu nennen. Noch in seiner letzten Krankheit gebrauchte sie den Ausdruck: „Ich bin bange, ich werde meinen Knaben verlieren!"

Bald wurde der junge Gilbert in die Distriktsschule geschickt, wo er durch seinen Fleiß, Gehorsam und außerordentliche Fähigkeiten die Herzen Aller gewann. Schnell ging er von einer Klasse zur andern, bis in kurzer Zeit die verschiedenen Fächer der Anstalt absolvirt waren. In seinem Betragen in der Schule beim Spielen mit seinen Kameraden ließ er sich eines Tages etwas zu Schulden kommen, welches ihm unvergeßlich blieb. Eine alte Negerin kam die Straße entlang, der junge Gilbert rief: "Hallo boys", ich denke, es gibt Regen, ich sehe eine schwarze Wolke aufsteigen." — Die alte Negerin schaute ihn an und sagte freundlich: „Gilbert, das hätte ich nicht von Dir gedacht; ich hoffe, ich höre Solches nie wieder von Dir." Gilbert, der sehr zart war, sagte gleich: „Du sollst es auch nie wieder von mir hören."

Von jener Zeit an erwachte sein Interesse für die Schwarzen. Nicht lange nachher fühlte er sich berufen, ein schwarzes Mädchen in der Schule ihrer Lehrerin gegenüber zu vertheidigen. Als er des Abends heimkam und seine Mutter frug um ihre Entscheidung

in der Frage, und sie ihm sagte, er habe nur recht gehandelt,
wurde die Sache für immer bei ihm entschieden, und Gilbert
Haven war den Rest seines Lebens ein Abolitionist vom reinsten
Wasser.

Er mußte zwar Schmach und bittere Verfolgung deswegen lei=
den, jedoch bei ihm war es Sache der Ueberzeugung, und
gegen diese war keine menschliche Macht gewachsen. Er hat später
ganz richtig gesagt: „Meine Mutter und meine Bibel haben mich
zum Abolitionisten gemacht." Seine intellektuellen Fähigkeiten
haben sich schon in seinen Knabenjahren schnell und brillant ent=
wickelt.

Jede Zeitung, die in seine Hände kam, wurde durchgelesen
und fand er etwas Nützliches oder Auffallendes, so schnitt er es
heraus, klebte es in ein dazu bestimmtes Buch, und auf diese
Weise verschaffte er sich schon in seiner Jugend einen Vorrath
nützlichen Wissens, welches vermöge seines Riesen=Gedächtnisses
Eigenthum bei ihm wurde. Nach Beendigung seiner Studien in
der Distrikts=Schule ging er in einen Kaufladen als Diener, wo
er sich sehr bald beliebt machte und viele Kunden an sich zog.
Seine Mußestunden benutzte er zum Weiterstudiren und zum Er=
lernen todter Sprachen.

Seine Schwester Bethina gab ihm Unterricht im Französischen.
Auch las er sehr viel über Politik und die Zustände des Landes.
Diese Zeiten waren sehr bewegliche. — William Lloyd Garrison
hatte soeben seine Zeitung, The Liberator, herausgegeben. —
Webster hatte nicht lange zurück seine berühmte Rede gegen
Hayne gehalten und den Titel: Der „Vertheidiger der Constitu=
tion" bekommen. Diese und andere Umstände trugen dazu bei
das Feuer des Patriotismus zu schüren und immer heftiger
brennen zu machen.

Des Sonntags machte sich der junge Ladendiener nützlich
und vielleicht etwas auffallend durch seinen Dienst als Kirchen=
Diener in einer kleinen Methodisten=Kirche. Bei einer wich=

tigen Gelegenheit predigte der berühmte Abel Stevens. Einer der Anwesenden soll bemerkt haben: Der Prediger sei interessant ge= wesen, jedoch den Kirchendiener zu beobachten, wie beflissen er war den Leuten Sitze anzuweisen, war noch interessanter. Er war wahrlich ein wohlwollender, dienstfertiger und bescheidener junger Mann. Solche Leute kann die Welt gebrauchen.

Mit dem Dahinschwinden der Jahre stieg in G. Haven der Hunger und Durst nach einer gründlichen Ausbildung, und da man besondere Dinge erzählte von Wilbraham Akademie, damals beaufsichtigt von Rev. D. Patten, D.D., und da eine seiner Schwestern die Anstalt besucht hatte, beschlossen seine Eltern ihn dorthin zu schicken, und er bezog jene berühmte Methodistenschule den 1. April 1839.

Seine außerordentlichen Fähigkeiten sowie die Festigkeit und Entschlossenheit seines Charakters wurden auch hier bald bemerkt. Besonders seine politischen Ansichten betreffs der Sklavenfrage, die sich auch in jener Anstalt sehr geltend machte, erregte das Bedenken seiner Lehrer und Professoren, die allen Anti=Sklaverei= Agitationen abhold waren.

So entschieden traten Studenten gegen ihn auf, unter andern besonders ein gewisser Rice, daß man ihm mit Entlassung aus der Anstalt drohte. — Haven war nicht weniger entschieden in seiner Stellung, jedoch ging er weislicher zuwege und verlor da= durch die Zuneigung, sowie die hohe Achtung der Fakultät nicht. Man sah in ihm einen großen Geist und eine edle Gesinnung.

Wir finden uns jetzt genöthigt eine Periode im Leben von G. Haven zu berichten, die wir lieber übergehen würden. Sie ist die, in welcher der junge Mann gleichgültig, ja irreligiös wurde. Von bösen Gesellschaften verleitet, wurde er in verderbliche Gewohnheiten geführt, z. B. Kartenspielen, Trinken von Spirituosen, Lesen von Novellen u. s. w. Obwohl diese Periode nur eine kurze Zeit dauerte, so scheint es doch wirklich auffallend, daß dem so sein sollte. Seine Erziehung und natürliche Anlagen versprachen uns allerdings etwas

15

Besseres, jedoch es ist dies eine Mahn= und Weckstimme an jeden jungen Mann: „Wer stehe, sehe wohl zu, daß er nicht falle!" Es ist auch nicht so schwer auszufinden, was ihm mangelte! — Am 18. Oktober 1839 befand sich G. Haven und eine Anzahl seiner Kameraden im Hause Gottes. Beim Anfang des Gottes= dienstes ist es zwar traurig genug zu sehen, daß G. Haven mit Anderen auf einer hinteren Bank sitzend, sich während des Gottes= dienstes beschäftigt mit Kartenspielen und Lesen von Novellen. Jedoch der Prediger war im Ernste; das einfache, klare Bibelwort wurde gepredigt, Gottes Geist war am Wirken, der Mutter Gebete für ihren Sohn, die vor Gottes Thron gleichsam aufgehäuft da lagen und wie ein süßer Geruch zu dem Angesichte Jehovahs aufstiegen, fanden ihre Erhörung; kurz, G. Haven wurde er= griffen. Er sah sich selbst als ein verdammungswürdiger Sünder; er ist entschlossen von nun an der Welt den Rücken zu kehren und er erklärt sich als eine suchende Seele. Er frägt, was soll ich thun, daß ich selig werde?

Der Prediger und Gottes Kinder nahmen sich seiner an und am nächsten Tage findet er, durch den Glauben an Christum und sein Verdienst, Vergebung seiner Sünden und wird ein glück= licher Mensch. Von jener Zeit an war G. Haven ein ernster, entschiedener, glücklicher Christ. Nie wieder hat er mit der Sünde geliebäugelt, er mied von nun an auch den Schein der Sünde, verabscheute sie auch in der mildesten Form. Sein Motto war: Von der Sünde rein ab und Christo an.

Am Schlusse des Wintertermins von 1839—1840 verließ G. Haven die Anstalt und begab sich wieder ins kaufmännische Geschäft, in welchem er glänzende Erfolge hatte. Nebenbei betrieb er seine weitere allseitige Ausbildung. Er war so belesen und auf allen Gebieten bewandert, daß er den Titel: „Gehende Encyclopädie" bekam! Man sagte von ihm, er wisse Alles. Aber jetzt erst ent= faltete sich der junge Mann als edler Charakter, denn er war ein Christ geworden. War er vorher ein Abolitionist und warf sich

bei jeder Gelegenheit in die Schranke für die unterdrückten Schwarzen,
so that er es jetzt mit einer glühenden Liebe und Opferwilligkeit.
wie nie zuvor. Ihnen zu dienen und, wenn möglich, sie zu be=
glücken, dazu fühlte er sich berufen.

Eines Tages kam ein schwarzes Mädchen in den Kaufladen;
er beeilte sich, ihr abzuwarten. Nachdem sie fort war, wurde er
gefragt: „Wer war die Negerin, welcher Du abwartetest?" Er
antwortete: „Das ist meine Schwester." Wohl wurde er
ausgelacht, jedoch bekümmerte ihn dies wenig. Er schämte sich nichts
als der Sünde.

Ueberzeugt, daß sein Lebensberuf ein anderer, als der eines
Kaufmanns sei, widmete sich Gilbert Haven auf's neue seinen
Studien.

In zwei kurzen Semestern auf der Wilbraham Academie absol=
virte er die noch übrigen Vorbereitungsstudien, so daß er im Herbst
1842 die Wesleyan Universität bezog. Hier nahm er von Anfang
bis Ende den höchsten Platz in seinen Klassen ein. Wegen be=
schränkter Mittel fand er sich genöthigt, während der vier Uni=
versitäts=Jahre des Winters Schule zu halten und doch versäumte
er nichts im Studienkursus. Nebst seinem ausgedehnten Lesen be=
faßte er sich nicht wenig mit der politischen Welt. Auffallend ist's,
wie mit jedem Tage sein Interesse in der Sklavenfrage zunahm. Die
Schwarzen nannte er seine Brüder; Kastenunterschiede sah er mit
zunehmender Unzufriedenheit an; er wählte zu seinem Wahlspruch:
F r e i h e i t, G l e i c h h e i t und ein g e g e n s e i t i g e r V e r k e h r
der verschiedenen Stände der menschlichen Familie. Seine religiösen
Erfahrungen gaben ihm dazu die stärkste Veranlassung.

Sein geistliches Leben um diese Zeit, laut seinem Tagebuch,
war ein gesundes und gedeihliches. Obwohl er von Natur mehr
für die Außen= als Innenwelt angelegt und über dem Befassen
mit Angelegenheiten Anderer geneigt war, seine eigenen zu vergessen,
so war er doch mit nichts Geringerem, als daß er täglich Erfah=
rungen mache, zufrieden. Ueber die Leere seines Herzens, Mangel

an Glauben und Liebesdrang für seinen Heiland klagte er sich selbst
häufig an. Wahr ist's, er hatte weniger Gefühle und Empfin=
dungen, aber desto mehr wurde er, von seiner Ueberzeugung ge=
trieben, in die Thätigkeit, ja rastlose Arbeit hineingeführt. So
z. B. besuchte er das Charlton Gefängniß, so oft er konnte, um den
Gefangenen religiösen Unterricht zu ertheilen. Der verwahrlosten,
unterdrückten Klasse zu dienen, sei sie schwarz oder weiß, hielt er
für seinen Lebensberuf. War er auch etwas excentrisch und machte
oft Aeußerungen, die Andern auffielen, so konnte Niemand seine
aufrichtigen Absichten verkennen. Sein Standpunkt bezüglich der
Sklavenfrage war folgender: Die Bibel lehre positiv die Gleich=
heit der menschlichen Familie; Sklaverei müsse deshalb eine himmel=
schreiende Sünde sein; ein jeder wahre Christ müsse nothwendiger
Weise ein Abolitionist sein. Bekannt war's, daß Gilbert Haven in
der Sklavenfrage weiter ging, als ein Mann in seiner Zeit, mit
Ausnahme von Wendell Philipps, jedoch war das nicht anders zu
erwarten von einem Charakter, wie er es war.

Seine Ausbildung auf der Universität war eine allseitige und
zweckentsprechende. Er war physisch ein schön entwickelter Mann,
welches seinem Gemüths= und Seelenleben eine gewisse Intensität
verlieh; sein Gewissen war auf's äußerste zart und wurde genau
befolgt, sein Gerechtigkeitsgefühl ließ keinen Compromiß zu; han=
delte es sich um das Recht, war er offen und frei in der Aeuße=
rung seiner eigenen Ueberzeugung, denn nichts ekelte ihn mehr an,
als die H e u c h e l e i, auch in der geringsten Form. Er war furcht=
los in seinen Handlungen, drohte ihm auch die größte Gefahr.
Im Jahre 1846 graduirte er mit großer Ehre; in Sprachen war
er sehr fertig; in klassischen und wissenschaftlichen Fragen bewan=
dert, in der Theologie war er gesund und biblisch, in der Erfah=
rung seines eigenen geistlichen Lebens klar und kräftig, kurz, er hatte
g e l e r n t und e r f a h r e n. Nach seinem Graduiren wurde er zwei
Jahre als Lehrer der lateinischen und griechischen Sprache im Amenia
Seminar angestellt, wo er denn auch seinen Anfang im Predigtamte

machte. Seine erste Predigt war von dem Terte im Psalm 97, 11: „Dem Gerechten muß das Licht immer wieder aufgehen und Freude den frommen Herzen." Es war eine geschriebene Predigt, eine Predigtweise, die er freilich bald fahren ließ; jedoch sie war klar, wohlgeordnet, mit Salbung und Inbrunst vorgetragen, so daß man in ihm den ächten, evangelischen Prediger nicht verkennen konnte.

Bei all' seiner Gelehrsamkeit war er doch sehr bescheiden und demüthig. Als ihm Lizens zum Predigen zugetheilt wurde, nahm er sie mit vielem Bedenken an, indem er sich äußerte: „Ich bebe vor dem Titel „Reverend" zurück; nichts als Gewissenhaftigkeit und Ueberzeugung meiner Pflicht können mich bewegen, die Kanzel zu betreten."

Nach zwei Jahren, in welchen er sich als Lehrer verdient gemacht hatte, wurde er als Prinzipal der Schule erwählt, ein Ehrenposten, den er drei Jahre lang zur Befriedigung Aller innehielt.

Unter seinen Schülern war eine Jungfrau von außerordentlichen Charakterzügen und persönlicher Schönheit. An ihrer Ausbildung nahm er ein besonderes Interesse.

Während den fünf Jahren seines Lehrens in der Anstalt entsprang zwischen den Beiden ein höchst angenehmes Verhältniß. Es war Mary Ingraham, später jene sanfte, gottgeweihte, allgemein beliebte Lebensgefährtin von G. Haven. So geheim wurde dieses gegenseitige Verhältniß der Beiden bis zum 17. September 1851, die Zeit ihrer Verehelichung, gehalten, daß nachher Jedermann darüber staunte, jedoch auch sich herzlich freute. Es schien eine Ehe zu sein, die im Himmel geschlossen ward. Mary Ingraham war von guter Abkunft, aus einer ächt methodistischen Familie. Sie wurde wahrlich eine Musterfrau; die wenigen Jahre, in welchen sie ihrem Manne gegeben war, war sie ihm eine treue Gefährtin und Gehilfin.

Im Frühjahr 1851 trat Gilbert Haven ein in das Reiseprediger-

Amt der Bischöflichen Methodisten=Kirche der Neu=England Con=
ferenz! Es war für ihn ein wichtiger Schritt. Er schreibt in
seinem Tagebuch wie folgt: „Wie steht es mit meiner Seele?
Furcht wandelt mich an, wenn ich so frage. Mein innigstes
Verlangen ist, in der Gnade zu wachsen. Ich bin besorgt, daß
meine Liebe für Jesum nicht abnehme! Ich wünsche tiefer einzu=
dringen in ein Leben der Heiligkeit und des höchsten Glückes. Ich
muß mich e i n e r Arbeit widmen." Im März 1851, nachdem er
seine Prinzipalstelle resignirt hatte, ging er muthig und hoffnungs=
voll hinaus als Prediger des Evangeliums, entschlossen nichts als
Jesum, den Gekreuzigten, zu verkündigen. Er schreibt wieder in
seinem Tagebuch: „Meine Pflichten an der Anstalt waren ange=
nehme, — Gebet und fromme Betrachtungen haben mich näher
zu meinem Gotte gezogen. Ich gehe in meines Heilandes Na=
men. Der Himmel hat alles, das werthvoll ist. Christus ist
allein unserer höchsten Liebe werth. Ich fühle, ich bin willig
Alles oder auch Nichts zu sein, so daß ich Christum gewinne.
Es kommen oft dunkle Stunden, doch ich sehe Licht durch die
Dunkelheit. Welch ein großer Sünder bin ich doch, welch einen
großen Heiland habe ich aber. Möge ich demüthig, treu und
heilig bleiben, möge ich nahe bei Jesum bleiben und möge ich am
Ende meiner Laufbahn die Stimme meines Heilandes hören: Du
Knecht des Herrn, wohl Dir!"

Mit all der ihm zu Gebote stehenden Energie warf er sich jetzt
in seinen neuen Lebensberuf, aber ganz besonders in seine ihm
am nächsten liegende Aufgabe, sich der Unterdrückten anzunehmen.

Schon im Jahre 1850, als der Congreß die sogenannte „Fugi=
tive Slave Bill" passirte, hielt er eine entschiedene Predigt dagegen,
seinen Text nehmend von Matth. 22, 21.: Gebet dem Kaiser, was
des Kaisers ist, und Gott, was Gottes ist. Seine Stellung war
diese: Die Bill sei verurtheilt und verdammt vom Gewissen und
Gefühl der Menschen, von der Vorsehung, von der heiligen Schrift
und er empfehle, daß man der Bill nicht Gehorsam leiste.

Diese Predigt war die erste von einer Reihe sogenannter Na=
tionalpredigten, deren Wirkung mächtig waren. Seine erste Ge=
meinde war Northampton, Mass., allwo er im großen Segen
wirkte. Sein Gehalt war sehr klein, so klein, daß er sich schämte
es zu sagen, und aus Rücksicht für die Gemeinde, bei einer Zu=
sammenkunft von Predigern, nicht konnte bewogen werden sein
Salär anzugeben.

Seine zweite Gemeinde war Wilbraham Bezirk 1853. Als
diese Bestellung verlesen wurde, waren einige der vorsichtigen ältern
Brüdern etwas besorgt, da ihnen so Manches aus den Studenten=
Jahren des G. Haven noch in Erinnerung war. Jedoch mit ihren
Gebeten und gegenseitiger Hülfe unterstützten sie ihren neuen Seel=
sorger, der ihnen dann auch zum großen Segen wurde.

Es war hier und um diese Zeit, daß G. Haven zu einem der
radikalsten unnachgiebigsten Abolitionisten heranreifte. Es waren
ernste Zeiten! Die Fugitive Slave Bill wurde ausgeführt. Ein
gewisser Sims (Schwarzer) wurde in dem freiheitsliebenden Boston
arretirt und ohne Weiteres nach Charleston transportirt. Dies
erregte das Aufsehen und die Entrüstung des Publikums zu einer
Fieberhitze. Zeitungen wie der Liberator, Common Wealth
of Boston, the Northampton Curier erhoben ihre Proteste.
Männer wie Garrison, Wendell Philipps, Wright, Mann, Hale
und Andere erhoben ihre Stimmen muthig gegen dieses Ungeheuer.
Jedoch unter allen diesen Agitatoren und Repräsentanten der
menschlichen Rechte war keiner muthiger, entschiedener und ge=
wissenhafter als G. Haven. Er hatte aber auch nicht geringen
Widerstand, und zwar von Solchen, die anderer Meinung hätten
sein sollen. Gestaunt hat man als G. Haven lehrte: „Gott hat
gemacht, daß von einem Blute alle Menschen auf Erden wohnen
sollten." Er war ganz bestimmt der radikalste Abolitionisten=
Prediger seiner Zeit.

Dabei war aber G. Haven ein ächter Methodisten = Prediger.
Seine Kirche mit ihren Gebräuchen, Lehren und herrlichen Er=

folgen zog er allen andern vor. Er behauptete, der Methodismus
sei berechnet allen Reformen den bestmöglichsten Vorschub zu leisten.
So kam es denn auch, daß die Sache der Unmäßigkeit von seiner
Kanzel aus so gerügt und in das rechte Licht gestellt wurde.

Als öffentlicher Mann fühlte er sich berufen alle Schäden der
menschlichen Familie im Lichte der heiligen Schrift zu untersuchen
und aber auch zu verurtheilen.

Während seiner Zeit als Prediger in Northampton, wurde er
zum Superintendenten der öffentlichen Schulen erwählt und auch
in dieser Stellung machte er sich sehr verdient. Er war nicht nur
ein warmer Freund der Erziehungssache, sondern ein tüchtiger, der
Stellung gewachsener Mann.

Gilbert Haven war aber nicht weniger ein Seelsorger, Hirte
und Wächter in seiner Gemeinde. In den kleinsten Angelegenheiten kamen seine Glieder zu ihm um Rath, und mit der wärmsten
Sympathie ließ er sich ein, ihnen wenn möglich zu helfen.

Unter den Kindern war er ein gern gesehener Mann, für sie
hatte er immer ein freundliches Wort und einen warmen Hände-
druck. Er that, was hie und da Prediger verfehlen, sammelte sie
in eine Klasse, die er Samstag Nachmittag selber führte. Diese
Bemühungen wurden auch mit einer herrlichen Auflebung gekrönt.
G. Haven glaubte an Kinder-Bekehrungen.

Um diese Zeit finden wir G. Haven auf's Neue angeregt in
seiner, ihm zur zweiten Natur gewordenen wichtigen Sache, die
Befreiung der Sklaven. Am 25. Mai 1854 passirte der
Congreß jene infame Nebraska Bill, die den ganzen Norden in
Bewegung setzte. Gilbert Haven hielt eine seiner mächtigen Predigten gegen diese Maßregel. Sein Text war von Matth. 27,
45: „Und es war Finsterniß über das ganze Land." Schonungslos geißelte er die Obrigkeit, im Lichte des Wortes Gottes
legte er der Regierung ihre Sünden blos.

Sein drittes Arbeitsfeld war zu Westfield, Mass., wo eine große
und starke Gemeinde war. Auch hier wirkte er im großen Segen

und predigte ganz gewaltig gegen die ſchreckliche Sünde der amerika-
niſchen Sklaverei. Drohte man ihm auch mit Zuſchließen ſeiner
Kirche, ſo gab er einfach zur Antwort: „Wehe mir, ſo ich nicht das
Evangelium von der Gleichheit und Erlöſungsfähigkeit der ganzen
menſchlichen Familie im vollſten Sinne predige.‟

Während ſeines Wirkens in Weſtfield trugen ſich zwei ereigniß-
volle Begebenheiten zu, die ihn ſehr in den Harniſch gegen die
Sklaverei brachten. Es waren: der ſchmähliche Angriff eines Brookes
von Süd-Carolina auf den hochgeachteten Charles Sumner,
und die Erwählung eines James Buchanan als Präſident der
Ver. Staaten. Auch über dieſe Zuſtände hielt er ernſte und entſchiedene Predigten. Im Jahre 1857 wurde Gilbert Haven nach
Rorbury, Maſſ., geſandt. Hier kam er in Berührung mit lei-
tenden Perſönlichkeiten, die die Sklaverei mit ihm bekämpften.
Wendell Philipps, William, Loyd Garriſon und Andere waren
ſeine intimen Freunde. Am 2. Dezember 1859 war's, daß John
Brown eingezogen und von gottloſen Händen aufgehängt wurde.
Dies verwundete Gilbert Haven auf's ſchmerzlichſte. Voll heiliger
Entrüſtung, jedoch nicht vergeſſend, wes Geiſtes Kind er ſei, hielt
er eine Predigt, die an Klarheit, bibliſchem Beleg, Inbrunſt der
Seele und heiligem Eifer nichts zu wünſchen übrig ließ.

Seine nächſte Gemeinde war an der Harvard Straße in Cam-
bridge von 1859 bis 1860. Hier trug ſich am 3. April 1860
das traurigſte Ereigniß ſeines Lebens zu, welches auch ſeinem ganzen
Leben eine andere Richtung gab. Es war der Tod ſeiner ihm ſo
theuren Ehegattin Maria. Gilbert Haven war ein Mann, der
in ſeinem trauten Heim, mit ſeinen Kindern auf dem Schooße, ſein
treues Weib an ſeiner Seite, ein Paradies auf Erden fand. Nach
den Laſten, Mühen und Sorgen des Tages pflegte er gewöhnlich
mit ſeiner lieben Frau den Abend zuzubringen und dann vergaß
er all' ſeinen Kummer. In dieſem fand er eine Quelle der Stärke
und des Troſtes. Nebſt ſeinem Jeſus war ihm nichts lieber und
werther als ſeine Maria.

Aus diesen so herrlichen Verhältnissen wurde er, ohne auch nur im geringsten gewarnt worden zu sein, herausgerissen und mit seinen zwei Kindern in einer öden und kalten Welt sollte er den Becher des Leidens bis auf die Hefe trinken. Die Gefühle seines Herzens waren unbeschreiblich. Tag und Nacht brachte er zu im Gebet, im Ringen mit Gott um Hilfe in dieser Zeit der Noth. Man fürchtete sogar, sein sonst so klarer und kräftiger Verstand würde nachhaltigen Schaden erleiden. Wäre er kein Christ gewesen, es wäre ohne Zweifel dazu gekommen. Jedoch die Zeit und Gottes Gnade heilte allmählich in etwas den Schmerz, obwohl Maria Ingraham, nun selig, drüben seine Gattin nachher wie vorher blieb. Wurde er gefragt, ob er verheirathet sei, so antwortete er immer mit j a. Frug man: „Wo ist Deine Frau?" so antwortete er: „Im Himmel." Zwanzig Jahre lebte er als Wittmann, der sich immer an seine verewigte Frau gebunden fühlte. Auf ihren Leichenstein ließ er schreiben: „Maria Ingraham Haven, meine erste und einzige, nun verewigte Gattin."

Beim Ausbruch des Krieges finden wir Gilbert Haven als Kaplan des achten Massachusetts Regiments, in welchem er sich sehr verdient machte. Obwohl fast in den Staub gebeugt und beständig den herben Schmerz des Verlustes seiner selig entschlafenen Lebensgefährtin empfindend, sorgte er wie ein Vater für die Soldaten, deren zeitliches und ewiges Wohl er im Auge hatte. Nach Verlauf von drei Monaten kehrte er wieder heim und übernahm die Clinton Straße Gemeinde in Newark, die er jedoch wegen geschwächter Gesundheit nicht länger als bis Ende des Conferenz= Jahres bedienen konnte.

Am 30. April 1862 unternahm er eine Reise durch Europa und besuchte das heilige Land. Auf dieser Reise schrieb er sein interessantes Buch: "The Pilgrims Wallet", ein Buch so reich= haltig und belehrend, wie kaum ein anderes, das er geschrieben hat. Zurückgekehrt von Europa wurde ihm die Gemeinde an der North Russel Straße in Boston übergeben. Hier wirkte er in großem

Segen. Nach Beendigung dieser drei Jahre wurde ihm eine Editor=
stelle angeboten, die er aber ablehnte, im Jahre 1867 wurde er
jedoch als Editor des Zions Herald erwählt. Er nahm den Posten
an und füllte ihn ehrenhaft. Jetzt erst zeigte sich Gilbert Haven
in seiner ganzen Geistes= und Seelengröße. Er war ein Held, ein
Stern erster Größe auf dem Gebiete der Journalistik. Bei allen
Tagesfragen nahm der „Herald" eine leitende Stellung ein. Be=
sonders die Sklavenfrage erörterte er auf's gründlichste. Auch schrieb
er eine Anzahl Bücher um diese Zeit. Es wurde allgemein zuerkannt,
daß Gilbert Haven der eleganteste und gewandteste Schriftsteller
des ganzen Methodismus in seiner Zeit gewesen sei.

An der General=Conferenz von 1872 in Brooklyn, New=York,
wurde er gegen die Erwartung der übrigen Bischöfe und auch der
leitenden Männer der Conferenz zum Bischof erwählt. Bischof
Foster sagte bei seiner Beerdigung: „Die Wahl des Bischof Haven's
war uns allen unerwartet, jedoch die acht Jahre seines Wirkens
haben die Zweckmäßigkeit derselben bestätigt." Es wurde beschlossen,
daß Haven in Atlanta, Georgia, wohnen sollte; ein Wunder
ist's, daß er je da wohnen konnte, und doch ging er dort aus und
ein, durchreiste den ganzen Süden, hielt die entschiedensten Reden,
predigte, schrieb und handelte, wie vielleicht nie zuvor ein Metho=
distenprediger im Süden zu thun wagte, und doch blieb er verschont.
Ein Wunder ist's, daß er nicht ermordet wurde.

Bei den Schwarzen, die er seine Brüder nannte und eine Vor=
liebe für sie zeigte, lebt er in gesegnetem Andenken. Die zwei
Namen A. Lincoln und G. Haven werden wohl nicht aus=
sterben, so lange ein Schwarzer da ist, um die Verdienste dieser
beiden Menschenfreunde zu erzählen. Sie leben noch, obwohl sie
gestorben sind; die Befreiung von 4,000,000 Sklaven ist unver=
wischlich in den Annalen der Geschichte geschrieben und damit sind
die genannten Namen unzertrennlich verwoben.

Bischof Haven arbeitete nach der Befreiung der Sklaven mit
demselben Eifer für ihre Erziehung und Veredlung — in

bürgerlicher, sozialer und religiöser Beziehung, wie früher für ihre
Emancipation. Er kämpfte nicht nur für ihre Rechte, sondern er
bemühte sich auch, daß sie befähigt wurden, diese Rechte zu i h r e m
und des Landes Vortheil zu gebrauchen. Er war die
S e e l e der Gesellschaft zur Unterstützung der befreiten
Sklaven und der Missionen unter denselben.

Größtentheils durch s e i n e Vermittlung wurden M i l l i o n e n
beigesteuert, um für jene erniedrigte Rasse Kirchen und Schulen
zu bauen und Prediger und Lehrer zu besolden, und keine Missionsarbeit der Kirche hat sich je so fruchtbar erwiesen, als diese,
denn unsere Kirche zählt gegenwärtig ihre farbigen Prediger beim
Tausend und farbige Glieder und Sonntagschüler bei Hundertau-
tausenden.

In 1876 und 1877 wurde G. Haven nach Afrika gesandt.
Es war keine Kleinigkeit zu gehen, denn Afrika ist reich an Opfern,
die es der Kirche entrissen hat, und sein Boden ist gleichsam geheiligt durch die Gebeine der Missionäre, die er in sich aufgenommen, jedoch G. Haven war der Letzte, der zurückbebte. Er
ging, doch nicht um wiederzukehren wie er ging. Afrikanisches
Fieber hatte sich in seine ganze Constitution eingeschlichen. Er
war krank. Er wurde nicht mehr warm, kalte Fröste liefen beständig durch sein Rückgrat, er konnte nicht mehr schlafen; kurz,
Bischof Havens Arbeit war beinahe fertig. Er wollte freilich von
Ruhe nichts wissen; er hielt noch einige Conferenzen, bei deren
Sitzung er kaum aufrecht sitzen konnte. Sein Ende nahte schnell,
es fand ihn nicht unvorbereitet. Er lebte wie ein Christ, er starb
im Triumphe; er war auch im Tode getrost. Einige seiner letzten
Worte, die die Kirche lange bewahren wird als ein Schatz und
Zeugniß, sind folgende: „Der Meister, dem ich so lange gedient
habe, wird mich jetzt nicht verlassen. Es ist alles recht! Ich
glaube dem ganzen Evangelium! Es ist alles Licht um mich!
Wir haben in ernsten Zeiten gelebt, es kommen noch ernstere! —
Nehmt euch der Schwarzen an, wenn ich fort bin! Dies ist

nicht sterben! Ich bin mit Engeln umgeben! Gloria! Sieg durch des Lammes Blut!" Welch Freude und Wonne muß es gewesen sein für G. Haven, als die Perlen = Thore der Ewigkeit sich öffneten, sein befreiter Geist sich empor schwang zu Gott und Engeln und zu seiner, seit zwanzig Jahren von ihm getrennten Gattin!

So lebte, wirkte und starb einer der größten Männer des amerikanischen Methodismus.

Dr. Wilhelm Naft
und der deutsche Methodismus in Amerika.
Von Fr. Kopp, Galena, Jlls.

———

Es wurde zwar schon in einem andern Vortrag auf die Arbeit unter den Deutschen in Amerika hingewiesen, welche theils durch Methodisten=Prediger, die der deutschen Sprache mächtig waren, theils durch die „Evangelische Gemeinschaft" und die „Vereinigten Brüder" mit Segen und Erfolg gethan wurde; aber mit der Sendung von Wilhelm Naft als deutschem Missionar der Bischöflichen Methodisten=Kirche tritt eine neue Epoche ein. Denn gegen Ende der zwanziger und Anfang der dreißiger Jahre dieses Jahrhunderts fing die Masseneinwanderung der Deutschen in die westlichen Staaten an, und so war die Zeit gekommen etwas für ihre geistlichen Bedürfnisse zu thun.

Die eingewanderten Deutschen befanden sich damals in religiöser Beziehung in traurigen Verhältnissen. Die Zahl der deutschen Prediger war gering und viele von diesen lebten in Laster und Gottlosigkeit und predigten den Rationalismus. Was konnte man da von dem Volke erwarten?

Wohl hat das deutsche Volk ein tiefes Gefühl und ein reiches Gemüth und zeigte von jeher große Empfänglichkeit für Religion. Wird aber ein fetter Boden nicht zu rechter Zeit bebaut und mit gutem Samen besäet dann treibt er Unkraut. Dieses war auch damals der Fall mit unsern Landsleuten. Die Sonntage brachten sie meistens zu mit sündlichen Vergnügungen: mit Lustfahrten, Biertrinken, Kartenspiel und Kegelschieben, was die Aufmerksamkeit

der christlichen Amerikaner auf sich zog und Einer den Andern fragte: „Was kann für die Masse der vernachlässigten eingewanderten Deutschen gethan werden und auf welche Weise können sie aus ihrer traurigen Lage befreit werden?"

Die „Evangelische Gemeinschaft" und die „Vereinigten Brüder" waren damals noch schwach an Zahl und nicht bemittelt, etwas Bedeutendes zu unternehmen. Dann waren auch die meisten ihrer Prediger pennsylvanisch-deutsche, die weder durch ihre Sprache noch durch ihre Bildung und Denkweise befähigt waren, die Bedürfnisse der eingewanderten Deutschen zu befriedigen.

Folgender Auszug aus einem Briefe von St. Louis an den Editor des „Western Christian Advocate", datirt vom August 1835, wie die Anmerkungen des Editors lassen uns die religiösen Verhältnisse der eingewanderten Deutschen und die Stimmung der englischen Kirche deutlich erkennen: „Lieber Br. Morris! Es wohnen sehr viel Deutsche in St. Louis und in den benachbarten Bezirken. Viele von ihnen sind Protestanten und wie „Schafe ohne Hirten." Sie verstehen unsere Predigt nicht und mögen auch unsere Kirche nicht besuchen; doch sobald ihnen in deutscher Sprache etwas vorgetragen wird, sind sie sehr aufmerksam. Ich bin fest überzeugt, daß ein deutscher Missionar mit großem Segen unter ihnen wirken könnte." Dazu fügte der Editor unter Anderm die folgenden Bemerkungen: „Deutsche Missionare sind sehr nothwendig, nicht nur in Missouri, sondern auch in Cincinnati und andern Gegenden des Westens. Die Deutschen selbst wünschen, daß etwas für sie gethan werde; die Glieder unserer Kirche sind bereit, solche Missionen zu unterstützen; unsere Bischöfe sind bereit, das Ihrige zu thun; Gott ist bereit, unser Bemühen mit Erfolg zu krönen. Jetzt ist die Zeit, das Werk anzufangen. Wir haben lange genug, ja bereits zu lange gewartet. Die einzige Schwierigkeit besteht darin, Männer zu finden, die für dieses Werk tüchtig sind. Sie bedürfen nicht nur gründliche Frömmigkeit, richtige Erkenntniß der evange-

lischen Lehre, Bereitwilligkeit, Opfer für das Wohl ihrer Mit=
menschen zu bringen: sie müssen auch fließend deutsch sprechen
können. Würde das Werk aber nur erst mit dem rechten Eifer
angefangen, so würde uns der Herr auch bald aus den Deutschen
Männer erwecken, die tüchtig wären, dasselbe mit Erfolg fortzu=
setzen."

Kurz nachdem diese Bemerkungen im „Advocate" erschienen
waren, wurde Wilhelm Naft als Probe=Prediger in die Cin=
cinnati Conferenz aufgenommen und von dem Bischof als Missio=
nar zu der deutschen Bevölkerung in Cincinnati gesandt. Und da
dieser Mann der „Vater des deutschen Methodismus"
wurde, so ist es nicht mehr als billig, daß wir uns nach seiner
Lebensgeschichte und christlichen Erfahrung erkundigen, damit wir
erkennen, wie wunderbar ihn der Herr für diese seine Lebensaufgabe
vorbereitete.

Wilhelm Naft wurde den 15. Juni 1807 in Stuttgart, der
Hauptstadt des Königreichs Württemberg, geboren und schon in
frühester Jugend von seinen Eltern zum geistlichen Stande in der
lutherischen Kirche bestimmt. Er hatte auch ein empfängliches
Gemüth für Religion und der Geist Gottes wirkte schon in seiner
Kindheit kräftig in seinem Herzen. Der Herr gebrauchte beson=
ders seine frommen Schwestern und den Prediger Kern, diese Seg=
nungen in dem Herzen des Knaben zu nähren.

Als der Zeitpunkt herannahte, wo er seinen Taufbund erneuern
und dem Teufel, der Pracht und Eitelkeit der Welt und den Lüsten
des Fleisches entsagen sollte, lernte er sein Unvermögen und Sünden=
elend erst recht erkennen und kam zu der Ueberzeugung, daß ihm
dieses Gelübde zu halten nur möglich sei, wenn sein Herz gänzlich
erneuert werde durch die Kraft des heiligen Geistes. Wir hören
ihn selbst: „Ich demüthigte mich vor Gott und schrie oft auf meinen
Knieen: Herr Jesu, erbarme dich über mich! Meine Traurig=
keit dauerte mehrere Wochen bis zum Abend meines Confirmations=
tages. Es war ein regnerischer, trüber Tag und zitternd und wei=

nend legte ich mein Glaubensbekenntniß ab. Mit schwerem Herzen eilte ich Abends an einen einsamen Ort im freien Felde, um den Herrn, nach dem meine Seele verlangte, zu finden. Er ließ sich finden und versiegelte mir Seinen Gnadenbund. Mit leichtem Herzen legte ich mich zu Bette. Den nächsten Morgen erschien mir die ganze Natur wie nie zuvor: Alles um mich her und Alles in mir lobte den Herrn, mein Herz empfand Frieden mit Gott und Liebe zu allen Menschen."

Doch diese Zeit der „ersten Liebe" dauerte nicht lange. Nach seiner Confirmation konnte er in das theologische Seminar zu Blaubeuren eintreten, da er während seiner Schuljahre bereits die lateinischen Schulen zu Stuttgart und Vaihingen an der Enz besucht hatte. Dieses Seminar, unter dem Namen „Blaubeurer Kloster" in den schwäbischen Gauen weit und breit bekannt, war für das Gedeihen seines inneren Menschen nicht günstig, da zu jener Zeit die Lehrer der Anstalt dem Rationalismus und dem mystischen Pantheismus huldigten. Wir hören ihn selbst: „Leider aber ließ ich mir meinen kindlichen Glauben bald rauben. Statt mit der vernünftigen, lautern Milch des Evangeliums genährt zu werden, wurde ich in heidnischer Weisheit unterrichtet. Das Streben meiner Mitschüler ging nur dahin, große Helden in der Welt, Dichter und Philosophen zu werden (was auch Einigen gelang); nur Einer fühlte ein Bedürfniß nach dem Sünderheiland. Ein Jahr lang fuhr ich fort, im Verborgenen zu beten und zu weinen. Nach manchem Fall und Wiederauferstehen warf ich endlich mein Vertrauen weg und ließ mich von dem Strom des Zeitgeistes mit fortreißen, doch blieb in meinem Herzen die feste Ueberzeugung zurück, daß wenn Seligkeit für die arme Menschenseele noch zu finden sei, sie allein im Glauben an den gekreuzigten Heiland gefunden werden könne."

Im Uebrigen waren die vier Jahre, die er in dieser Anstalt unter klösterlicher Zucht mit ernsten, anhaltenden Studien beschäftigt war, nicht verloren; denn während der Knabe inmitten der

16

großartigen Natur eines der ſchönſten Thäler der rauhen Alp zum
Jüngling heranwuchs, erſtarkte ſein Körper und Geiſt, und er
wurde mit dem achtzehnten Jahre — nach beſtandenem Examen,
auf die Univerſität ins „Stift" zu Tübingen verſetzt, um Theologie
und Philoſophie zu ſtudiren, woſelbſt er zwei Jahre lang ſeine
Studien fortſetzte.

Nun aber gab es eine Wendung in dem Leben des zwanzig=
jährigen Studenten, worüber er alſo berichtet: „Nachdem ich vier
Jahre die alten Sprachen und zwei Jahre Philoſophie ſtudirt hatte,
zog ich mich freiwillig vom Dienſt der Kirche zurück und bezahlte
den vom Staat empfangenen Unterricht aus meinem eigenen Ver=
mögen, mit der Abſicht, mich den weltlichen Wiſſenſchaften zu
widmen. Ich war nicht willens, des Brods halber oder Andern
zu gefallen, ein feierliches Verſprechen abzugeben, nach den ſym=
boliſchen Büchern, deren Hauptſtücke der Rationalismus mich ver=
werfen gelehrt hatte, zu predigen. Ja, mein Gewiſſen ſagte mir,
daß ich nach der heiligen Schrift kein Chriſt ſei, und ich konnte
mir nichts widerſinnigeres vorſtellen, als daß ein Menſch, der
ſelbſt noch unverſöhnt iſt mit Gott und Seinem heiligen Geiſt
widerſtrebt, es wagen ſollte das Wort der Verſöhnung zu pre=
digen. Ich ſuchte Ruhe für meine Seele in Kunſt und Wiſſen=
ſchaft, konnte aber keine finden. Da ſtreckte der barmherzige Gott
Seinen Arm nach dem verlornen Sohn aus und führte ihn auf
einem Wege, den er damals noch nicht kannte. Im Herbſt 1828
kam ich in New=York an und vier Jahre nachher gefiel es Gott
mich zum zweiten Male aus meinem Sündenſchlafe gründlich auf=
zuwecken. Die Schuppen fielen mir von den Augen, ich ſah und
fühlte, daß ich das Verſöhnungsblut Jeſu Chriſti, meines Herrn
und Heilandes verachtet, mich vom Satan hatte verblenden laſſen
und ſo den Zorn auf den Tag des Zorns gehäuft. Ich verſtockte
mich nicht gegen dieſen Ruf des Herrn, den ich für den letzten
hielt, ſondern rang und flehte unter vielen Thränen, daß mir Gott
möge meine Sünden vergeben und ein neues Herz ſchenken."

Zu jener Zeit war Wilhelm Nast als Bibliothekar und Pro=
fessor der deutschen Sprache an der Militär = Akademie der Ver=
einigten Staaten zu Westpoint, New=York, angestellt, daneben gab
er einigen bekehrten Offizieren Unterricht in den alten Sprachen.
Aber seine Gemüthsunruhe und Seelennoth waren so groß, daß
er sich bewogen fühlte, diese Stellung aufzugeben. So wanderte
der nunmehr 26jährige Jüngling mit seinem beschwerten Herzen
hinaus in die weite Welt, stets dahin seinen Fuß richtend, wo
man ihm sagte, daß Leute wohnten, die ihm zum Seelenfrieden
verhelfen könnten, und überall anklopfend, wo er dachte, dieses hohe
Gut zu finden.

So kam er auch zu „Vater Rapp,“ dem Stifter der „Harmo=
nisten,“ auch „Rappisten“ genannt, und wie es ihm hier er=
gangen, wollen wir ihn selbst erzählen lassen:

„Müde und bestaubt von der Reise kam ich nach Economy
nach der dortigen Herberge und ruhte auf einer der hölzernen
Bänke aus, bis ein Vorsteher der Colonie kam und mich nach
meinem Begehren fragte. Ich klagte ihm meine Noth und sagte,
daß ich in der Welt umherlaufe, Leute zu suchen, die mir helfen
können.

„Vielleicht kann das der Vater Rapp, der hat schon manchem
armen Sünder geholfen,“ sprach der Vorsteher, „komm nur mit
hinüber ins Haus.“

Als ich in Rapps Zimmer eintrat, firirte er mich stark, setzte
sich dicht vor mich hin und sagte, ich solle jetzt einmal sagen,
was ich hätte.

Ich erzählte ihm meinen ganzen Lebenslauf, entdeckte ihm
mein Herz, sagte ihm von meiner Angst und Unruhe und drückte
die Meinung aus, daß ich befürchte, den Tag der Gnade hinweg=
gesündigt zu haben.

„Das mag recht leicht sein,“ fuhr Rapp in gestrengem Tone
heraus, „so habens schon mehr Studenten gemacht wie Du einer
bist. Aber der Himmel kann recht gut bestehen, auch wenn Du

nicht hineinkommſt und die Seligen werden deswegen doch glück=
lich ſein."

Und wieder ſchaute er mich ſcharf an und ſagte nach einer
Weile: „Vielleicht iſt aber noch nicht alles verloren; 's läßt ſich
am End' noch was mit Dir machen, komm mal mit auf's Feld."

Und damit ſchritt er hinaus ins Freie, einem Kartoffelacker
zu, wo ein handfeſter alter Schwabe eben beſchäftigt war, Kar=
toffeln zu hacken. — „Komm mal her Jack," — rief ihm Rapp zu,
„ſieh da kummt a großer Sünder, mach'n hart ſchaffe, daß er
ſchwitzt." Dies war Rapp's Kur für ein bekümmertes Herz.
Jack that redlich ſeine Schuldigkeit in Ausführung deſſen, was
ihm der „Vater" befohlen, ſchwatzte mir aber auch ſo viel wirres
Zeug von der Zukunft Chriſti und dem tauſendjährigen Reich vor,
daß ich es nur etwa eine Woche in der Anſiedlung aushielt, wo
mir die Verhältniſſe überhaupt zu enge und zu knapp waren."

Wilhelm Naſt war überhaupt zu jener Zeit in keinem benei=
denswerthen Zuſtande. Seine Seelennoth grenzte zu Zeiten an
Verzweiflung. Sein tiefes Gemüth war mächtig erfaßt von der
Wahrheit, während ſein Verſtand verwirrt war durch die ihm auf
der Hochſchule beigebrachte Philoſophie. Nahezu drei Jahre dauerte
dieſer Kampf. Es ſchien, als ob ſich die Zweifel und Hinderniſſe
in Schichten über ſeinen Geiſt gelagert hätten, ſo daß, wenn eine
finſtere Wolke verſchwunden war, eine andere noch dichtere hinter
jener lag. In dieſem Zuſtande kam er auf ſeinen Wanderungen
zu einer Lagerverſammlung an dem Monongahela Fluß, wo er
von der Gnade Gottes reichlich heimgeſucht wurde. Auf dieſer
Verſammlung befand ſich auch eine alte Mutter in Iſrael aus
Pittsburg, die dem „armen, geplagten Deutſchen" in prophetiſchem
Geiſte ſeinen Lebenslauf andeutete. Denn trotz der genoſſenen
Segnungen brachen immer wieder gar finſtere Stunden über ihn
herein. Einmal ſah er im Geiſt von Pisgas Höhen das verhei=
ßene Land und in ein paar Stunden tappte er wieder im finſtern
Thal ohne Stecken und Stab. In einer ſolchen dunkeln Stunde

war es, als die fromme Mutter, ihn bei den Händen fassend, glaubensmuthig ausrief: „William, sei guten Muthes, Gott ist mit Dir; Du bist erweckt und bekehrt und die volle Glaubensfreiheit wird schon noch folgen. Du wirst Deinen Landsleuten das liebe Evangelium predigen und viele von ihnen werden zu Gott bekehrt werden."

Aber es dauerte von da an fast noch zwei Jahre, bis diese suchende Seele zur wahren Ruhe gelangte.

Ganze Nächte wandelte der Professor des Hebräischen im Walde umher; stundenlang starrte er in das sternbedeckte Firmament und doch wollte die Seelenruhe nicht einkehren. Es war ihm zur Lebensaufgabe geworden, ob und wie er zur völligen Glaubensgewißheit gelangen könnte, und in diesem Suchen ward ihm ein einfacher, aber gründlich frommer und bibelfester Schuhmacher in Gambier, Namens John Smith, mit seiner Erfahrung und seinem Trost zu großer Stütze. Dieser nahm ihn auch mit auf eine von Dr. Poe in Danville, Knox Co., Ohio, gehaltene Abendmahls-Versammlung, wo es Gott gefiel, Wilhelm Nast am 18. Januar 1835 das feste, klare Zeugniß der Kindschaft in Gnaden zu schenken.

Ueber diese selige Erfahrung berichtet er selbst: „Ich gab mich ohne Rückhalt dem Herrn hin, mich zu gebrauchen, wie es Ihm gefalle; auch konnte ich mich nicht enthalten, öffentlich zu bekennen, wie große Wohlthat der Herr an mir gethan und sich meiner erbarmet habe. Es wurde mir klar, daß es jetzt die Zeit sei, den von mir in meiner Kindheit dem Herrn gelobten Dienst am Evangelium anzutreten und ein Zeuge von Seiner großen Hirtengeduld zu werden, die nie müde wird, das Verlorene zu suchen."

Auf diese wunderbare Weise bereitete sich der Herr diesen Seinen Knecht vor zu einem auserwählten Rüstzeug, den Namen Christi durch Wort und Schrift seinen deutschen Landsleuten zu verkündigen als einen Namen, der über alle Namen ist und in dem allein der Mensch selig werden kann.

Mitte September des Jahres 1835 fing Wilhelm Nast mit

Eifer an in Cincinnati zu arbeiten. Er fand aber ſchwerere Arbeit,
als man ſich vorgeſtellt hatte. Mit Spott und Verachtung begeg=
neten ihm die Deutſchen. Durch Verläumdungen und falſche Ge=
rüchte ſuchten beſonders die Schankwirthe die Leute von dem Be=
ſuche ſeiner Gottesdienſte abzuhalten. Manche ſchämten ſich nicht,
die Verſammlungen durch unanſtändiges Betragen zu ſtören. So
geſchah es, als er ſich bei einem Abendgebet im Anfangs=Gottes=
dienſt mit geſchloſſenen Augen ſehr vertieft hatte, daß ein Schelm

John Swahlen.

die Lichter ausblies und mit dem größten Theil der Verſammlung
verduftete und Herrn Naſt mit einigen treuen Seelen im Finſtern
ſitzen ließ. Er ließ ſich aber durch ſolche Tücke nicht entmuthigen,
predigte überall, wo er Zuhörer bekommen konnte, in Schulhäuſern,
Privatwohnungen und auch im Freien. Die Frucht ſeiner Arbeit
im erſten Jahre waren drei Bekehrungen, nämlich die von John
Swahlen, von Edward Hoch und die von der in Dayton ſelig
entſchlafenen Maria Müller.

John Swahlen wurde bald darauf zum Ermahner lizen=
sirt und ist ein erfolgreicher Reiseprediger geworden. Im Jahre
1838 wurde er nach Wheeling, Va., gesandt als Missionar. Er
fand dort einen großen Hunger und Durst nach dem Wort Gottes,

Kirche in Wheeling, Westvirginia.

arbeitete mit Fleiß und Eifer und hatte so herrlichen Erfolg, daß
die Gemeinde in acht Monaten zu 80 Gliedern herangewachsen
war, die eine schöne kleine Kirche bauten. Dieses war die erste
deutsche Methodisten=Kirche. Er ist seit einigen Jahren
auf die Liste der altersschwachen Prediger gesetzt und wohnt in

Evansville, Indiana, wo er nach ſeiner reichen Thränenſaat hoff=
nungsvoll auf eine herrliche Freudenernte wartet.

Im Herbſt 1836 wurde Wilhelm Naſt als deutſcher Miſſionar
für den ganzen Staat Ohio beſtimmt, denn ſein Vorſtehender
Aelteſter war mit ſeinem Erfolg in Cincinnati nicht zufrieden.
Als Br. Naſt ungefähr drei Monate auf dieſem großen Felde ge=
arbeitet hatte, gab er folgenden Bericht: „Obgleich Aberglaube
und Unglaube ſich verbinden, die Leute an manchen Plätzen von
meinen Gottesdienſten abzuhalten, ſo kann ich doch an der Heer=
Straße, im Familienkreiſe und am Krankenbette des Heilandes
Liebe und Kraft rühmen. Ich habe jetzt meinen Bezirk gebildet
und bereiſe in fünf Wochen ungefähr dreihundert Meilen im Um=
kreiſe und habe zweiundzwanzig Predigtplätze.“ Unter dieſen Plätzen
waren: Columbus, Baſel, Thornville, Newark, Mount Vernon,
Dansville, Mansfield, Galion, Bucyrus, Marion, Delaware und
Worthington. In dieſem Jahre wurden ſieben Seelen zu Gott
bekehrt. Einer ſeiner Anhaltspunkte war das Haus von „Vater
Schneider,“ der zwei Söhne im Reiſepredigtamt unſerer Kirche
hat, welche in der Central=Conferenz eine ehrenvolle Stellung ein=
nehmen; der ältere P. F. Schneider, der ſeit Jahren die Fi=
nanzen des deutſchen Collegiums in Berea mit Erfolg verwaltet,
damals ein kleiner Knabe, diente oft dem erſten Miſſionar als
Führer durch den Wald.

In den Jahren 1837 und 1838 wurde es aber für gut be=
funden, W. Naſt nach Cincinnati zurückzuſenden, da die deutſche
Einwanderung ſehr zugenommen hatte. Dieſes war eine ſegens=
reiche Zeit. Ende des zweiten Jahres organiſirte er eine Ge=
meinde von dreißig Gliedern, wozu Franz Nülſen, J. Schwab
und Andere gehörten. In dieſe Zeit fällt auch die Bekehrung
von L. S. Jakobi, deſſen Lebenslauf und ſegensreiche Wirkſam=
keit hier und im alten Vaterlande in einem andern Vortrag dar=
geſtellt werden ſoll.

Im Herbſt 1838 wurde an der Cincinnati Conferenz be=

schlossen, ein deutsches religiöses Wochenblatt in der Stadt Cin= cinnati herauszugeben. Den 4. Januar 1839 kam die erste Nummer heraus unter dem Titel: „Christlicher Apolo= logete." Dr. Nast war zum Editor ernannt, und hat derselbe die Stelle als Haupt=Editor des Blattes behauptet bis auf die= sen Tag.

Für die Cincinnati Mission wurde zu dieser Zeit Peter Schmucker bestimmt. Dieser war früher ein begabter und eif= riger lutherischer Prediger im Osten, hatte aber sein Amt nieder= gelegt, weil er seines Eifers wegen überall als Methodist ver= schrieen wurde, und hatte sich mit seiner Familie in Newark, Ohio, niedergelassen, wo er sich auch der Methodisten=Kirche anschloß. Er folgte trotz seines vorgerückten Alters und seiner geschwächten Gesundheit dem Ruf des Herrn und arbeitete zwei Jahre mit großem Erfolg in der Stadt Cincinnati und konnte am Ende des ersten Jahres einen Zuwachs von achtzig Gliedern berichten.

Unter den in diesem Jahre Bekehrten war auch Wilhelm Ahrens, ein hochbegabter Mann, der viele Jahre lang mit mächtiger Beredtsamkeit als Reiseprediger das Evangelium ver= kündigte, sich durch seine Abhandlungen im Apologeten und als Verfasser mehrerer gediegenen Schriften rühmlich ausgezeichnet und in weiteren Kreisen nützlich gemacht hat. Er ist seit mehreren Jahren kränklich und steht in der Central deutschen Conferenz auf der Liste der ausgedienten Prediger. Möge der Herr ihm einen glücklichen Lebensabend und ein glorreiches Ende schenken!

Wir müssen aber noch ein Mal auf Peter Schmucker zurück= kommen. Er war ein ächter Missionar. Besonders be= mühte er sich in den Häusern, auf den Straßen und Schiffen Traktate auszutheilen. Ueber den Segen dieser Arbeit wollen wir von ihm selbst ein Beispiel hören: „Un= gefähr vor einem Jahre traf ich an unserer Werfte mit einem jun= gen Deutschen zusammen, ließ mich mit ihm in ein religiöses Ge= spräch ein und gab ihm den Traktat: „Jesus auf Golgatha,"

welchen er dankbar annahm. Ich ging mit ihm auf sein Schiff,
das von New Orleans gekommen war, und traf noch elf deutsche
Arbeiter. Ich redete mit ihnen über Religion, gab Einigen Testamente und Jedem einen Traktat. Mit ihrer Einwilligung betete
ich mit ihnen und ermahnte sie fleißig zu lesen und zu beten.
Endlich sagte ich: „Brüder, ehe ich von euch scheide, muß ich euch
noch ein Matrosenliedchen singen:

> „Segelnd auf des Meeres Wogen,
> Fern vom Lande, weit von heim
> Wird des Schiffers Herz gezogen,
> An der Eltern Herd zu sein.
> Herr, ich flehe: Ach beschütze
> Mich auf meiner Reise heim.“

Indem ich sang, nahete sich mir ein junger aus Straßburg ge-
bürtiger Deutscher, ergriff meine Hand und sagte: „O, mein Gott,
ich werde meine armen Eltern nie wieder sehen.“ Ich ermahnte
ihn, ein gottseliges Leben zu führen, dann werde er seine Eltern
im Himmel wieder finden.

Vor einiger Zeit besuchte ich wieder dasselbe Schiff und nachdem ich jedem Deutschen einen Traktat gegeben hatte, sagten sie
mir, daß noch ein Deutscher krank auf dem Verdeck liege. Ich
ließ mich zu ihm führen und erkannte in ihm den oben erwähnten jungen Straßburger, welcher am Fieber darniederlag. Der
von mir erhaltene Traktat lag an seiner Seite; er las in seinem
Testamente und die Thränen rollten über seine blassen Wangen.
Ich fragte ihn: „Freund, warum weinst Du?“ Er antwortete:
„Ich lese das Evangelium vom verlornen Sohn und wünsche, ich könnte wieder zum Vater heimkehren.“ Ich verließ ihn
mit der Hoffnung, ihn im Himmel wieder zu sehen.“

Auch die erste Gemeinde in Louisville wurde von P.
Schmucker gegründet, wohin er im Jahre 1840 als Missionar
gesandt wurde. Er fand zuerst großen Widerstand, daß selbst sein
Leben einige Mal in Gefahr war. Aber Gott segnete seine Arbeit
reichlich, daß Viele bekehrt wurden und im ersten Jahre sich neunzig

Personen der Kirche anschlossen. Sie gingen auch sogleich ans Werk eine Kirche zu bauen, die schon im Sommer 1841 einge= weiht wurde. Dieses war die zweite Kirche der deutschen Methodisten.

Unter den Bekehrten waren die vier Brüder Barth, die früher als Musiker im Lande umherreisten. Drei von ihnen wurden Reiseprediger. John und Philipp sind jetzt noch im Werke. Philipp Barth hat die Ehre, die erste Gemeinde in Chi= cago gesammelt und die erste Kirche dort gebaut zu haben, und das Werk des Herrn in dieser großen Stadt (Metropole des Westens) hat sich seit jener Zeit so herrlich ausgebreitet, daß die Zahl der deut= schen Kirchen und Glieder dort größer ist, als in irgend einer an= dern Stadt.

Sebastian Barth kam im Jahr 1845 nach Burlington, Jowa, und pflanzte dort das Panier des Kreuzes auf; doch erst unter der Arbeit von Charles Hollmann, einem geistlichen Sohn des Pietisten=Generals Volkening und einem Zögling des seligen „Vater Goßner", wurde eine bedeutende Anzahl Seelen be= kehrt und die Gemeinde befestigt. Br. Hollmann war in seinen jüngeren Jahren ein Riese auf der Kanzel, und hat viele arme Sünder zum Lamm Gottes geleitet. Erst im Herbst 1880 hat er sich zur Ruhe gesetzt und wohnt auf einem schönen Stück Prairie= Land im fernen Nordwesten bei Morris, Minnesota.

Die Gemeinde in New=Orleans wurde im Jahre 1842 ebenfalls von P. Schmucker gegründet. Es war ein Bruder von Cincinnati dort hingezogen, der die Liebe Christi in seiner Seele hatte, und es wurden durch seinen frommen Wandel und seine Ermahnungen etliche Seelen erweckt und bekehrt. (Damals war jedes Glied der Kirche ein Zeuge für den Heiland.) Br. Schmucker hörte davon und machte eine Missionsreise nach dem Süden, hielt sich einige Wochen in der Stadt New=Orleans auf, hielt täglich Versammlungen, gründete eine Gemeinde und legte den Grund zu dem Bau einer Kapelle. Er lizensirte einen in Deutschland be=

kehrten Bruder mit Namen **Bremer** und übergab ihm die Auf=
ſicht über die kleine Gemeinde. Von dort breitete ſich das Werk
aus bis nach Texas. Br. Bremer iſt auf ſeinem Poſten geblieben
bis an ſein Ende, ruhet ſeit Jahren von ſeiner Arbeit und ſeine
Werke folgen ihm nach.

Peter Schmucker mußte wegen Krankheit im Jahre 1848 in
Ruheſtand verſetzt werden und entſchlief ſelig im Herrn nach län=
gerem Leiden im Jahre 1860 im Alter von 78 Jahren und ging
ein zu ſeines Herrn Freude.

In Lawrenceburg, Indiana, 20 Meilen von Cincinnati, pre=
digte Dr. Naſt von Zeit zu Zeit und der Herr ſegnete ſeine Ar=
beit, ſo daß ſich 20 Seelen zu einem Gemeindlein verbanden. Unter
dieſen befanden ſich die Brüder **Michael** und **Leonhardt Mul=
finger**, die Beide ſehr nützliche Reiſeprediger wurden. Michael
war eine innige und aufrichtige Seele, ganz dem Herrn geweiht,
und führte viele Seelen zu Jeſu. Er ſtarb in Pekin, Ills., wo
ſein müder Leib im Schooß der Erde ruht.

Leonhardt Mulfinger arbeitete zuerſt in Indiana und
ſpäter in St. Louis mit Segen und großem Erfolg. Seine beſte
Zeit und Kraft verwandte er aber in den Grenzen der Chicago
Conferenz, in welcher er als der älteſte Reiſeprediger und als
einer der Repräſentanten der Conferenz eine ehrenwerthe Stellung
einnimmt. Er bereiſt gegenwärtig als Vorſtehender Aelteſter den
großen und wichtigen Chicago Diſtrikt und iſt beſonders geeignet,
durch ſeine weiſen Rathſchläge die jungen Männer zu nützlichen
Arbeitern in der Kirche heranzubilden. Auch führt er eine gute
Feder, die beſonders in Vertheidigung der Wahrheit und der Kirche
dem Gegner gefährlich werden kann.

Im Jahr 1838 wurde Dr. Naſt nach Pittsburg gerufen,
um dort eine Gemeinde zu gründen. Es hatten ſich bereits etliche
Teutſche der engliſchen Methodiſtenkirche angeſchloſſen. Er arbeitete
zwei Wochen lang und predigte jeden Tag. Gott ſegnete ſeine
Arbeit reichlich, denn 25 Seelen ſchloſſen ſich der Kirche an und **zehn**

fanden Frieden. Unter diesen befand sich E. Riemenschneider, der Vater des Vizepräsidenten des Wallace Collegiums zu Berea und nachmaliger Missionar in Deutschland. Näheres findet sich von ihm in dem Vortrag über den Methodismus in Deutschland.

Im Jahre 1840 wurde die Scioto Mission, welche die Stadt Chillicothe in sich schloß, durch G. A. Breunig gegründet. Er hatte guten Erfolg, denn ehe das Jahr um war, hatten 28 Seelen die Vergebung der Sünden gefunden und sich der Kirche ange= schlossen. Br. Breunig war früher Katholik, wurde aber durch das Lesen der heiligen Schrift erleuchtet und von seinem Sündenschlaf erweckt und unter den englischen Methodisten in Michigan bekehrt. Seit 1869 ist er in den Ruhestand versetzt und ist wohnhaft in Indianapolis. Er thut immer noch was er kann zum Aufbau des Reiches Gottes und führt ein gottgeweihtes Leben.

Marietta Mission wurde im Jahr 1841 durch Heinrich Koeneke mit großem Erfolg bearbeitet, so daß die Gemeinde am Schluß des Jahres 170 Glieder zählte und eine kleine Kirche ge= kauft hatte. Er wurde im Jahre 1834 in Deutschland bekehrt und hielt dann mit etlichen gottesfürchtigen Seelen Erbauungs= stunden, was ihm viel Spott und Verfolgung zutrug. Dieses be= wog ihn, nach Amerika auszuwandern. Er ließ sich in Wheeling, Virginien, nieder und schloß sich dort im Jahre 1839 unserer Kirche an. Er war ein ungemein erfolgreicher Prediger und diente elf Jahre hintereinander als Vorstehender Aeltester. Im Jahre 1873 starb er in Belleville, Ills., 73 Jahre alt. Seine Söhne arbeiten in der St. Louis Conferenz im Geiste ihres Vaters.

Die New=York Mission wurde von E. H. Doering angefangen und von E. Lyon, dem eigentlichen Gründer des öst= lichen Werkes, fortgesetzt und befestigt. Br. Lyon, oder eigentlich „Löwe," wurde im Königreich Württemberg im Jahre 1802 ge= boren. Schon in früher Jugend hatte er den Wunsch, Missionar zu werden. Als er dieses später seinem Vater offenbarte, schlug er es ihm rund ab mit den Worten: „Ich bin kein Prophet und

Du biſt keines Propheten Sohn, darum verſchone mich künftig mit
ſolchen Ideen." Dieſes bewog den fünfzehnjährigen Knaben nach
Amerika auszuwandern, wozu ihm ſeine fromme Mutter durch
ihre Fürſprache beim Vater behilflich war. Vierundzwanzig Jahre
alt war er, als er unter den engliſchen Methodiſten für ſeine Seele
Frieden fand. Im ſeligen Genuß der erſten Liebe jubelte er:
„Ach, daß doch alle Welt es wüßte, wie Jeſus arme Sünder liebt!
O Tag des Lebens, Tag der Wonne, heilig ſind Deine Strahlen!
In Deinem Lichte wurden die Ketten der Finſterniß von einer gefangenen Seele geſprengt, die nun in der Freiheit der Kinder
Gottes wandelt." Darauf ſchließt er ſich nach viel Gebet und
gewiſſenhafter Ueberlegung der Methodiſten - Kirche an, weiht ſich
gänzlich dem Herrn, wird ausgeſandt zu predigen, ſtudirt die la-
teiniſche, griechiſche und hebräiſche Sprache, und nachdem er vierzehn Jahre mit Erfolg in der engliſchen Sprache gepredigt hat,
wird er als Miſſionar unter ſeine Landsleute nach New - York
geſandt. Er wirft ſich mit ganzer Kraft in die Arbeit und predigt
zwanzig Jahre mit großem Segen in den Städten des Oſtens,
wie auch als Vorſtehender Aelteſter auf dem öſtlichen Diſtrikt.

Als Prediger ſoll er alle ſeine deutſchen Brüder übertroffen
haben. Mit ſeiner gewaltigen Löwenſtimme und hinreißenden Be-
redtſamkeit bekämpfte er den Unglauben und die Sünde mit Erfolg
und machte Beute für ſeinen Meiſter. Auch iſt er der Verfaſſer
etlicher Bücher, unter Anderem eines kleinen Liederbuchs, aus
dem in unſerem deutſchen Kirchengeſangbuch das „Freudenvoll,
Freudenvoll" genommen iſt. Durch einen Schlagfluß, der ihn
im Jahre 1862 traf, wurde er unfähig als Reiſeprediger länger
zu dienen und nach ſechs Jahre langem Leiden entſchlief er ſelig
im Herrn im Jahre 1868.

Beardstown Gemeinde wurde von dem ſeligen Hem-
minghaus gegründet, der ſchon im Jahre 1848 in Burlington,
Iowa, im Triumphe des Glaubens ſtarb. Von Beardstown
wurde im Jahre 1845 Philipp Kuhl als Reiſeprediger aus-

gesandt, der jetzt noch in der St. Louis Conferenz in Arbeit ist
und eine segensreiche Wirksamkeit hinter sich hat. Jahre lang
war er der Hauptrepräsentant des Werkes im Südwesten.

Galena, Ill., wurde im Jahre 1845 von Wm. Schreck
als Mission aufgenommen. Dieses war damals einer der be-
deutendsten Plätze im Nordwesten. Der gute Verdienst in den
Bleigruben zog eine Masse von Deutschen an, und man hielt daher
diese Stadt für einen der wichtigsten Missionsposten. Die Arbeit
der deutschen Missionare lohnte sich reichlich. Viele Seelen wur-
den bekehrt und die Gemeinde erstarkte derart, daß sie bald ihren
Prediger selbst erhalten konnte. Unseres Wissens war die Galena
Gemeinde die erste selbsterhaltende deutsche Gemeinde im ganzen
Nordwesten. Später zogen viele Glieder von hier nach dem
Nordwesten und Norden und halfen besonders in Jowa und
Minnesota neue Gemeinden gründen und aufbauen.

Milwaukee, die Metropolis Wisconsins, wurde ebenfalls
von Wm. Schreck als Mission aufgenommen, und zwar im Herbst
1846, wo er mit vieler Treue und schwerer Arbeit ein kleines
Häuflein um das Kreuzpanier sammelte. Dieser treue Knecht
ging vor etlichen Jahren zur Ruhe des Volkes Gottes ein.

C. Jost, der seit vielen Jahren in der östlichen Conferenz
arbeitete und der kürzlich von derselben superannuirt wurde, mehrte
und befestigte die Gemeinde in Milwaukee und erbaute im Jahre
1848 die erste Kirche dort. Von da aus verbreitete sich der deutsche
Methodismus über den ganzen Staat Wisconsin.

Im Jahre 1848 kam Conrad Eisenmeier als erster
Vorstehender Aeltester, der im Nordwesten wohnte, nach Milwaukee
und durchreiste den Staat Wisconsin, das nördliche Illinois und
das nordöstliche Jowa mit großer Selbstverleugnung und bahnte
mit seinen feurigen, zündenden Predigten dem Reiche Gottes überall
den Weg, wo er hinkam.

Br. G. L. Mulfinger wurde auf dem östlichen Theil, der
jetzt die Chicago Conferenz ausmacht, sein Nachfolger, und Br.

John Plank auf dem weſtlichen Theil, der gegenwärtig die nordweſtliche Conferenz bildet. Br. Plank reiſte mit ſeinem treuen „Jo" von Pekin, Ill., bis nach St. Paul, Minn., und arbeitete mit gutem Erfolg. Dieſer Pionier des Nordweſtens wurde im Jahre 1843 unter den engliſchen Brüdern bekehrt, trat im Jahre 1846 in den Reiſeplan des deutſchen Werkes, war vierzehn Jahre hintereinander auf verſchiedenen Diſtrikten Vorſtehender Aelteſter, bebaut gegenwärtig als 73jähriger Greis in Clayton Co., Jowa, ſeine kleine Farm ſelbſt und iſt immer noch bereit das Evan= gelium zu predigen, wo ſich die Gelegenheit darbietet.

St. Paul wurde im Herbſt 1850 aufgenommen. John Plank hatte im Sommer zuvor eine Miſſionsreiſe nach Minne= ſota gemacht und an verſchiedenen Orten gepredigt. Es waren von unſern Gliedern aus St. Louis dorthin gezogen, unter An= dern die Brüder Schürmeier, die mit ihren Familien und einigen andern Geſchwiſtern den Kern der Gemeinden in Minneſota bil= deten, die ſeitdem entſtanden ſind.

Jakob Haas sen. war der erſte Miſſionar in St. Paul. Er war unter Br. Jakobis Arbeit in St. Louis bekehrt. Er or= ganiſirte eine kleine Gemeinde und baute die erſte Kirche dort. Jene Gemeinde wurde die zahlreichſte und wohlhabendſte im Nord= weſten. Gott ſchenke ihr in demſelben Verhältniſſe geiſtliches Leben!

Auguſt Kellner, der ſchon im Jahre 1848 in den Wäl= dern Wisconſins als treuer Miſſionar herumreiſte, wurde im Frühjahr 1855 als erſter deutſcher Prediger unſerer Kirche nach San Francisco, Cal., geſandt, wo er im Segen wirkte und ſomit der Gründer des deutſchen Methodismus am Stillen Meere wurde. Er war ein begabter, körperlich kräftiger und ſehr unter= nehmender Mann, iſt aber in ſeiner beſten Kraft von der Arbeit zur ewigen Ruhe abgerufen worden.

Doch iſt ja dieſes nur ein Vortrag und keine Geſchichte der Kirche und daher iſt es meine Pflicht, mit dieſen Einzelheiten abzubrechen. Wie gerne hätte ich einem Jeden von den treuen

Knechten, die der Herr heimgerufen hat, einen Kranz auf das Grab gelegt, und wie gerne Jedem von Denen, die Jahre lang schwere Arbeit gethan haben, jetzt aber körperlich niedergebrochen oder zu alt sind, um im aktiven Dienste zu stehn, einen Kranz um die Stirne gewunden; aber die Zeit würde zu kurz, ihre Reisen und Entbehrungen, ihre Kämpfe und Siege, ihren Fleiß und Eifer, ihren Glauben und Liebe, ihre Geduld und Hoffnung zu schildern, „deren die Welt nicht werth war." Ihre Namen und ihre Thaten stehen in den Herzen Derer, die durch sie dem Heiland zugeführt wurden, unauslöschlich eingeschrieben, und sollten sie auch in der Geschichte der Kirche nicht angezeichnet werden, so wird einst Alles wieder frisch ins Gedächtniß gerufen, wenn der Herr kommt und ihnen zuruft: „Kommet her, ihr Gesegneten meines Vaters, ererbet das Reich, das euch bereitet ist von Anbeginn der Welt!" Auch kann hier weder von der Arbeit der treuen Klassenführer, Ermahner, Lokalprediger und Sonntagschul-Arbeiter, noch von dem herrlichen Wirken der 500 Reiseprediger berichtet werden, die gegenwärtig die Heerde Christi weiden und die Lämmer leiten.

Es ist überhaupt ein Wunder vor unsern Augen, wie der Herr zu einer Zeit, da noch keine deutsche Lehranstalt gegründet war, der Kirche die rechten Arbeiter erweckte und zuführte, und wie besonders aus den in der ersten Zeit Bekehrten eine so große Zahl tüchtiger Prediger hervorging. Die Feinde der Wahrheit haben uns zwar oft den Vorwurf gemacht, daß wir ungelehrte Leute, wie „Schuster und Schneider", hinaussendeten als Prediger, aber diese „ungelehrten Leute" hatten die Liebe Christi in ihrem Herzen, die Bibel als Schwert des Geistes in ihrer Hand und gesunden Verstand in ihrem Kopf, daß sie, gleich David mit seiner Schleuder, manchen großen Goliath gehörig in die Enge trieben. Der Herr gab der Kirche zu jener Zeit gerade die Männer, die sie bedurfte. War ein Editor nöthig, so war sogleich ein wissenschaftlich gebildeter Mann bei der Hand, der die Stelle versehen konnte. Selbst gegenwärtig wären solche zu finden, die das Kreuz

auf ſich nehmen und den Dreifuß beſteigen würden. Suchte man
einen Profeſſor für eine unſerer Hochſchulen, ſo hatte der Herr
es gefügt, daß wie zur Zeit der Reformation die römiſche Kirche
für die Ausbildung eines Luther und ſeiner Gehülfen geſorgt
hatte, auch andere Kirchen dieſe Vorarbeit für uns gethan hatten.
Die Juden, Katholiken, Lutheraner und Refor=
mirten lieferten Werkzeuge und Material zum
Aufbau des Methodismus. Nur mußten ſie zuerſt, wie
Dr. Naſt, gründlich bekehrt, mit dem hl. Geiſte getauft und mit
der Liebe Chriſti erfüllt werden. Die Lokomotive ſtellten die
andern Kirchen, das Feuer aber wurde vermittelſt der Methodiſten=
Kirche durch den hl. Geiſt erſt angezündet.

So berief Gott auch aus den verſchiedenen Ständen
und Berufsarten Arbeiter für unſer Zion. Wir be=
kamen Rechtsgelehrte, die es verſtanden, das Geſetz und die
Rechte und Zeugniſſe des Herrn zu deuten; Aerzte, die den Seelen=
kranken die paſſende Arznei zu verordnen und den Auftrag aus=
zurichten verſtanden:

> „Führt die Kranken und Geſunden
> Zu des Heilands Blut und Wunden,
> Als dem einz'gen Gnadenhort.‟

Kaufleute, die den Werth der Seelen berechnen konnten;
Schmiede, die den Hammer des Geſetzes zu führen verſtanden,
um die Felſenherzen zu erſchüttern und zu zerſchlagen; Maurer,
welche die Steine zum Tempel Gottes aus dem Bruch holen, zu=
bereiten und einfügen konnten in das Gebäude; Schreiner, die
die Kunſt verſtanden, den harten, rauhen Sünder fein und glatt
zu hobeln; Schuſter, die früher die Sohlen hart klopften, aber
in der Schule Jeſu die Kunſt gelernt hatten, die Herzen zu er=
weichen; Bauern, die den Pflug des Geſetzes über den harten
Herzensboden ziehen und die Furchen tief und lang machen konnten
und dann, wenn der Boden gelockert war, den Samen des Evan=
geliums darauf zu ſtreuen und ihn mit dringenden Ermahnungen

Collegium in Warrenton.

einzueggen verstanden, daß er Früchte trug zum ewigen Leben, dreißig=, sechszig= und hundertfältig.

In späterer Zeit wurde aber doch das Bedürfniß höherer Lehr= anstalten tief empfunden, denn für's erste war der Bildungsgrad des amerikanischen Volks wie der deutschen Einwanderer später bedeutend höher, als in jener ersten Zeit; für's zweite hatten die unter uns auf= gewachsenen jungen Leute, die der Herr in's Predigt= und Lehramt be= rief, nicht die erforderlichen Kenntnisse für diese wichtige Aufgabe und waren besonders mangelhaft in der deutschen Sprache, daher fand man es für nöthig, deutsche oder deutsch=englische Hochschulen zu gründen.

Der Anfang wurde gemacht in Quincy, Ills., wo eine deutsche Professur mit unserem englischen Collegium verbunden wurde. Dr. Hermann Koch wurde als Professor angestellt. Nachher wurde das Deutsche von dem Englischen getrennt, aber die Schule wollte nicht recht gedeihen; daher beschloß im März 1864 eine Convention,

Waiſenhaus in Warrenton.

die Anſtalt nach Warrentown, Mo., zu verlegen und ein
Waiſenhaus mit derſelben zu verbinden, wo dieſelbe, ſtets unter der
weiſen Leitung und eiſernen Ausdauer von Dr. Koch, ſich des beſten
Erfolgs erfreut.   Es war aber auch die Arbeit in Quincy nicht
vergeblich, denn es wurden dort eine Anzahl junger Männer unterrichtet, die gegenwärtig in der St. Louis und nordweſtlichen Conferenz wichtige Stellungen einnehmen.

Das Wallace Collegium zu Berea, Ohio, wurde im
Jahre 1859 durch Jakob Rothweiler gegründet und hat
daſſelbe ſeinen finanziellen Erfolg hauptſächlich der Einſicht und Arbeit ſeines Stifters zu verdanken.   Dr. Löbenſtein hat dort
als Profeſſor der Theologie und Erzieher der
Predigtamts - Candidaten ein gutes Werk gethan, und
ſeine beſte Kraft dieſer Arbeit gewidmet.   Gegenwärtig füllt Dr.
Paulus den theologiſchen Lehrſtuhl.

Auch das Berea Waiſenhaus, das bald nachher gegründet
wurde, iſt in gedeihlichem Zuſtande und es haben dort ſchon viele

Kirche und Wallace Halle in Berea, Ohio.

Waisenkinder eine gute Heimath und christliche Erziehung er=
halten.

Im Jahre 1868 wurde die Normal=Schule in Ga=
lena, Ill., gegründet und hat dieſe Anſtalt ſeit ihrer Gründung

Deutsch-englisches Collegium in Galena, Ill.

ein gutes Werk gethan; aber weil hier nicht hauptsächlich Lehrer ausgebildet werden sollen, so hat die nordwestliche Conferenz an

Collegium zu Mt. Pleaſant.

ihrer Sißung im Herbſt 1880 beſchloſſen: „Daß, da der Name dem
gegenwärtigen Charakter der Schule nicht entſpricht, ſie von nun
„Deutſch = engliſches Collegium" heißen ſoll." Wir
wünſchen demſelben mit dem neuen Namen neues Gedeihen und
Gottes reichen Segen.

Die vierte deutſche Hochſchule wurde im Jahre 1873 in Mount
Pleaſant, Jowa, gegründet und macht den Umſtänden angemeſſen
gute Fortſchritte.

Dieſe vier Lehranſtalten mit den zwei Waiſenhäuſern haben ein
Vermögen von mehr als $200,000, und werden von der Kirche
liberal unterſtüßt.

Noch größer iſt der Erfolg unſerer deutſchen Literatur,
die in dem Methodiſten=Buchverlag in Cincinnati herausgegeben
wird. Der „Chriſtliche Apologete" hat jetzt in ſeinem 43.
Jahrgang über 16,000 Unterſchreiber; „Haus und Herd" (das
beſte deutſche Magazin) hat in ſeinem 9. Jahrgang gegen 8000
Unterſchreiber; die „Sonntagſchul = Glocke" 25,000; der
„Bibelforſcher" 24,000 und „Kleine Leute" 6500.

Es wurden ebenfalls in diesem Verlag über 300 verschiedene Bücher und 400 Traktate herausgegeben, die jährlich in vielen Tausend Exemplaren umgesetzt werden.

Dr. Wilhelm Nast ist Editor des Apologeten und der theologischen Bücher und Dr. H. Liebhart Editor von Haus und Herd und der Sonntagschul-Literatur. Beide machen ihrem Amte Ehre.

In der ersten Zeit sprach Dr. Nast einmal die Hoffnung aus, daß er glaube, die Zeit noch zu erleben, wo ein deutscher Distrikt gebildet und ein deutscher Vorstehender Aeltester über denselben angestellt werde; wir wollen nun sehen, in wie weit und wie schnell sich diese seine Hoffnung erfüllte.

Im Jahr 1847, also zwölf Jahre nachdem Br. Nast mit Furcht und Zittern und unter großen Schwierigkeiten in Cincinnati die Arbeit der Evangelisation unter seinen Landsleuten begonnen hatte, zählten die deutschen Methodisten 6 Distrikte mit 75 Reisepredigern, 4385 Gliedern, 75 Sonntagschulen mit 383 Lehrern und 2200 Schülern.

Nach weiteren zwölf Jahren war das Resultat ein noch erfreulicheres, denn im Jahr 1859 zählte der deutsche Zweig 257 Reiseprediger und 194 Lokalprediger, und Volle und Probeglieder zusammen 19,533.

Nach langen Auseinandersetzungen und bedeutender Opposition wurde im Jahre 1864 an der General-Conferenz zu Philadelphia das deutsche Werk in eigene Conferenzen organisirt, welche Anordnung sich als höchst befriedigend und Segen bringend bewiesen hat. Denn da die Bedürfnisse und Umstände der Missionen unter den Eingewanderten eigenthümlicher Art sind, so kann darüber von denselben in besonderen Conferenzen auch am besten berathen und beschlossen werden.

Gegenwärtig zählt der deutsche Methodismus in Amerika sieben Conferenzen mit mehr als 500 Reisepredigern, 436 Lokalpredigern und 42,885 Gliedern, 777 Sonntagschulen mit 8212 Lehrern und

41,300 Schülern. Sie besitzen 641 Kirchen und 306 Prediger=
Wohnungen im Werth von $2,220,000.

„Das ist vom Herrn geschehen und ist ein Wunder vor unsern
Augen." Und wir haben ein volles Recht mit David zu jauchzen:
„Der Herr hat Großes an uns gethan, deß sind wir fröhlich."

Doch diese Statistik schließt nicht Alles ein, was durch die In=
strumentalität des deutschen Methodismus hier in Amerika gethan
wurde. Da sind die vielen Tausende, die seit dem Anfang dieses
Werkes durch die Arbeit der selbstverleugnenden deutschen Metho=
distenprediger aus der Welt und dem Sündenelend herausgeholt
worden und bereits selig heimgegangen sind, die gegenwärtig vor
dem Throne Gottes stehend, ihre Harfen rühren und ihrem Hei=
land und Erlöser ein Lied singen im höheren Chor. Wir Alle
erinnern uns solcher Seelen, die früher mit uns hienieden in der
streitenden Kirche anbeteten, die jetzt droben in der triumphirenden
auf uns warten.

Aber auch dieses ist nicht der gänzliche Erfolg des deutschen
Methodismus. Andere Kirchen wurden durch seine Wirksamkeit
neubelebt und zur Wirksamkeit angespornt. Viele Pastoren müssen
jetzt Buße und das Wort vom Kreuz predigen, sonst
gehen die Leute dahin, wo sie diese Wahrheiten hören. In vielen
deutschen Kirchen mußten Sonntagschulen angefan=
gen werden, sonst kommen ihre Kinder zu uns. Es weht
gegenwärtig in den deutschen protestantischen Kirchen unseres Landes
ein ganz anderer Geist als vor 45 Jahren.

Auch dürfen wir in Demuth glauben, daß die Lebensfrische
und die erste Liebe des deutschen Methodismus
eine heilsame Rückwirkung hatte auf die Mutter=
kirche, und wie eine ältere Person im Umgang mit der mun=
teren Jugend oft gleichsam wieder verjüngt wird, so war auch das
deutsche Missionswerk der Bischöflichen Methodisten = Kirche eine
Erfrischung für dieselbige. Daher hat sie auch die Opfer
nicht zu beklagen, die sie diesem Theil ihrer Missionen so reichlich

gebracht hat, denn während sie uns das Leibliche säete, hat sie
unser Geistliches geerntet. Und selbst das gespendete Missions=
geld fließt sehr wahrscheinlich wieder mit Interessen in die Kasse
der Muttergesellschaft zurück, was wir aus den gegenwärtigen
Beiträgen der deutschen Glieder schließen dürfen. Im Jahre 1880
waren die Missionsbeiträge der deutschen Methodisten in Amerika
über $25,000, was für jedes Glied, Probeglieder mit eingeschlossen,
nahezu 60 Cents ausmacht und den Durchschnittsbeitrag der ganzen
Kirche per Glied um ein Bedeutendes übersteigt.

Aber trotz der erfreulichen Ausbreitung des deutschen Werkes
und der mannigfaltigen Segnungen, die nach verschiedenen Seiten
demselben entströmten, sollten wir uns doch tief demüthigen und
uns in der Gegenwart Gottes ernstlich fragen: Hätte bei größerer
Treue und brennenderem Eifer von unserer Seite nicht noch mehr
können gethan werden?

Betrachten wir die Massen der unbekehrten Deutschen um uns
her, und besonders die Schaaren der Ungläubigen und den Sonntag
entheiligenden Trinker und Spieler in den größeren Städten; ver=
gleichen wir dann unsere Arbeit und Wirksamkeit mit der der Väter
des deutschen Methodismus, so möchten wir in den Staub sinken
und den Herrn in tiefster Demuth um „jenen glühenden Werbeifer
für jede einzelne Seele," wie um ein „zwiefältiges Maß des Gei=
stes" der Väter bitten. O, daß wir mit größerer Treue, mit hei=
ßerer Liebe, mit brünstigeren Gebeten und mit ausdauernderem
Fleiße die uns übertragene Arbeit ausrichten, die Heerde weiden,
die Lämmer führen und die Sünder retten möchten, damit die Zahl
der Tausende von Gläubigen bald zu Hunderttausenden heran=
wachsen möge! Amen.

Dr. Ludwig S. Jacoby,

der Gründer des deutschen Methodismus in St. Louis und im alten Vaterlande.*)

Von J. Schlagenhauf, Quincy, Ills.

Dr. Ludwig S. Jacoby, einer der ersten deutschen Pioniere des Methodismus im Westen Amerika's und Gründer des Methodismus in Deutschland, wurde geboren am 21. Oktober 1813 zu Alt-Strelitz, in Mecklenburg, Deutschland; seine Eltern waren fromme, gottesfürchtige Israeliten aus dem Stamme Levi, die Mutter aus priesterlichem Geschlecht.

Die Hauptsorge der Eltern ging darauf, ihre Kinder zu rechtschaffenen Menschen zu erziehen. Die eindringlichen Ermahnungen der Mutter machten einen so tiefen Eindruck auf das Herz des jungen Ludwig, daß selbst die schädlichen Einflüsse späterer Zeit denselben nicht verwischen konnten.

Seine Kinderjahre verlebte er im ruhigen, stillen Kreise des elterlichen Hauses, studirte in seinen Jünglingsjahren die alten und neuen Sprachen und später Medizin. Im Jahre 1835, im Alter von 22 Jahren, trat er vom Mosaismus zum Christenthum über, ohne von der Erneuerung des Herzens etwas zu erfahren, und empfing in der Nähe Dresdens von einem lutherischen Pastor die heilige Taufe, der ihm auch ein neues Testament zum Geschenk machte, welches er beständig bei sich führte.

---

*) Quellen: "Experience of German Meth. Ministers," A. Miller. — „Geschichte des Methodismus," L. S. Jakoby — Schriftliche Dokumente von dem ehrwürdigen Philipp Kuhl, dem seligen Vater Kloß und persönlicher Umgang mit dem Vollendeten.

Dr. Ludwig S. Jacoby.

Im Spätherbste des Jahres 1838 kam er als Arzt in dieses Land und im November des darauffolgenden Jahres nach Cincinnati, Ohio, wo er sich dem Lehrfach widmete, das seinen Neigungen besser entsprach als der ärztliche Beruf. Ein junger eingewanderter Deutscher, dem er Unterricht in der englischen Sprache ertheilte, frug ihn einmal, ob er nicht Lust hätte, nächsten Sonntag Abend in die deutsche Methodistenkirche zu gehen, es sei ein wahres Theaterspiel dort, das die größte Belustigung biete. Dies war das erste Mal, daß Jacoby von deutschen Methodisten hörte.

Am folgenden Sonntag Abend fand er sich mit noch etlichen jungen Männern in der kleinen Kirche an der Vine Straße, zwischen der Vierten und Fünften, ein, wo Vater Brennig, damals ein junger Mann, seine erste Predigt über das Gleichniß vom verlorenen Sohn hielt.

Der junge Mediziner war voll Verwunderung und Staunen, wie ein so schlichter Mann mit solcher Kraft zu predigen vermöge, ja, so mächtig hatte ihn das Wort erfaßt, daß er ein ernstliches Verlangen hatte, der Gebetsversammlung am folgenden Donnerstag Abend beizuwohnen, wovon ihn nur schon gemachte Bestellungen abhielten.

Den nächsten Sonntag Abend war er einer der Ersten in dem Kirchlein, setzte sich ganz nahe zur Kanzel und war bald einer der aufmerksamsten und andächtigsten Zuhörer. Dr. Nast predigte über Römer 1, 16. Als der Prediger wie in prophetischem Geiste ausrief: „Es mag ein Saulus unter uns sein, den Gott zu einem Paulus umwandeln will," wurde sein Herz mit solcher Macht ergriffen, daß er zum Stillstand und zum Nachdenken über sich selbst gebracht wurde. Er besuchte Dienstags die Klasse, und als er die Geistesgemeinschaft, die Liebe und Freude in diesem kleinen Kreise sah, übermannte ihn das Gefühl seiner Geistesarmuth und Verlassenheit dergestalt, daß er in Gedanken versunken vor sich hinstarrte, bis er durch die Frage einer betagten Schwester: „Warum sind Sie doch so traurig?" zu sich selbst kam. Auch der Gebetsversammlung am folgenden Donnerstag wohnte er bei, blieb aber, während Alle zum Gebet niederknieeten, aufrecht sitzen, bis einer der Brüder im Gebet rief: „O Gott, hilf doch den halsstarrigen Sündern ihre steifen Kniee vor Dir zu beugen, ehe es auf ewig zu spät ist." Wie von unsichtbarer Hand ergriffen, sank er nieder und konnte von dem Augenblick an seine Kniee vor Gott beugen.

Am folgenden Freitag besuchte er Dr. Nast, der ihn ernstlich zum Lamm Gottes wies, worauf sie miteinander beteten. In seinem Logis angekommen, warf er sich abermals vor Gott nieder und hatte einen schweren Kampf zu bestehen, bis er mit Zuversicht im Namen Jesu beten konnte.

Am Montag darauf während eines Liebesfestes schloß er sich der Methodistenkirche an und suchte acht Abende hintereinander am Betaltar unter den Gebeten und Zusprüchen der Gläubigen ernstlich die Vergebung der Sünden im Blute des Lammes.

In der Wachnacht, während des Eintrittes eines neuen Jahres, nahte auch die Stunde seiner Erlösung aus dem Zustand der Knecht= schaft und er wurde versetzt in den Stand der Gnade und der völ= ligen Freiheit der Kinder Gottes. Doch hören wir ihn darüber selbst: „Das neue Jahr war bereits mit Gebet und Gesang von den Kindern Gottes angefangen worden und alle waren voller Freude, nur ich lag immer noch auf meinen Knieen, seufzend nach Erlösung von der Sündenlast, unter welcher mir das Herz brechen wollte. Da offenbarte sich mir der Herr und ich wurde erfüllt mit Frieden und Freude im heiligen Geiste. Ich stand, Gott laut preisend, auf, umarmte die mir bis jetzt fast unbekannten Brüder und verkündigte ihnen mit überströmendem Herzen, was der Herr Großes an mir gethan habe. Niemals werde ich jene selige Stunde vergessen, weder auf Erden noch droben im Himmel."

Nun hatte er ein neues Herz und darauf folgte auch ein neues Leben und eine neue Thätigkeit. Er fühlte jetzt den Ruf zum Predigtamte und wurde durch das Lesen des göttlichen Wortes, durch Gebet und die Aufmunterungen von Vater Schmucker und Dr. Nast darin bestärkt und befestigt.

Als ihn Vater Schmucker das erste Mal auf die Kanzel nahm, um am Schlusse der Predigt zu ermahnen, überkam ihn ein solches Gefühl der Verantwortlichkeit, daß er am ganzen Leibe zitterte und nur durch ernstliches Gebet sich zu fassen vermochte. Er erhielt nun Lizens zum Predigen, bediente fast jeden Sonntag etliche Pre= digtplätze, theilte unter den deutschen Arbeitern am Kanal Traktate aus und war behilflich in der Herausgabe deutscher Schriften.

Er verheirathete sich um diese Zeit mit seiner liebenswürdigen und aufopferungsfähigen Lebensgefährtin Amalia, einer geborenen Nülsen, die eine Mutter in Israel wurde und unter allen Widerwärtigkeiten und schwierigen Unternehmungen mit Rath und Aufmunterung ihm treu zur Seite stand und in lebendiger Christenhoffnung einer baldigen Wiedervereinigung im Himmel entgegen blickt.

Im Monat März 1841 kam ein Prediger der Missouri Conferenz, Rev. Georg L. Light, nach Cincinnati, und drückte gegen Dr. Nast und Bischof Morris den Wunsch aus, einen deutschen Missionar nach St. Louis, Mo., zu schicken. Der Bischof beauftragte Jacoby mit dieser Mission und am 1. August kam er mit seiner Frau und einer fünf Wochen alten Tochter daselbst an. St. Louis war damals ein gottloser Ort und das religiöse und kirchliche Leben stand auf einer niedrigen, bedauerlichen Stufe.

Die Deutschen gingen durch Entheiligung des Sabbaths, durch Tanz, Kartenspiel und Völlerei einer schrecklichen Entsittlichung entgegen, welche die eine protestantische Kirche, die nur dem Namen nach orthodox war, nicht aufzuhalten vermochte.

Zwei Tage nach seiner Ankunft ging Jacoby mit einem Br. Hoffmann, der Kirchendiener in der englischen Methodistenkirche war, von Haus zu Haus, vertheilte Traktate und lud die Leute zum Gottesdienst ein, den er in der alten Presbyterianerkirche, die er gemiethet hatte, abhalten würde. Das Kirchlein stand damals an der Siebenten und Biddle Straße.

Als er am Sonntag Morgen mit seiner Frau ins Kirchlein trat, war kein Mensch zu sehen noch zu hören, und seine Frau sagte betrübt zu ihm: „Mein lieber Mann, heute kannst Du zu uns in den leeren Bänken predigen." Mit den Worten: „Wir wollen mal sehen," ergriff er das Glockenseil und zog so kräftig daran, daß die alte Glocke in weithin schallenden Tönen die Leute zum Gottesdienst mahnte. Es dauerte auch nicht lange, so war das ganze Haus mit Zuhörern angefüllt, unter denen sich auch ein Katholik mit seiner Frau befand. Dieser Mann setzte sich gerade

vor Br. Jacoby, merkte sich jedes Wort so genau, als wäre er ein
Inquisitor und der Prediger ein angeklagter Ketzer.

Als der Gottesdienst zu Ende war, stand der Mann auf und
sagte: „Ihr lieben Leute, der Mann ist kein Ungläubiger, sondern
ein bekehrter Prediger, zu dem geht nur getrost in die Kirche.“
Es war nämlich das Gerücht verbreitet worden, der Prediger von
Cincinnati sei ein total Ungläubiger. Diese Empfehlung des
katholischen Bürgers, der als eine Autorität angesehen wurde, hatte
die gute Wirkung, daß das Kirchlein die folgenden Tage voller
Menschen war.

Aber der Widerstand von den Gottlosen und Rohen blieb auch
nicht aus. Zuerst suchten sie durch Lachen und Spotten die Ver=
sammlungen zu stören und als sie damit nichts ausrichteten, be=
warfen sie während des Gottesdienstes die hintere und vordere Thür
des Kirchleins mit Steinen und schossen neben den Fenstern mit
Flinten und Pistolen, als gälte es die Türken zu vertreiben.

An einem Sonntag Abend war das ganze Treppengeländer mit
Kuhmist beschmiert und an einem andern Abend die ganze Treppe
mit Theer und Pech. Der zähe Stoff hing an den Schuhsohlen
fest und so oft Jemand in die Kirche kam, entstand beim Auftreten
ein Knarren und Knistern, das unwillkürlich zum Lachen reizte und
den Ernst und die Feierlichkeit des Gottesdienstes störte.

Um diese Zeit machte Jacoby auch den Versuch, im Markthause
zu predigen, in dessen Nähe viele Deutsche in der größten religiösen
Verwahrlosung lebten. Die deutsche Presse hatte ihn gewarnt, den
Versuch ja nicht zu machen, denn es würden Mittel ergriffen werden,
ihn daran zu verhindern.

Aber er ließ sich nicht abschrecken und machte sich in Beglei=
tung von Dr. Bonn, einem englischen Methodistenprediger, auf
den Weg, bestieg einen Fleischerkloß, fing an zu singen und ein
kurzes Gebet zu sprechen. Anfänglich herrschte Stille, aber es war
die Stille vor dem Sturm. Es entstand ein Gemurmel, lautes
Reden, Spotten, Fluchen und ein Mob, angeführt von einem Herrn,

18

Namens Schreier, wälzte sich wie eine verheerende Fluth daher. „Schlagt den Kerl todt, brecht dem Pfaffen die Knochen entzwei!" schrieen sie, stürzten über Jacoby her, rissen ihn von dem Block herunter, schlugen ihm die Brille vom Gesicht und waren gerade daran, ihre Drohungen auszuführen, als ein Amerikaner, empört über solchen brutalen Angriff auf die persönliche Freiheit eines Mannes, die vordersten Angreifer mit gewaltigen Fauststößen zurückschleuderte, Jacoby am Rock packte und ihn in das Haus eines englischen Methodisten führte. Mit wenigen Worten erklärte er der Hausfrau das Vorgefallene, welche sogleich die Vorderthür verriegelte und den Verfolgten durch die hintere Thür des Hofraums hinausließ. Indeß befand sich der mit Jacoby gekommene Dr. Bonn in der Gewalt des Pöbelhaufens, der ihn gewaltsam fortdrängte, um ihn in das Stadtgefängniß abzuliefern. Da er wohl sah, daß Widerstand vergeblich war und der Verstand doch kein Gehör finden würde, machte er gute Miene zum bösen Spiel und ging mit. Auf dem Wege dahin begegneten sie einem bekannten, hervorragenden Amerikaner, der die Augen nicht wenig aufriß, den Doktor am heiligen Sabbath in solcher tumultuarischen Gesellschaft zu sehen. Halbscherzend rief er ihm zu: „Halloh, Doktor, was in aller Welt ist los?" Ruhig erwiederte dieser: „Diese Leute wollen mich in die Jail bringen." Darauf wandte sich der Fragende an die Menge und sprach: „Was hat der Mann Uebles gethan, daß Ihr ihn ins Gefängniß führen wollt?" „Versammlungen hat er gehalten im Markthaus und ein solcher Kerl gehört eingesteckt und verklagt," schrien die erregten Deutschen. Darauf sagte der Amerikaner: „Ihr lieben Leute, heute ist es Sonntag und da könnt Ihr doch nichts machen. Laßt den Mann gehen und ich gebe Euch mein Wort, er wird selbst dafür sorgen, daß die Sache vor's Gericht kommt."

Die mit so viel Ernst und Ironie gesprochenen Worte machten die Menge stutzig und sie fingen an zu berathen, was mit dem Manne zu machen sei.

Etliche schrieen dies, Etliche ein anderes und der größte Theil wußte nicht, was er wollte. Wäre nun ein weiser Kanzler unter ihnen gewesen, wie dort zu Ephesus, und hätte ihnen gesagt: „Ihr Männer von St. Louis, Ihr wisset, daß die Deutschen das meiste Bier brauen und das meiste Bier trinken können. Und da das unwidersprechlich ist, so sollt Ihr ja stille sein und nicht unbedächtig handeln, deshalb laßt den Mann gehen und ersucht ihn, das Vorgefallene nicht übel zu nehmen," so wäre wahrscheinlich die Sache zu Ende gewesen. Die eigentlichen Anstifter des Krawalls waren die Schenkwirthe. Aber die Anführer hielten den Doktor als Gefangenen, bis sie von der Menge verlassen waren, dann hießen sie ihn heim gehen.

Den nächsten Tag erfüllte Dr. Bonn sogleich die Prophezeihungen des Mannes und machte Anzeige beim Gericht. Die Rädelsführer wurden sogleich eingezogen; Einige wurden um fünfzig Dollars bestraft, und der Hauptanführer, Herr Schreier, mußte zweihundert Dollars und die Kosten bezahlen. Der Richter erklärte ihnen noch, sie hätten es nur der Fürsprache des Dr. Bonn zu verdanken, sonst würde er sie auch noch mehrere Monate in's Zuchthaus schicken. „Ueber dies laßt euch das gesagt sein," fügte er hinzu, „wenn ihr noch einmal wegen Störung religiöser Versammlungen vor die Schranken des Gerichts gebracht werdet, so ist dies nur ein geringer Vorschmack von dem, was dann auf euch wartet."

Durch dieses summarische Verfahren wurde auf einmal allen öffentlichen Verfolgungen Einhalt gethan, und Leute, die zuvor meinten, die Methodisten könne man nach Belieben mißhandeln, bekamen Respekt, und selbst Herr Schreier, wurde gut Freund mit ihnen. Als einige Jahre später Pastor Kuhl eine Methodisten-Kirche in seiner Nachbarschaft baute, war er einer der Ersten, welcher durch eine Beisteuer von zwanzig Buschel Kalk den Bau beförddern half.

Den Störungen des Gottesdienstes in der Kirche machte Jacoby dadurch ein Ende, daß er den Stadt=Major um Schutz bat, der ihm jeden Sonntag Abend zwei handfeste Polizisten schickte, von denen einer das nächste Jahr gründlich zu Gott bekehrt wurde. Freilich mußten er und seine Anhänger sich den Spott und Hohn der rohen Weltmenschen noch oft gefallen lassen, aber das trugen sie ohne Murren.

Nun rückte auch die Zeit für die Lagerversammlung heran, welche die amerikanischen Brüder, ungefähr zehn Meilen von der Stadt entfernt, hielten.

Br. Jacoby bereitete sich mit noch etlichen deutschen Familien vor, ein Zelt zu errichten, und versahen sich mit Kartoffeln, Brod und Kaffee, und Br. Hoffmann nahm sogar einen Schinken mit. Es wurde alles zusammen gethan und unter Br. Jacobys Auf= sicht gestellt.

Als er nun am Sonntag Mittag, nachdem sie durch eine kräftige Predigt geistig gespeist worden waren, auch seine Leute mit einem Extraimbiß regaliren wollte und den Schinken aus dem Versteck hervorzog, fühlte sich derselbe eiskalt an, denn eine große Schlange hatte sich um denselben herumgewickelt und steckte vom andern Ende her den offenen Rachen ihm zischend entgegen. Von Schreck und Entsetzen erfaßt, ließ er Schinken und Schlange zu Boden fallen, sprang nach dem ersten Stück Holz, das er gewahrte, zerschlug der Schlange den Kopf und wälzte sie sammt dem Schinken in das große Feuer, das in jenen primitiven Zeiten Tag und Nacht auf dem Lagergrunde brannte. Der Schinken war ein gar empfindlicher Verlust, denn er sollte mit dem wenigen Brod und Kaffee als Nahrungsmittel für einige Tage dienen. Da ging Jacoby zu den amerikanischen Brüdern und erzählte ihnen von dem erlittenen Verlust, die sich köstlich an dem Spaß ergötzten und ihm in jede Hand einen schweren Schinken gaben, daß er schweißtriefend im deutschen Zelt eintraf und seine Last mit den Worten niederlegte: „Jetzt ist uns wieder geholfen!" Es war ihnen Zwiefältiges für den erlittenen Schaden geworden.

Zwar wurden auf dieser Lagerversammlung keine Deutsche zu Gott bekehrt, aber in Allen, die beiwohnten, wurde die tiefe Ueberzeugung von der Nothwendigkeit der Buße und des lebendigen Glaubens an Christum gewirkt, weshalb Jacoby bald nach seiner Zurückkunft von der Conferenz, am 22. November 1841, die erste Einladung zum Anschluß an die Kirche ergehen ließ, der 22 Personen Folge leisteten. ,

Den nächsten Tag kam eine Frau, die nachher so bekannt gewordene Mutter Kloß, und klagte über ihr Sündenelend. Jacoby und seine Frau beteten mit ihr. Auf dem Heimwege wurde sie mit der Gnade Gottes erfüllt und erzählte ihrem Manne, was der Herr Großes an ihr gethan habe. Auch Br. Kloß wurde bald gründlich bekehrt und ein Pfeiler der Washstraße Gemeinde. Jedermann, der den Gottesdienst daselbst besuchte, liebte auch den kleinen, schönen, freundlichen und frommen Mann, der jeden Sonntag die Gaben zur Unterstützung des Werkes Gottes in Empfang nahm.

Die erste Abendmahls-Versammlung hielt Jacoby am Christtag 1841, und die erste vierteljährliche Conferenz am 18. März 1842, in welcher beschlossen wurde eine Kirche zu bauen. Ein Grundstück an der Washstraße, zwischen der zehnten und elften Straße, 52 Fuß breit und 110 Fuß lang, damals ungefähr $1400 werth, wurde ihnen zu 500 Dollars überlassen, zahlbar in zehn Jahren. Die Gliederzahl in der Stadt betrug 27, und die Gesammtgliederzahl, welche westlich vom Mississippi wohnte, belief sich auf 40. Als die gottesdienstliche Feier bei der Grundsteinlegung vorüber war, kamen etliche Deutsche des Weges, von denen einer einen großen Krug voll Schnaps trug, dessen Inhalt sie unter allerlei Spöttereien und Grimassen auf den Grundstein gossen. Einer von ihnen wurde den folgenden Winter in derselben Kirche freudig zu Gott bekehrt. Die Kirche war aus Backsteinen erbaut, ein Stockwerk hoch, 50 Fuß lang, 32 Fuß breit und kostete 1200 Dollars. Am 7. August 1842 wurde sie dem Dienste des dreieinigen

Gottes übergeben. „Wie glücklich fühlte ich jetzt in meiner eige=
nen Kirche aus Backsteinen, mit einer Glocke und 50 Fuß lang und
32 Fuß breit!" rief der Knecht Gottes aus. Und diese Kirche war
bald darauf jeden Sonntag voll Zuhörer, obwohl von Kanzeln
und privatim die Leute ernstlich vor den sektirerischen und fana=
tischen Methodisten gewarnt wurden. Rev. Ph. Kuhl, der bald
darauf die Gemeinde bediente, sagt in seinen schriftlichen Mitthei=
lungen: „Ich könnte Leute nennen, die jetzt noch leben, die da=
mals darüber spotteten, daß wir arme deutsche Methodisten eine so
große Kirche bauten, und frugen: Was wollt ihr doch damit
machen? Ihr habt ja Niemand und werdet bald ausgespielt haben."

In dieser Kirche offenbarte der Herr seine erweckende und be=
kehrende Kraft an vielen Seelen, besonders unter den ernsten Pre=
digten des feurigen, im jugendlichen Eifer stürmenden Br. Schreck,
den Jacoby als Gehilfen erhalten hatte.

Eines Sonntags im Frühjahr 1843, als Jacoby die Bestellun=
gen auf dem Lande bediente, forderte Br. Schreck an den Betaltar
auf, was bis jetzt noch nicht geschehen war, und in wenigen Mi=
nuten war der ganze Altar mit Heilsuchenden umringt und in
den Bänken hörte man überall das Seufzen und Flehen nach Gnade
und Vergebung der Sünden.

In der Betstunde am Pfingstmontag kam eine Frau an den Altar,
die ein blaues seidenes Kleid und einen mit Blumen besetzten Hut
trug. In jener Zeit der Einfachheit betrachtete man eine solche
Erscheinung mit vorurtheilsvollen Blicken und glaubte, sie müßte
noch vieles abstreifen, um durch die enge Pforte hindurch kommen
zu können. Diese Frau kam so in die Buße, daß sie laut aufschrie,
mit den Händen um sich schlug, den Kopf auf das Altargeländer
stieß und trotz allen vorgehaltenen Verheißungen glaubte, für sie sei
keine Gnade, sie müsse verloren gehen. Plötzlich wurde sie ruhig,
fing an Gott zu danken, stand auf, griff nach dem Hute, riß die
Blumen herunter, warf sie zu Boden und zertrat sie mit den Füßen,
indem sie sagte: „Von nun an will ich nicht mehr dem Teufel und

der Eitelkeit dienen, sondern Gott, meinem Heiland, der sich für mich kreuzigen ließ." Sie lebte von nun an als eine fromme Christin und starb im Jahre 1849 an der Cholera.

Als Jacoby auch die Süd-St. Louis Mission bedient hatte, wurde er im Herbst des Jahres 1845 auf den Quincy Distrikt gesandt, denn das Werk hatte sich bereits so weit ausgedehnt, daß es im Westen elf Methodistenprediger gab. Sein Distrikt erstreckte sich bis nach Milwaukee, Wis., an die Grenzen von Minnesota und westlich so weit, „als die deutsche Zunge klang und Gott im Himmel Lieder sang."

Da gab es beschwerliche und gefährliche Strapazen, Flüsse zu durchschwimmen, Hunger, Durst, Nässe und Kälte auszustehen. In Iowa fiel er einmal in einen Fluß und wurde so durchnäßt, daß ihm die Taschenuhr rostig wurde und verdarb.

Zwei Vorfälle, die Vater Klotz erzählt, mögen hier noch erwähnt werden. „Als Bruder Wilkens unser Prediger war, kam eines Sonntag Abends ein Mann, mit dem ich früher in einem Hause wohnte, mit einem Backstein zur Hinterthür der Kirche herein und in der Meinung, Jacoby kniee im Betaltar, schleuderte er den Backstein auf Bruder Wilkens Kopf zu. Glücklicherweise hatte er zu tief gezielt und traf den Pfosten des Altars mit solcher Wucht, daß der Backstein in Stücke flog, ein Theil in den Altar und der andere Theil mir vor die Füße. Es war seine ausgesprochene Absicht, Jacoby zu tödten, und doch hatte ihm dieser nie etwas zu Leide gethan und kannte ihn kaum."

„Ehe Br. Jacoby im Jahre 1849 nach Deutschland reiste, besuchte er uns noch einmal und predigte Sonntags für uns. Das erfuhren die Spötter und rotteten sich des Abends um die Kirche, machten Lärm und schossen durch das Fenster, neben welchem ich saß, daß mir die Glasscherben auf den Kopf fielen. Der Teufel war besonders erbost über Jacoby."

Die deutschen Methodisten in Amerika schrieben nach ihrer Bekehrung ihren Verwandten und Freunden in der alten Heimath

von dem Glück, dem Frieden und der Freude im heiligen Geiste,
dessen sie durch die Arbeit der Methodistenprediger theilhaftig ge=
worden waren, und sprachen oft den Wunsch aus, man möchte doch
auch Methodistenprediger nach Deutschland schicken, die ihren Brü=
dern nach dem Fleische das Evangelium in Einfachheit und Kraft
verkündigen würden. Und auch von drüben her kamen Bitt=
schriften, in welchen um Zusendung von Methodistenpredigern ge=
beten wurde.

Diese Angelegenheit wurde durch Anregung von Dr. Nast in
der Maisitzung der Bischöfe und des allgemeinen Missions=Com=
mittees im Jahr 1849 gründlich erwogen und beschlossen, eine
Mission in Deutschland anzufangen. Bischof Morris wurde mit
der Ausführung dieses Beschlusses betraut, der im Juni Br. Jacoby
als Missionar nach Deutschland bestimmte. Wegen geschwächter
Gesundheit konnte er erst im Oktober die Reise antreten und lan=
dete am 7. November mit dem Dampfer „Hermann" in Bremen.
Sein erstes Augenmerk ging nun darauf, einen Saal zu finden,
in welchem er Versammlungen halten konnte, aber Niemand war
willig, einen Saal für solche Zwecke herzugeben. Er war auf das
„Krameramthaus" aufmerksam gemacht worden und bei dem Vor=
stand mit der Bitte eingekommen, ihm einen Saal gegen Zahlung
einzuräumen. Das Gesuch wurde aber abschlägig beantwortet,
wahrscheinlich hatte man Angst vor dem Methodismus. Doch
der Herr führte ihn, als er mehrere Kleidungsstücke für sich
und seine Familie zu kaufen hatte, in den Laden des Herrn,
der in demselben Jahre Vorsitzender des Krameramtes war, und
um seinen Namen befragt, sagte der Kaufmann: „Sind Sie nicht
der Herr, der gerne einen Saal des Krameramthauses zu religiösen
Vorträgen haben wollte?" Als er die Frage bejahte, sagte der
Kaufmann: „Nun, Sie sollen einen Saal haben. Nächsten Sonn=
tag können Sie Ihre Versammlung dort halten." Mit dankerfülltem
Herzen gegen Gott, der so unerwartet eine Thür aufgethan hatte,
kehrte er nach Hause zurück und ließ sogleich in die Zeitungen ein=

rücken, daß er Sonntag den 23. Dezember 1849, Abends 7¼ Uhr, im Krameramthause Gottesdienst halten werde.

Als er zur bestimmten Zeit dort ankam, war der ganze Saal und Vorplatz so angefüllt, daß er kaum zur Rednerbühne kommen konnte und Viele, die später kamen, mußten wieder fortgehen. Er predigte über 1 Tim. 2, 4, vom Willen Gottes, daß allen Menschen geholfen werde. Für diesen Saal, der ungefähr 400 Personen fassen konnte, zahlte er jedes Mal drei Thaler Miethe. Doch bald war derselbe zu klein und er mußte einen Saal in demselben Hause miethen, der 800 Personen fassen konnte.

Auch am Buntenthorssteinweg miethete er einen Tanzsaal „im weißen Roß,“ einem der niedrigsten Wirthshäuser, und predigte dort jeden Dienstag Abend und hielt noch wöchentlich zwei Mal Versammlungen in Privathäusern.

Im Anfang April 1850 organisirte er auf dringendes Verlangen derer, die unter seiner Arbeit bekehrt worden waren und sich der Methodistenkirche anzuschließen wünschten, eine Klasse und feierte mit ihnen am Ostermorgen das hl. Abendmahl und Abends das Liebesfest.

Die erste vierteljährliche Conferenz wurde am 21. Mai 1850 gehalten und damit war die erste Gemeinde der bischöflichen Methodistenkirche in Deutschland gegründet. Er ließ auch 1000 Exemplare des amerikanischen Gesangbuches drucken, welche schnell vergriffen waren, so daß bald eine zweite Auflage folgte nebst verschiedenen Traktaten und Wesley's Predigten, in deren Verbreitung die Brüder Poppe, Nahrmann und Feldmann sich große Verdienste erwarben.

Zugleich ersuchte er die Methodisten in Amerika, ihn in der Herausgabe einer religiösen Zeitschrift zu unterstützen, durch welche religiöse Wahrheiten verbreitet und der Methodismus unter dem Volke ins rechte Licht gestellt werden konnte. Durch die Freigebigkeit der Brüder Charles und Henry Bäcker von Baltimore und die zahlreiche Unterstützung der Glieder in Amerika, welche für

ihre Verwandten in Deutschland zahlten, konnte der Evangelist alle
vierzehn Tage erscheinen und fand bald im alten Vaterlande und
der Schweiz viele Abonnenten.

Auf dringende Bitte um Hilfe bei der Missions = Gesellschaft
wurden ihm die Brüder Charles H. Döring und Louis Nippert zu
Hilfe gesandt, welche am 7. Juni 1850 in Bremen anlangten.
Das Werk wurde nun systematisch in Angriff genommen und
nach allen Seiten ausgedehnt, so daß sie ein Jahr darnach schon
17 Bestellungen hatten. Später folgten noch zur Verstärkung
des Werkes die Brüder C. Riemenschneider, H. Nülsen und W.
Schwarz.

Im Juni 1850 wurde die erste Sonntagschule im „Kramer=
Amthause" mit 80 Kindern angefangen.

Schon am 14. Juli 1850 konnte Br. Nippert an den „Christ=
lichen Apologeten" berichten: „Unsere Sonntagschule im Kramer=
Amthause ist im blühenden Zustande. Wir fingen dieselbe vor
einigen Wochen mit 80 Schülern an und jetzt hat sich die Zahl
auf 187 vermehrt." Sechs Monate später schrieb er: „Die Sonn=
tagschule im Kramer=Amthaus, welche unter Br. Jacobys Leitung
steht, zählt ungefähr 300 Kinder und ist im gedeihlichen Zustande."
Ein Knabe kam jeden Sonntag sieben Meilen zu Fuß, der Sonn=
tagschule beizuwohnen. Der Herr belohnte ihm seinen Wissens=
durst und Eifer für göttliche Dinge dadurch, daß er ihn zu einem
tüchtigen Methodisten = Prediger machte. Wo immer es möglich
war, wurde mit jeder Bestellung eine Sonntagschule verbunden,
die Jugend von der herrschenden Entweihung des Tages des
Herrn abzuhalten und in dem Worte Gottes zu unterrichten.

Br. Jacoby wurde zum Superintendenten der Missionen in
Deutschland ernannt und machte als solcher ausgedehnte Reisen,
Felder zur Anlegung von Missionen aufzusuchen.

Auf Einladung des Missions=Vorstandes unserer Kirche, be=
suchte er die General = Conferenz, welche im Mai 1856 in In=
dianapolis, Ind., gehalten wurde, das Werk in Deutschland zu

Traktathaus in Bremen.

repräsentiren. Seine Ansprache machte solchen tiefen Eindruck, daß ihm eine Dame durch einen Pagen zehn Dollars auf die Rednerbühne sandte. Auch gewährte die General-Conferenz den Predigern in Deutschland die Rechte einer Missions-Conferenz und empfahl der Missions-Gesellschaft 4000 Dollars in jährlichen Tratten dem Buchgeschäft in Bremen zu erlauben.

Auch zur Gründung der Missionsanstalt, in welcher die Zöglinge für das Predigtamt der Methodisten-Kirche in Deutschland herangebildet werden, legte Jacoby den Grund, war lange Direktor und versah später mit seiner Frau die Stelle der Hauseltern.

Die General-Conferenz, welche im Mai 1868 in Chicago gehalten wurde, erhob die Missions-Conferenzen zu allen Rechten der übrigen jährlichen Conferenzen und Br. Jacoby legte deshalb das Amt eines Superintendenten, welches er bis dahin bekleidet

hatte, in die Hände der Bischöfe zurück und bediente den „Olden=
burger Distrikt."

Nach 21jähriger treuer, rastloser Arbeit, die er als Pastor,
Superintendent, Editor, Buchverwalter, Direktor der Lehranstalt
und Vorstehender Aeltester verrichtete, kehrte er im Jahre 1872
wieder zurück nach Amerika und wirkte in den Grenzen der jetzigen
St. Louis deutschen Conferenz als Pastor und Vorstehender Aelte=
ster. Obwohl er mit dem früheren Eifer seine Arbeit aufnahm,
so fühlte er doch seine Kräfte schwinden und ein altes körperliches
Uebel bereitete ihm viele Schmerzen, daß er öfters die Aeußerung
that, seine Arbeit auf Erden sei gethan. Nach langem schmerz=
vollem Lager entschlief er, die Seinen segnend, sanft und selig im
Herrn, am Freitag, den 19. Juni 1874, in St. Louis, Mo., und
seine irdische Hülle wurde am Sonntag Nachmittag von der Kirche
an Washstraße auf den Gottesacker der Methodisten nahe bei St.
Louis zur Ruhe gebracht.

Zwar wurden an seinem Sarge keine prächtigen Sermone und
Poesien, in denen seine Thaten gefeiert wurden, von den beredte=
sten Rednern und Dichtern gesprochen, keine Ehrensalven über
seinem Grabe abgefeuert, kein kunstreiches Monument erzählt der
Nachwelt seine Thaten, aber lebendige Monumente, die durch ihn
die seligmachende Gnade Gottes an ihren Herzen erfahren hatten,
legten unter Thränen, den beredtesten aller Sprecher, die Zeichen
bleibender Dankbarkeit und Liebe, am Sarge des theuren Vaters,
Freundes und Wohlthäters nieder.

Und welcher freudige Willkomm wird ihm im Jenseits zu Theil
geworden sein! Ein im Sterben liegender bekehrte Heide sagte
einmal zu einem Missionar: „Wenn ich in's Jenseits komme,
setze ich mich an das Perlenthor und warte auf Dich und wenn
Du kommst, führe ich Dich zum Heiland und sage zu ihm: Dies
ist der Mann, der mir den Weg zu diesem schönen Lande gezeigt
hat." So wird auch dieser Knecht Gottes mit Jubel aufgenom=
men worden sein von denen, welchen er Führer zu Gott geworden war.

Noch ehe er seine Augen im Tode schloß, hatte er die Freude, zu sehen, wie die Gemeinde, die er in St. Louis, Mo., gründete, die Mutter vieler anderer Gemeinden geworden war, während Hunderte, die in derselben zu Gott bekehrt wurden, selig heimgegangen, oder in andern Gemeinden des Westens und Nordens thätig waren am Aufbau des Reiches Gottes.

In Deutschland war das Werk unter seiner weisen Leitung und der Mitarbeit der Brüder dergestalt herangewachsen, daß die Gliederzahl sich jetzt auf beinahe 12,000 beläuft, sammt 72 Kirchen und Kapellen und 64 Predigerwohnungen, deren Gesammtwerth auf $480,000 geschätzt wird.

Fragen wir nach den Ursachen eines solchen erfolgreichen Lebens, so müssen wir antworten: **Gott hatte ihn besonders zu diesem Werke auserkoren.** Gott erweckte in Zeiten religiöser Lauheit und des Abfalls Männer, welche die Fahne des Kreuzes hoch hielten und deren Worte wie zündende Blitze in die Herzen fuhren. Solche Herolde waren die Reformatoren Spener, Wesley u. A. mehr. Solch ein Bannerträger war Jacoby und unsere Brüder in Deutschland sind es heute noch, durch deren klares, kräftiges Zeugniß Tausende und aber Tausende den starren Formen des Rationalismus, dem Pesthauche des Unglaubens, dem Verderben der Sünde entrissen, die gläubigen Elemente in der Staatskirche neue Impulse empfingen und zu größerer Thätigkeit angespornt wurden. Gott hatte ihn dazu erkoren, ein segensreiches Werk anzufangen, das sich immer weiter ausbreiten und bleiben wird, so lange die Welt steht.

Zu diesem Erfolg trug seine Gewissenhaftigkeit, die Disziplin der Kirche seiner Wahl bis ins Einzelne genau durchzuführen, viel bei, was er stets durch sein Beispiel und seine Administration bekundete.

Er hatte natürliche und geistige Fähigkeiten zu diesem Werke. Sein schnelles Begriffs- und Auffassungsvermögen ließ ihn eine Sache schnell durchschauen und ihre prak-

tischen Seiten verwerthen. Seine Klugheit bewahrte ihn vor einem
Thurmbau, dessen Kosten nicht überschlagen waren, und half ihm
über manche Unannehmlichkeit leicht hinweg.

Nach seiner Rückkehr vom alten Vaterlande sagte er einmal:
„Wenn ich in Preußen in meinen Versammlungen gestört wurde,
wandte ich mich nicht an die Ortspolizei, sondern schrieb einen
höflichen Brief an den Fürsten Bismarck, und wenn ich das nächste
Mal kam, war die Polizei da und man bedeutete mir noch sogar,
es doch gefälligst melden zu wollen, im Falle in Zukunft Störungen
gemacht würden. So ein Wink höheren Orts macht die kleinen
Herren gar geschmeidig." So wußte er sich auch in den schwie=
rigsten Verhältnissen und Verlegenheiten zu helfen.

Als wir einmal zur Conferenz fuhren und an einer Station
der Wabash=Eisenbahn mehrere Stunden auf einen Zug warten
mußten, machte ich ihn auf das veränderte Aussehen der Gegend
aufmerksam, worauf er sagte: „Irgendwo hier hatte ich das letzte
Abenteuer, ehe ich Amerika verließ. Auf meinem Heimwege vom
Distrikt kam ich hungrig und durstig hier durch und meilenweit war
kein Haus zu sehen. Ich wußte, daß irgendwo in dieser Gegend
ein amerikanischer Bruder wohnte und spähte deshalb nach allen
Richtungen aus. Endlich, spät am Nachmittag, erblickte ich das
Haus und fuhr durch Dick und Dünn darauf los, fand aber alles
fest verschlossen. Für mein Pferd konnte ich leicht Futter kriegen, aber
wo sollte ich etwas bekommen? Nachdem ich alle Thüren und
Fenster vergeblich zu öffnen versucht hatte, gelang es mir endlich,
ein kleines Fenster am hinteren Ende der Küche zu öffnen. Da
kroch ich denn hinein und fand Schinken, Milch und Kornmehl
im Schranke. Ich machte Feuer im Ofen und bereitete mir ein
gutes Mittagsmahl. Nachdem ich gegessen und getrunken hatte,
nahm ich ein Stück Papier und schrieb darauf: „Lieber Br. Clayton!
Der liebe Gott hat Dir mehr gegeben, als Du brauchst. Ich kam
hungrig an Dein Haus und da Du nicht da warst, habe ich mir
selbst geholfen und auch mein Pferd gefüttert. Der liebe Gott soll

Dir's vergelten. Dein Br. L. S. Jacoby." Nachher habe ich erfahren, daß der Br. Clayton sich ein wahres Vergnügen daraus gemacht habe, den Vorfall zu erzählen, was mir doch auch nicht ganz lieb war."

Seine Erziehung im Familienkreise und der Schatz Kenntnisse, welche er sich in seiner Jugend sammelte, trugen viel zum Erfolg seines Lebens bei. Die Ermahnungen seiner gottseligen Mutter konnten nie aus seinem Gemüthe verwischt werden und bewahrten ihn unter der religionslosen Jugend der Hochschule vor dem Unglauben, selbst in jenen Jahren, als der erwachende Geist der Freiheit, wie der gährende Wein, alle geheiligten Bande zu zersprengen drohte. Der Schatz allgemeinen Wissens machte es ihm leicht, sich in kurzer Zeit auch auf dem theologischen Gebiete zu einem Meister empor zu arbeiten.

Männer mit solchen Gaben und Kenntnissen können immer Bedeutendes, und wenn Umstände günstig sind, Großes und Außergewöhnliches leisten. Darum sollte die Kirche ihr Augenmerk vornehmlich darauf richten, die besten und ausgebildetsten Talente für den Dienst im Weinberg des Herrn zu gewinnen. Zwar ist jede Bekehrung, auch die des niedriggestellten Menschen ein großer Gewinn, aber mancher Mensch übt durch seine Erziehung, Kenntnisse, Charakter und Stellung einen viel größeren Einfluß aus zur Beförderung des Reiches Gottes, als ein anderer.

Der Kämmerer von Mohrenland mag nach seiner Bekehrung für die Sache Christi gethan haben, was er nur konnte, aber er vermochte nie zu leisten, was Paulus that, der mit allem Fleiß gelehrt war im väterlichen Gesetze, in der Literatur der Griechen und Römer und das Evangelium verkündigen konnte vor dem jüdischen Hohen Rathe, vor Fürsten, Gewaltigen, Philosophen und dem gemeinen Volke. Aus diesem Grunde war die Bekehrung Pauli eine größere Eroberung fürs Reich Gottes, als die Bekehrung des Kämmerers.

Der Augustiner Mönch Martin Luther war vielleicht weder frömmer noch weiser, als mancher andere Kloster-Bruder, aber sobald er bekehrt war, konnte ihn Gott wegen seiner Gelehrsamkeit, Aufrichtigkeit, Ernstes, Entschlossenheit, Muthes und rastlosen Fleiße, als Werkzeug gebrauchen, das gigantische Riesenwerk des Aberglaubens und der geistigen Tyrannei in seinen Grundfesten zu erschüttern.

Als der mit solchen geistigen Fähigkeiten, Kenntnissen, Klug= heit und Energie ausgerüstete Jacoby bekehrt war, konnte Gott ihn zum Werkzeuge gebrauchen Großes in Seinem Weinberge auszu= richten.

Seine gründliche Bekehrung und die treue Verwaltung des Predigtamtes trugen viel zu erfolgreichen Wirksamkeit bei. Seine Bekehrung war eine radikale und bewirkte, daß alles bei ihm neu wurde, das Herz, das Leben und die Wirksamkeit. Mit voller Entschieden= heit wählte er lieber das Loos eines Methodisten=Predigers mit allen Sorgen und Entbehrungen, als eine einträgliche geehrte Stellung vor der Welt. So gründlich und klar wie seine Bekeh= rung, waren auch seine späteren, tieferen Erfahrungen im Chri= stenleben, von denen er gerne mit Einfachheit und Demuth im vertrauten Freundeskreise redete. Auch in den dunkelsten Lebens= führungen bewies er ein großes Gottvertrauen, das ihn mit Muth und Freudigkeit erfüllte.

Im Predigtamte gab er sich nicht mit Nebendingen ab, son= dern war der Mann Eines Werkes. Der Zeitvergeudung und dem Müssiggang war er gram, und selbst seine Pastoral= besuche dauerten nie länger, als höchst nöthig war. Wenn er ausging, nahm er einen Text zum Gegenstand seines Nachdenkens, vor Zerstreuung der Gedanken bewahrt zu bleiben, und bis in's späte Alter befolgte er die Gewohnheit, den Text, über welchen er am kommenden Sabbath zu predigen gedachte, auf den Knieen zu studiren. Seine Predigten waren das Resultat langen ernsten

Forschens und zeichneten sich deshalb durch Einfachheit, Kürze und Klarheit rühmlichst aus. Die großen Lehren von der Buße, dem Glauben, Wiedergeburt, Kindschaftszeugniß des heiligen Geistes und der völligen Liebe lehrte er fleißig und zwar in den klaren Ausdrücken unserer anerkannten Autoritäten. Er sah es immer als ein Zeichen geistigen Hochmuthes oder Schwärmerei an, wenn Jemand meinte, besondere Ausdrücke, die nicht in der Bibel vorkommen, zur Bezeichnung einer religiösen Erfahrung erfinden zu müssen. Was er im Anfange seines Predigtamtes lehrte, das trug er auch noch im Alter vor, nur noch klarer und mit reiferen, tieferen Erfahrungen begleitet. Von einer Stufe der Erkenntniß, Klarheit und inneren Verklärung stieg er zu der andern, bis er, mehr in der jenseitigen als diesseitigen Welt lebend, die Kampfesrüstung niederlegte und einging in das Land der Ruhe, das im Strahlenglanz der Ewigkeit vor seinem Glaubensblicke ausgebreitet lag. Solcher Leben, Wirken und Ende schauet an und folget ihrem Glauben nach.

19

Die Mission der bischöflichen Methodistenkirche
in Deutschland und der Schweiz.
Von J. J. Meßmer, Prediger der Oestlich-Deutschen Conferenz.

Keine der zahlreichen Missionen, welche unsere Kirche in den verschiedenen Theilen der Erde eröffnet hat, hat eine solch' bittere Kritik erfahren, wie diejenige, welche mit dem Jahre 1849 in Bremen ihren Anfang nahm, und seit dieser Zeit eine solche herrliche Ausbreitung erfahren hat. Daß die Bisch. Methodistenkirche sich der Millionen Kinder Afrikas in ihrem eigenen Lande annahm, daß sie durch ihre Missionare den wilden Volksstämmen des weiten Westens das Evangelium verkündigen ließ, fand man selbstverständlich; daß sie an dem großen Missionswerke im heißen Afrika, im fernen Indien, im volkreichen China, in dem lange verschlossenen Japan thätigen Antheil nahm, wurde von der ganzen protestantischen Welt willkommen geheißen; daß sie die verlorenen und vernachläßigten Deutschen im eigenen Lande zu Christo zu führen suchte, nun — das konnte man ihr allfällig noch verzeihen, — mußte man es sich doch eingestehen, daß die deutsche protestantische Kirche sich gegenüber denselben eine große Vernachläßigung hatte zu Schulden kommen laßen; — aber daß diese Kirche ihre Missionare auch nach Deutschland sandte, in das Land der Denker, in die Heimath Luther's, in dieses „erleuchtete Land mit seinen geordneten kirchlichen Verhältnißen, seinen Kirchen, Pastoren, Hochschulen, Universitäten, Synoden und Capiteln und seiner reichen theologischen Literatur" — das war eine schwere Anmaßung, eine unverzeihliche

Beleidigung — das war die „verruchteste Proselytenmacherei," ein „Einbrechen in einen fremden Weinberg," kurz: eine unerträgliche Anomalie, und selbst der neutrale Boden der in Basel tagenden Evangelischen Allianz wiederhallte von den entrüsteten Protesten einer Geistlichkeit, die sich durch diese Mission beeinträchtigt fühlte.

Und allerdings, wenn man sich auf den Standpunkt unserer Protestler stellt, so kann man diese Entrüstung, wenn auch nicht gerechtfertigt, so doch nicht so unbegreiflich finden. Da war das Institut der „Staats=" oder „Landes="Kirche, durch Jahrhunderte alte Gewohnheit geheiligt und auf's innigste mit dem ganzen Volks= leben verwachsen. Da war das väterliche Regiment des Landes= herrn, der als Bischof seine schützende Hand über die Kirche hielt, da waren reich dotirte Universitäten, die eine in allen Zweigen der Theologie wohlunterrichtete Geistlichkeit erzogen; da war das ganze Land in Kirchspiele eingetheilt, mit Kirchen, Pfarrhöfen und Pfrün= den wohl versehen; da war eine Bevölkerung, seit Jahrhunderten von Kind zu Kindeskindern in diesen Kirchen getauft, confirmirt, getraut, angepredigt und endlich daneben begraben, und da waren endlich Capitel, Synoden, Superintendenturen und Consistorien, welche den ganzen Organismus beaufsichtigten und in regelmäßigem Laufe erhielten. Kein Mißton störte diese Harmonie, kein Rebelle wagte gegen diese altehrwürdige Ordnung sich zu erheben und jede versuchte Abweichung von derselben wurde als Ketzerei und Sektirerei in Acht und Bann gethan.

In diese altgewohnte Ordnung trat nun auf einmal der Me= thodistenprediger. Von einer auswärtigen Missionsgesellschaft her= gesandt, behauptete er, ohne dabei Brief und Siegel von einer Universität aufzuweisen, von Gott berufen zu sein, das Evangelium zu verkündigen. Neben der altehrwürdigen Kirche miethet er sich ein Privathaus oder gar einen Tanzsaal; er schleppt etliche ein= fache Bänke zusammen, zimmert sich eine Kanzel zurecht, ladet Leute ein, besteigt seinen Katheder und predigt ohne Talar und Bäffchen dem Sünder, daß sein ganzes bisheriges Kirchenthum ihm nichts helfe, sondern daß er Buße thun und sich bekehren müsse, wenn er nicht ewig verloren gehe wolle. Und das ist noch nicht genug. Er hält auch Privatstunden; Leute weinen über ihre Sünden, er betet mit ihnen und ermahnt sie und sie loben und preisen ihren Gott. Er sammelt diese Seelen in Klassen, erwählt Führer und Verwalter, hält vierteljährliche Conferenzen, Abendmahl und Lie=besfeste, baut Kapellen und Predigerwohnungen und geht zur jähr=lichen Conferenz. Bischöfe und Missions=Sekretäre kommen und inspiziren das Werk und wenige Jahre sind vergangen, so steht neben der altehrwürdigen Landeskirche eine andere Kirche, wohl geordnet und mit einem wundervoll wirkenden Organismus be=gabt, voller Leben und Feuer, bereit das Land einzunehmen.

Kein Wunder, daß die Leute sich verwundert die Augen reiben, daß auf Synoden und in Pfarrkränzchen die Frage lebhaft erörtert wird: „Was sollen wir thun?" und daß man endlich zu dem Schlusse gelangt: „Lassen wir sie also, so nehmen sie uns noch Land und Leute." So beginnt denn von Seiten des Staatskir=chenthums die heftigste Opposition. In Synoden, Vereinen, auf Kanzeln und Kathedern wird vor dem Methodismus und seinen Gefahren gewarnt; aus den alten Rüstkammern kirchlicher Gesetz=gebung werden uralte, längst vergessene Verordnungen hervorgeholt, um seinen Lauf zu hemmen. Aber die alten Schwerter sind stumpf geworden, sie passen nicht mehr in der neuen Zeit, und immer mächtiger pocht dieselbe an den verwitterten Portalen des Staats=kirchenthums.

Wir können uns über diese Opposition nicht so sehr verwun=dern. Wenn auch größtentheils sich selbst unbewußt, so doch ge=wissermaßen instinktiv fühlt das Staatskirchenthum, daß seine Zeit gekommen ist. Diese Sendboten sind ihm die Vorboten einer neuen Zeit, die Träger einer neuen Ordnung der Dinge. Das Frei=kirchenthum, diese reinste Erscheinungsform der christlichen Kirche, macht sich bereit, die Erbschaft des altersschwachen Staatskirchen=thums anzutreten. Die Methodisten=Missionare sind gleichsam die geistlichen Revolutionäre, um ihm den Weg zu bereiten. Freilich sind es Revolutionäre in gutem Sinne, wie es Johannes der Täufer, Jesus, Paulus, Luther, Wesley auch gewesen sind, aber Revolutionäre haben stets ihre Gegner und nur durch Kampf gelingt es ihnen einer neuen Zeit Bahn zu brechen.

Aber ist diese Revolution auf kirchlichem Gebiete eine berechtigte, von Gott gewollte? Kann und wird sie dazu dienen, den Gott entfremdeten Massen des deutschen Volkes neues Leben einzuhauchen, den Fortschritt wahrer Religion zu fördern, ihr vollends zum Siege zu helfen? Konnte das Staatskirchenthum diese Aufgabe nicht erfüllen? War ein solches neues Element dazu nothwendig?

Die Geschichte des Staatskirchenthums selbst, wie auch die noch so kurze Geschichte dieser Mission gibt darauf klare und deutliche Antwort. Dem Papstthume war mit der Reformation das Staatskirchenthum gefolgt. An die Stelle des Papstes traten als oberste Landesbischöfe die obersten Behörden, sei es der Landesherr, wie in Deutschland, sei es die Legislatur, wie in den Cantonen der Schweiz. Sie hatten die reichen Güter des römischen Clerus eingezogen und übernahmen nun auch die äußere Ausstattung der protestantischen Kirche, sammt der obersten Leitung derselben. Mit freigebiger Hand rüsteten sie die Kirche mit Allem aus, was sie zu ihrer äußern Existenz bedurfte; ihr starker Arm verlieh ihr Schutz gegenüber der Feindschaft der katholischen Mächte und hielt ebenfalls auch im Innern die Rottengeister darnieder und wahrte ihr äußeres Ansehen und ihre Einheit. Fürsten, wie Friedrich der Weise, Johann der Beständige, Philipp der Großmüthige, Gustav Adolf u. A., waren rechte Landesbischöfe, die sich auch das geistige Wohl der Heerde herzlich angelegen sein ließen. Sobald aber die alten Helden der Reformation ihr Haupt zur Ruhe gelegt hatten, traten auch die Gefahren dieses Systems auf's krasseste zu Tage. Die wüthendsten Lehrstreitigkeiten, bei denen die durchlauchtigen Landesbischöfe nach

Kräften mithalfen, zerriſſen die Kirche. Das Volk hatte auf's
Commando von Oben herab ſeine Confeſſion zu wechſeln, gerade
wie man einen Rock wechſelt, und nicht ſelten wurde es ſo, indem die Landesherrn ſich von den Jeſuiten fangen ließen, gezwungen, nach Rom zurück zu kehren. Als das Intereſſe für die
Lehrſtreitigkeiten abnahm und die Landesherrn ſich wieder mehr
weltlichen Angelegenheiten zuwandten, gerieth die oberſte Leitung
der Kirche in die Hände von Günſtlingen, im beſten Fälle von
Miniſtern, es bildete ſich nach und nach das Miniſterium des
Cultus, die Kirche ward zur reinen Staats-Anſtalt geworden, die
gerade wie andere Reſorte einen beſondern Verwaltungszweig bildete, der noch heute im deutſchen Reiche unter der Leitung eines
tüchtigen Juriſten ſteht.

Die praktiſchen Folgen dieſes Syſtems liegen heute vor aller
Welt Augen. Für die wirklichen Erforderniſſe zu dem Amte, das
die Verſöhnung predigt, hat der Staat kein Verſtändniß; ihm iſt
ein gewiſſes Quantum hiſtoriſcher, philologiſcher, philoſophiſcher
und theologiſcher Kenntniſſe genügend; nach perſönlicher Frömmigkeit, innerer Berufung, gottſeligem Wandel wird wenig oder nichts
gefragt; wer durch die enge Pforte des Staats-Examens gegangen
iſt, dem wird die Heerde zur Pflege anvertraut, gleichviel, ob er
ein von Gottes Geiſt berufener Hirte, oder ein Wolf im Schafs-
gewande iſt. Eine anſtändige Verſorgung zu erlangen, iſt das
Motiv, was Viele zum Studium der Theologie treibt. So kam
denn neben einem frommen und gottſeligen, auch ein religiös
gleichgültiges, todtes, rationaliſtiſches, freigeiſtiges, ja gottesleug-
neriſches Predigtamt auf.

Immer trauriger geſtaltete ſich der geiſtliche Zuſtand der evangeliſchen Landeskirchen. Ließ der todte Formendienſt der Zeiten
der Confeſſionsſtreitigkeiten die Gemüther kalt, ſo untergrub der
kahle Rationalismus der alten Schule langſam aber ſicher die religiöſen Ueberzeugungen des Volkes, bis endlich der Strauß'ſche My-
thicismus das Signal zum Abfalle von Hunderttauſenden gab.

Damit war in der Kirche selbst die Herrschaft des Unglaubens be-
siegelt. Offen ausgesprochene Ungläubige nahmen die Katheder
der protestantischen Theologie ein und aus den Hallen dieser Universitäten ging jenes freigeistige Geschlecht hervor, dessen Freisin-
nigkeit vorzüglich in der Abläugnung aller positiven Religion besteht. Viele Mitglieder der Geistlichkeit traten offen mit der Ab-
leugnung aller Thatsachen des Heils, wie des Versöhnungstodes,
der Auferstehung und Himmelfahrt Jesu Christi auf. Nicht Wenige
wären ihrer religiösen Ueberzeugung nach besser befugt, ihre Täuf-
linge auf den Namen Robert Blum's zu taufen, als auf den der
hl. Dreieinigkeit. In evangelischen Synoden wird offen über die
Abschaffung des apostolischen Glaubensbekenntnisses in der Liturgie
und die Aenderung der Taufformel debattirt. Der Einfluß dieser
Richtung unter der Geistlichkeit auf die Laienwelt konnte nur ein
verderblicher sein. Höhnender Unglaube unter den Gebildeten, der
krasseste Indifferentismus in den unteren Ständen, ein todtes For-
menwesen in den Landgemeinden, sind die charakteristischen Kenn-
zeichen des inneren Zustandes der evangelischen Landeskirchen. „Die
Landeskirche," sagte ein hervorragender Laie der zürcherischen Kirche,
„besteht nur noch aus Kirchenmauern und Pfarrbesoldungen."

Wir behaupten damit nicht, daß es den evangelischen Landeskirchen überhaupt an geistlichem Leben fehle. An einzelnen Auflebungen hat es zu keiner Zeit gefehlt, ebenso wenig, wie an treuen
Zeugen Jesu, die in der Kraft ihres Meisters dastanden und viel
Gutes wirkten. Aber diese Lebensäußerungen traten nur spora-
disch auf. Die Kirche selbst, als ein Ganzes, verhielt sich denselben gegenüber gleichgiltig, ja oft geradezu feindselig, und es fehlte
selbst nicht an Beispielen, wo religiöse Auflebungen auf Verlangen
der geistlichen Autoritäten mit Waffengewalt unterdrückt wurden.
Die Kirche ist eben die gehorsame Magd des Staates und je nachdem der Luftzug in den höheren Regionen der Gesellschaft weht,
wird wahres geistliches Leben oder aber der krasseste Rationalismus gehegt und gepflegt.

Daß diese Verhältnisse auch auf den moralischen Zustand des Volkes einen äußerst schädigenden Einfluß ausüben mußten, kann Jedermann leicht einsehen. Die Klagen über die zunehmende Verwilderung der Jugend, Zunahme des Verbrecherthums und in erschreckendem Maße überhandnehmenden Materialismus der großen Massen des Volkes gehören zu den stehenden Traktanden kirchlicher und philanthropischer Körperschaften, und das rothe Gespenst des Sozialismus und Communismus hat in so drohender Weise sein Haupt erhoben, daß es des starken Armes der Regierung bedurfte, um dasselbe einigermaßen in Schranken zu halten. Was sich in der ganzen kirchlichen Politik des alten Vaterlandes als ein verhängnißvoller Mißgriff erweist, in Folge dessen die ganze bürgerliche Gesellschaft von den schwersten Gefahren bedroht ist, das ist die so lange geübte gewaltsame Unterdrückung des Dissenterthums. Warum fallen die Völker englischer Zunge so viel weniger jenen geheimen Umsturzmächten anheim, die den ganzen alten Continent in beständiger Aufregung erhalten? Ist der soziale Zustand der unteren Volksklassen etwa ein besserer, ist der Kampf um's Dasein unter ihnen ein geringerer und leichterer? Keineswegs! Aber die Mittel- und Arbeiterklassen Großbritanniens und Amerikas sind mehr von dem Sauerteige des Evangeliums durchdrungen, als dieses in irgend einem andern Lande der Fall ist. Und das sind sie geworden nicht durch die Bemühungen der Staatskirche, die in stolzer Ferne stehen blieb, sondern durch die Dissenters, die den Verlorenen überall nachgingen und so das Land vor schweren Gefahren bewahrten. Und daß der Methodismus in dieser Richtung einen mächtigen Einfluß ausübte, das hat England anerkannt, indem es den Gründern desselben in der Westminster-Abtei, dem großen Pantheon seiner berühmten Männer, ein Denkmal setzte. Das ist es auch, was Deutschland vor Allem bedarf. Gebt ihm statt der Steine menschlicher Schulweisheit das Brot des Lebens und ihr werdet der Bayonnette entbehren können, um die untern Volksklassen in Schranken zu halten!

Angesichts dieser unbestreitbaren Thatsachen kann über die Berechtigung dieser methodistischen Missionen im alten Vaterlande kein Zweifel mehr bestehen. Der Methodismus hat dort im Verein mit andern freikirchlichen Kräften eine große Aufgabe zu erfüllen, eine Aufgabe, der das Staatskirchenthum nach Jahrhunderte langen Versuchen allein sich als nicht gewachsen gezeigt hat. Er hat das Seinige zur Evangelisirung der Massen des deutschen Volkes beizutragen; er hat den Millionen Armen, Verlorenen und Vernachlässigten nachzugehen; er hat dem Einfluß eines gottentfremdeten, vom Glauben abgefallenen Priesterthums den Sauerteig des Evangeliums entgegen zu setzen. Waren die Bitten bekehrter Glieder in Amerika die erste Veranlassung, Missionare nach Deutschland zu senden, so sehen wir darin eben nur jene wunderbaren Fügungen der göttlichen Vorsehung, die aus unscheinbaren Ursachen große Veränderungen hervorgehen läßt und so aus Kleinem Großes schafft.

Dr. W. Nast und Dr. L. S. Jacoby gebührt das Verdienst, die Aufnahme einer Mission in Deutschland an der rechten Stelle in Anregung gebracht zu haben. Es geschah dieses auf der General-Conferenz des Jahres 1848. Im Mai 1849 beschlossen die Bischöfe mit Zustimmung des allgemeinen Missions-Committees, die Mission zu eröffnen. Dieselbe wurde unter die Aufsicht von Bischof Morris gestellt und Dr. L. S. Jacoby wurde von ihm als erster Missionar nach Deutschland berufen, welcher am 20. Oktober 1849 von New-York nach Bremen absegelte. Das Leben dieses ausgezeichneten Mannes ist Gegenstand eines besondern Vortrages, und können wir uns deshalb hier mit den nothwendigsten Andeutungen begnügen. Seine erste Predigt in Bremen hielt Dr. Jacoby am 23. Dezember 1849 im Kramer-Amthause vor mehr als 400 Personen. Der Herr schien in der That die Herzen des Volkes geöffnet zu haben. Aus dem Hannoverischen, Oldenburgischen und Bremischen kamen Einladungen zu predigen. Am 21. Mai 1850 wurde die erste vierteljährliche Conferenz gehalten.

Geſangbücher wurden gedruckt und ein Colporteur angeſtellt, um chriſtliche Schriften zu verbreiten.

Da Dr. Jacoby offene Thüren gefunden hatte, ſo ſandte die Miſſionsbehörde in New-York bald weitere Miſſionare nach. Am 7 Juni 1850 kamen die Miſſionare Ch. H. Döring und L. Nippert in Bremen an und wurden von Dr. Jacoby mit offenen Armen aufgenommen. Im darauf folgenden Jahre erſchienen weiter die Prediger E. Niemenſchneider und H. Nülſen. Ihnen folgte in 1856 Hermann zur Jakobsmühlen, nach kurzer, aber reich geſegneter Arbeit vom Herrn des Weinberges abberufen. In 1858 folgte noch W. Schwarz, damals Vorſtehender Aelteſter des New-York Diſtrikts.

Das ſind die Männer, welche als Pioniere des Methodismus einer neuen religiöſen Bewegung im alten Vaterlande Bahn brachen, unter deren Leitung ein neues zahlreiches Geſchlecht rüſtiger Herolde des Kreuzes ſich heranbildete und unter deren weiſen Adminiſtration ſich über das ganze Land, von den Alpen bis zur Nord- und Oſtſee, von Pommern bis nach dem Elſaß ein weites Netz von Miſſionen ausbreitete, deſſen Maſchen ſich ſtets enger knüpfend, das ganze deutſche Volk unter den Einfluß des freien Evangeliums der Gnade zu bringen beſtimmt ſind. Nur noch drei dieſer alten Helden des deutſchen Methodismus ſtehen auf dem Miſſionsfelde: Dr. Ch. H. Döring, als der weiſe Leiter unſeres Buchweſens in Bremen, Dr. L. Nippert noch in voller Manneskraft als Direktor des Martins Miſſionshauſes in Frankfurt am Main wirkend und H. Nülſen, der tapfere Vorſtehende Aelteſte des Frankfurt am Main Diſtrikts. Hermann zur Jakobsmühlen ſchlummert auf dem Kirchhofe zu Pforzheim dem frohen Auferſtehungstage entgegen. Dr. L. S. Jacoby entſchlief in St. Louis nach langem, ſchweren Leiden. William Schwarz, der bis zu dem denkwürdigen Kriege in 1870 bis 1871 mit großem Segen in Paris unter den dortigen Deutſchen arbeitete, wirkte nach ſeiner Rückkehr nach Amerika kaum ein Jahr in ſeiner Gemeinde in

Melrose, N. Y., als der Herr ihn heimrief. E. Riemenschneider, hochgeachtet in Amerika, wie in Deutschland und der Schweiz, als einer der ältesten Pioniere des deutschen Methodismus, übt noch, wie wohl im Ruhestand sich befindend, reich gesegneten Einfluß aus und wartet freudig auf den Ruf seines Meisters.

Die alte Hansestadt Bremen mit den dazu gehörenden Städtchen Vegesack und Bremerhafen war das erste Arbeitsfeld der Methodisten-Missionare. In Bremen wurde auf verschiedenen Plätzen gepredigt, aber auch in dem benachbarten Hannöverischen und Oldenburgischen das Wort des Lebens verkündigt. Durch eine besondere Fügung der göttlichen Vorsehung breitete sich das Werk Gottes auch sogleich nach dem Sachsenlande aus. Br. Erhardt Wunderlich war nämlich von Dayton, Ohio, aus nach seiner Heimath in Sachsen auf Besuch gekommen und hatte daselbst angefangen zu predigen. Der Herr segnete seine Arbeit mit der Bekehrung von unsterblichen Seelen, und obwohl sich von Anfang an von Seiten der kirchlichen Behörden großer Widerstand zeigte, so gelang es doch bald, nach den allgemeinen Regeln der Kirche, eine Klasse von 26 Gliedern zu bilden. Trotz aller Verfolgung breitete das Werk sich immer weiter aus. In seinem ältern Bruder Friedrich und in Carl Dietrich erhielt Erhardt Wunderlich bald wackere Gehülfen. Das Arbeitsfeld befand sich besonders im Großherzogthum Sachsen-Weimar und die hauptsächlichsten Plätze waren Rüßdorf, Waltersdorf, Triebes und Dörtendorf.

Mit der Ankunft von Verstärkungen aus Amerika wurde auch sofort die weitere Ausbreitung des Werkes in Angriff genommen. Prediger C. H. Döring ging nach Hamburg, Prediger E. Riemenschneider eröffnete in 1851 eine Mission in Frankfurt am Main, Prediger L. Nippert eine solche in Heilbronn, Württemberg. In Pirmasenz, Rheinbaiern, wurde durch Br. Ernst Mann, der in Bremen zu Gott bekehrt worden war, eine Gemeinde von 38 Gliedern gesammelt und eine Sonntagschule gegründet. In Hamburg hatte Prediger C. H. Döring sofort mit großen Schwierigkeiten zu kämpfen, da es fast unmöglich schien, ein passendes Lokal zu finden. Dieser Mangel hat durch all die vielen Jahre hindurch ein Haupthinderniß unseres Werkes in Hamburg gebildet und ist dasselbe noch heute nicht gehoben. In Frankfurt am Main traf Prediger E. Riemenschneider auf dieselben Schwierigkeiten. Dagegen fand er in Kurhessen, in der Nähe von Gießen, guten Eingang, und hielt große Versammlungen. Allein in dem benachbarten Darmstädtischen wurde er eines Abends arretirt und über Nacht eingesteckt und am folgenden Morgen des Landes verwiesen. Auch in Kurhessen wurden ihm die Versammlungen verboten. Dagegen wurde er in der Hugenotten-Kolonie „Friedrichsdorf" bei Homburg vor der Höhe mit offenen Armen aufgenommen und eine Klasse gegründet, aus welcher mehrere tüchtige Arbeiter für unser deutsches Werk hervorgegangen sind. Auch in Württemberg fand Prediger L. Nippert Schwierigkeiten zu bekämpfen, von welchen wir in Amerika keine Ahnung haben. Nach dem Gesetze bedurfte es zur Abhaltung religiöser Versammlungen der Erlaubniß des Ortsgeistlichen und des Pfarrgemeinderaths. So wurde denn gerade oft in Ortschaften, wo die schönsten Aussichten waren, die Erlaubniß verweigert, oder man ließ der Sache freien Lauf, bis eine Auflebung entstand und die Seelen ernstlich fragten, was zu thun sei, um selig zu werden, dann wurde auf einmal dem Werke Stillstand geboten. Doch gab es auch Geistliche, welche die Noth der Kirche und des Landes klar erkannten und den Versammlungen in ihren Pfarreien keine Hindernisse in den Weg legten. So gelang es denn dem Missionar in Heilbronn und Umgegend einen Bezirk von ungefähr 50 bis 60 Meilen im Umfange zu bilden, den er alle zwei Wochen, meistens zu Fuß, bereiste.

Es ist nicht unsere Aufgabe, die weitere Ausdehnung des Werkes Schritt für Schritt zu verfolgen, wir müssen uns mit der Schilderung der hauptsächlichsten Ereignisse begnügen. Bis zum 10. September 1856, wo sich die erste jährliche Missions-Conferenz von Deutschland" versammelte, berichteten die Missionare 428 volle und 109 Probeglieder, 15 Sonntagschulen, 127 Beamte und Lehrer und 1108 Schüler. Diese Zahlen repräsentiren aber nur zum kleinsten Theil den wirklichen Erfolg der Arbeit unserer Missionare. Bei den im Vergleich mit Amerika veränderten Umständen und dem notorischen Mangel an religiöser Freiheit durfte mit der Organisation von Gemeinden nur mit der äußersten Behutsamkeit vorangegangen, und mußte dieselbe in manchen Fällen geradezu auf günstigere Zeiten aufgeschoben werden. In Wirklichkeit war die Zahl der Seelen, welche sich unter dem direkten Einflusse des Methodismus befanden und durch ihn ihre geistliche Nahrung erhielten, eine viel größere.

In dieser ersten Conferenzsitzung wurden zwei Gehilfen, C. Dietrich und E. Mann, auf Probe in den Reiseplan aufgenommen und Hermann zur Jakobsmühlen als Probe-Prediger von der Ohio Conferenz transferirt. Hermann zur Jakobsmühlen wurde nach Zürich in der Schweiz gesandt. Diese Mission wurde im Laufe der Zeit von so großer Bedeutung und war von Anfang an mit so herrlichem Erfolge vom Herrn gesegnet, daß wir über deren Entwicklung Näheres mitzutheilen uns veranlaßt sehen.

Zürich, die bedeutendste Stadt der östlichen Schweiz, in welcher einst der schweizerische Reformator Ulrich Zwingli lebte und wirkte, einst der geistliche Vorort der protestantischen Schweiz, war in den 30er Jahren die feste Burg des schweizerischen Nationalismus geworden. Als Strauß's „Leben Jesu" demselben alle Lehrstühle der Theologie auf deutschen Universitäten verschlossen hatte, berief ihn die zürcherische Regierung als Professor der Theologie an ihre Hochschule. Allein diese Berufung fand auf dem Lande großen Widerstand und da die Regierung auf ihrem Beschlusse bestand, so zogen die Landleute bewaffnet nach der Hauptstadt und erzwangen die Abdankung der freigeistigen Regierung, und eine neue Regierung setzte Strauß vor Antritt seines Amtes auf die Pensionsliste. Allein die übrigen Professoren der Hochschule und seine Nachfolger waren

nicht weniger von ſeinen Ideen durchdrungen; in der Synode der
zürcheriſchen Kirche führte Strauß'ſcher Unglaube die Herrſchaft und
durchfraß von hier aus alle Schichten der Bevölkerung. Als Her=
mann zur Jakobsmühlen in Zürich ſeine Miſſion eröffnete, waren
die Ausſichten für das Werk nicht beſonders ermuthigend. Er ſelbſt
erzählt über den Anfang des Werkes in Zürich Folgendes:

„Den erſten Sonntag machte ich durch die Zeitung bekannt,
daß ich an dem und dem Platze um ½11 Uhr und Abends um 6
Uhr religiöſe Verſammlungen halten werde. Als ich Morgens nach
meinem Lokale kam, fand ich eine Todtenſtille, keine einzige Seele
war gegenwärtig. Die Leute mögen noch kommen, dachte ich und
wartete, aber es wurde mir doch ſonderbar um's Herz, als es 12
Uhr ſchlug und kein Zuhörer erſchienen war. Mit naſſen Augen
und ſchwerem Herzen ging ich in mein Logis zurück. Abends ging
ich voll Furcht, es möchte auch Niemand kommen, wieder hin, doch
es waren zwölf Zuhörer da, welchen ich predigte: „Thuet Buße
und bekehret euch!" Apſtg. 3, 19. Den zweiten Sonntag Morgen
hatte ich wieder nur fünf Zuhörer, am Abend aber waren es be=
reits vierzig; den dritten Sonntag=Morgen hatte ich ſieben Zu=
hörer und Abends waren meine Zimmer voll." Bald war die
Ankunft eines Methodiſten=Miſſionars in der Stadt bekannt, An=
griffe in den Zeitungen und Spottartikel dienten als ſicher wirkende
Anzeigen; von Sonntag zu Sonntag drängte ſich eine heilsbegierige
Menge nach den Verſammlungen und eine herrliche Auflebung
breitete ſich nach allen Seiten aus. Ueberallher kamen Einladun=
gen, das Evangelium zu verkündigen; Horgen am Zürichſee und
Winterthur, der wichtigſte Eiſenbahnknotenpunkt, wurden als regel=
mäßige Beſtellungen aufgenommen. Ein Hunger nach dem Brot
des Lebens war im ganzen Lande erwacht. Bald waren die ge=
mietheten Zimmer in Zürich zu klein, die Menge zu faſſen; es
gelang in dem alten Zunftſaale „Die Waage" geheißen, ein größeres
Lokal zu bekommen, das ſich aber bald wieder als unzulänglich er=
wies. Prediger E. Riemenſchneider wurde ebenfalls nach Zürich

gesandt und übernahm die Aufsicht über das Werk. Endlich fügte es sich, daß der große Gasthof „Zum Pfauen", in herrlicher Gegend gelegen, von den Missionaren erworben und zu Kapelle und Predigerwohnung eingerichtet werden konnte. Diese Kapelle hat herrliche Zeiten gesehen. Sonntag für Sonntag war der geräumige, über 800 Menschen haltende Saal mit Zuhörern angefüllt. Kein Stehplatz blieb unbesetzt, nicht selten waren selbst die Kanzeltritte angefüllt. Majestätisch brauste der kräftige vierstimmige Gesang, ohne Instrumentalbegleitung, durch die stillen Räume, ergreifend wirkten Gebet und Predigt. Tiefe Seufzer, herzbrechendes Schluchzen zeugte unter derselben von der Bewegung der Gemüther, still ging Jedermann nach Hause. Noch gab es keine anhaltenden Versammlungen, keinen Altar für Bußfertige, keine besondere Bekehrungszeit. Aber das ganze Jahr hindurch war Auflebung, in der Predigt wurden die Sünder von den Pfeilen der Wahrheit getroffen, in den Klassen flehten sie um Gnade und erhielten geistlichen Rath, in den Gebetstunden stieg ihr Gebet um Heil zum Throne der Barmherzigkeit, in den Wohnungen vereinigten sich die Glieder mit bußfertigen Seelen im Ringen nach Gnade; kaum ein Tag verging, daß nicht von da und dort die Nachricht kam, daß theure Seelen zum seligen Gottesfrieden durchgedrungen seien. Die Vierteljahrs-Versammlungen waren große Festtage; da kamen die Geschwister von allen Seiten herbei, um an der Feier des heiligen Abendmahls und dem Liebesfeste theilzunehmen, in allen Wohnungen erklangen die Lieder Zions und nachdem man sich gegenseitig in dem guten Kampf des Glaubens gestärkt hatte, zog Abends ein Jedes fröhlich seine Straße.

Aber der Feind regte sich gleichfalls. Zwar schützte das amerikanische Bürgerrecht die Missionare vor Ausweisung und die Verfassung des Landes gestattete die Abhaltung religiöser Versammlungen. Da griff der Feind zu dem alten Mittel von Pöbel-Aufläufen. In Horgen richtete sich ein solcher gegen Hermann zur Jakobsmühlen. In einer Versammlung hatten sich etliche Herren,

den „besseren Ständen" angehörend, eingestellt und spotteten und
lachten.   Br. zur Jakobsmühlen, dieses bemerkend, hielt ihnen das
Unpassende dieses Benehmens mit scharfen Worten vor.   Das er=
regte den Grimm der Herren.   Der Methodisten = Prediger sollte
fortgeschafft werden.   Dunkle Gerüchte liefen vor dem nächsten
Versammlungstage im Orte herum; es hieß, der Prediger sollte
in einer Kutsche über die Grenze gebracht werden, daß es dabei
mit Leben und Gesundheit schlimm aussehen würde, nahm man
als selbstverständlich an.   Die Brüder in Horgen sandten daher
einen Boten an den Missionar, jenen Abend ja nicht zu kommen.
Zufällig gedachte an demselben Tage ein Zögling der Missions=
Anstalt St. Chrischona bei Basel in Horgen den Methodisten=Pre=
diger zu hören.   Mit dem Dampfboote langte er daselbst an. Be=
reits aber erwartete der Pöbel den Methodisten=Prediger am Dock;
das Aussehen des Zöglings machte ihn irre, glaubend, der Erwar=
tete sei angekommen, verfolgte er denselben mit dem infernalen
Geschrei: „Kreuzige, kreuzige ihn!"   Als der Zögling Abends
in der Versammlung ankam und kein Prediger da war, erbot er
sich, den Gottesdienst zu leiten.   Noch war er damit nicht weit
gekommen, als die tobende Menge das Haus überfiel.   Er wurde
ergriffen, vor den Richter geschleppt und für die Nacht ins Ge=
fängniß abgeführt.   Am Morgen erfolgte seine Entlassung, mit
der Weisung, den Ort nicht wieder zu betreten.   Aber trotz dem
Sturm der Verfolgung, der sich nun erhob, standen die Brüder
in Horgen fest und erzwangen die ungestörte Forthaltung ihrer
Gottesdienste.

     Wir haben hier noch zweier Unternehmungen zu gedenken,
welche mächtig dazu beitrugen, dem Methodismus in Deutsch=
land Ansehen und Ausbreitung zu verschaffen.   Das erste der=
selben betrifft die Gründung unsrer Buch=Anstalt,
die in Bremen ihren Sitz hat.   Dr. L. S. Jacoby war nicht der
Mann, ein solch mächtiges Hülfsmittel zur Ausbreitung des Werkes
Gottes, wie die Presse, unberücksichtigt zu lassen.   Kaum hatte er

ſeine erſten Verſammlungen gehalten, ſo wurde auch die Preſſe von ihm in Bewegung geſetzt. Geſangbücher, Abhandlungen und Traktate gedruckt, Bibeln und Teſtamente verbreitet. Beſonders war es die Herausgabe einer regelmäßigen Zeitſchrift, auf welche er frühe ſein Augenmerk richtete. Durch zwei Brüder in Baltimore erhielt er eine hinreichende Summe, um die Unkoſten eines Jahrganges einer alle zwei Wochen erſcheinenden Zeitung zu decken. So erſchien denn am 21. Mai 1850 die erſte Nummer des „Evangeliſt.“ Das Blatt fand gute Aufnahme und verbreitete ſich raſch. In 1861 war das Unternehmen bereits ſoweit, daß es mit dem „Kinderfreund,“ herausgegeben ſeit 1854, ſeine Unkoſten vollſtändig deckte. Das Geſchäft ſtand erſt in Verbindung mit der Firma „J. S. Heyſe,“ allein dieſe Verbindung hatte viele Unbequemlichkeiten. Bei ſeinem Beſuche in Amerika in 1856 gelang es Dr. Jacoby von der Miſſions-Geſellſchaft eine Unterſtützung von 4000 Dollars zur Erweiterung des Buchgeſchäfts zu erhalten. So wurden weiter zahlreiche Traktate und Bücher gedruckt. Es kam zum Bau des geräumigen Traktathauſes an der Georgſtraße und endlich wurde in 1860 eine eigene Buchdruckerei in Haſtedt eingerichtet, der bald darauf auch eine eigene Buchbinderei folgte. Es folgte nun weiter die Publikation des „Monatlichen Botſchafters“ und des „Miſſionsſammlers.“ Außer Traktaten, den nothwendigen Geſangbüchern und Zeitſchriften gingen aus unſerm Verlage eine reiche Anzahl nützlicher und belehrender Werke hervor. Das Geſchäft breitete ſich von Jahr zu Jahr weiter aus, der „Evangeliſt“ wurde endlich wöchentlich herausgegeben und zählt nun über 11,000 Abonnenten, auch die andern Zeitſchriften nehmen im Verhältniſſe zu und der Ertrag des Geſchäftes bietet oft einen höchſt willkommenen Zuſchuß zur weiteren Ausdehnung des Werkes Gottes.

Das zweite dieſer wichtigen Unternehmen betrifft die Gründung von „Martins Miſſions-Anſtalt.“ Die nächſte Veranlaſſung dazu gaben drei junge Männer, welche der Gemeinde

20

Prediger-Seminar in Frankfurt am Main.

in Bremen angehörten und einen ernſtlichen Ruf in ſich fühlten, das Evangelium zu predigen. Die Sache wurde durch Dr. Ja- coby einer Gemeinde-Verſammlung vorgelegt, welche mit Freuden den einſtimmigen Beſchluß faßte, eine Miſſions-Anſtalt zu gründen, um junge Leute zum Dienſte der innern und äußern Miſſion her- anzubilden. Das Unternehmen erhielt die Beſtätigung des Miſ- ſions-Board und der Conferenz und Dr. L. S. Jacoby wurde zum Direktor der Anſtalt beſtimmt, während Prediger W. Schwarz ſeine Hülfe in der Ertheilung des theologiſchen Unterrichts zuſagte. Die Zahl der Zöglinge wurde bald vermehrt und die Beiſteuern zur Erhaltung der Anſtalt floſſen von allen Seiten reichlich zu. Die ganze Einrichtung derſelben unterſcheidet ſich bedeutend von den amerikanischen Collegien. Der Unterricht wird den Zöglingen nicht allein unentgeltlich ertheilt, sondern die Anstalt reicht ihnen auch den nothwendigen Lebensunterhalt dar. Der Direktor bildet mit denselben so zu sagen eine Familie. Dieselben sind dann aber auch hinwieder in dem Missionswerk praktisch thätig. Jeden Samstag, manchmal schon Freitags, ziehen die Studenten auf ihre Missionsfelder, um da das Evangelium zu verkündigen und praktische Missionsarbeit zu verrichten. Eine bedeutende Anzahl tüchtiger und erfolgreicher Prediger sind aus der Anstalt hervorgegangen, ja das große Werk hat sich fast ausschließlich aus derselben erbaut.

Die Anstalt hat aber auch das Glück, jederzeit eine tüchtige Administration und ausgezeichnete Lehrkräfte zu besitzen. Dr. L. S. Jacoby und Dr. L. Nippert haben dieselbe als Direktoren mit großem Erfolge geleitet, während sie an den Professoren F. W. Warren, D.D., jetzt Präsident der Boston Universität, Dr. J. F. Hurst, jetzt Bischof unserer Kirche, Dr. F. Paulus und Dr. A. Sulzberger gerade die Kräfte besaß, welche sie zur Ausbildung tüchtiger Männer bedurfte. Ueber 60 ehemalige Zöglinge der Anstalt sind nun Mitglieder der Conferenz, während mehrere andere der Mutterkirche in Amerika dienen. Zu den ersten Zöglingen der Anstalt gehörten auch E. Gebhard, der beliebte Componist und Sänger des deutschen Methodismus, und A. Rodemeyer, seit mehreren Jahren als Editor unserer Zeitschriften thätig; mehrere andere ausgezeichnete Kräfte sind vom Herrn in die Ewigkeit abberufen worden.

Der mächtige Fortschritt des Werkes Gottes konnte auch durch den Sturm der Verfolgung, der sich da und dort erhob, nicht aufgehalten werden. Immerhin hatten die Missionare viele Plackereien auszustehen und an mehreren Orten wurde ihre Arbeit unterbrochen. Das Jahr 1848 hatte allerdings in dem staatlichen Gemeinwesen läuternd und reinigend gewirkt. Jahrhunderte alte Schranken, längst überlebte Einrichtungen waren gefallen; ein neuer, frischer Hauch der Freiheit ging durch die deutschen Lande; in vielen neuen Staatsverfassungen war der Grundsatz der Glaubens- und Gewissensfreiheit ausgesprochen. Wenn aber dieselbe in vielen Fällen ein todter Buchstabe blieb, wenn besonders unsere Missionare durch denselben noch wenig Schutz fanden, so muß, um dieses zu verstehen, die Geschichte dieser Toleranz-Artikel ins Auge gefaßt werden. Es war nicht, daß das Staatskirchenthum von der Kraft des Evangeliums durchdrungen, zu der Ueberzeugung gelangt wäre, daß religiöse Beschränkungen weder mit dem Evangelium Jesu Christi vereinbar, noch dem christlichen Leben förderlich sein können. Es waren ganz andere Mächte, welche allerdings auch durch Leitung der göttlichen Vorsehung hier freie Bahn schaffen mußten. Es war der Unglaube, der mächtig nach Gestaltung und Herrschaft ringende Rationalismus, welcher sich durch diese Artikel die Wege ebnen wollte. In Wirklichkeit war es nicht Glaubens-, sondern Unglaubensfreiheit, was sie sichern sollten. So sehen wir denn den Widerspruch, daß während unter denselben Artikeln der Unglauben sich ungehindert ausbreiten und selbst in den evangelischen Landeskirchen die Herrschaft an sich reißen konnte, die Methodisten-Missionare auf alle erdenkliche Weise maltraitirt, verfolgt, gehindert und selbst verjagt wurden, so daß sie sich Schritt für Schritt die Freiheit ihres Wirkens erst erkämpfen mußten.

In Vegesack wurde durch einen Pöbelauflauf das Werk für eine kurze Zeit unterbrochen; in Braunschweig und Hannover schritt die Polizei gegen die Missionare ein, und nur ihre Pässe als amerikanische Bürger retteten sie vor Verhaftung. Im Herzogthum Braunschweig wurde das Haus, in dem die Versammlung gehalten wurde, durch einen Pöbelauflauf beschädigt, der Eigenthümer verklagte die Ruhestörer, worauf die Regierung sämmtliche nordamerikanische Methodistenprediger des Landes verwies. In Sachsen gab es Bußen, Verbote, Gefängnißhaft, so daß Br. E. Wunderlich es vorzog, nach Amerika zurück zu kehren. Sein

Bruder, Friedrich Wunderlich, hatte um so mehr auszustehen; mehrere Male wurden ihm die Kühe aus dem Stalle weggeführt und verkauft, um die auferlegten Bußen einzutreiben. In Württemberg gab es Vorladungen vor die Pfarrgemeinderäthe, Oberämter, Einschränkungen, Verbote und andere Plackereien die schwere Menge. In der Schweiz suchte man durch Paß-Plackereien die ungebetenen Gäste los zu werden und nur dem energischen Eintreten des damaligen amerikanischen Gesandten, Th. S. Fay, war es zu verdanken, daß die Missionare endlich ihres Amtes warten konnten. Dagegen gab es zahlreiche Drohungen, Pöbelaufläufe und oft entgingen die Prediger wie durch ein Wunder schweren Mißhandlungen. Als Schreiber dieses einst im obern Rheinthale nach Schluß der Versammlung friedlich mit der Familie des Gastgebers beim Nachtessen saß, schmetterten die Fenster zusammen und große Steine flogen an unsern Köpfen vorbei mit solcher Gewalt, daß sie an der Wand in Stücke sprangen. Glücklicherweise wurde Niemand getroffen. Bald darauf gab es, durch die Hetzereien des Ortspfarrers veranlaßt, einen Pöbelauflauf, aber obschon von der tobenden Menge umringt und ohne polizeilichen Schutz gelassen, durfte doch Niemand Hand an uns legen. Bald suchten uns aber die Ortsbehörden durch strenge Verbote zu vertreiben, doch gelang es uns, durch energische Reklamationen bei der Regierung und mit Berufung auf unser Bürgerrecht diese Verbote aufzuheben. Im Kanton Bern wurde eine junge Dame wegen Abhaltung einer Sonntagschule um 50 Franken gestraft, und als etliche Freunde die von der geschlossenen Sonntagschule weinend zurückkehrenden Kinder in ihr Haus nahmen und mit ihnen beteten, wurden sie gleichfalls in Strafe genommen. Im Elsaß wurde Prediger Ernst Mann für sechs Wochen eingekerkert und nachher des Landes verwiesen.

Doch alle diese Tribulationen konnten das Werk Gottes nicht aufhalten. Mit weiser Vorsicht suchte man solche Schläge abzuwehren, und wo sie fielen, da wurden sie als Zeichen der schmach-

vollſten Intoleranz der Oeffentlichkeit preisgegeben, bis endlich ſelbſt
die weltlichen Behörden ſich weigerten, ſich länger zu Schergen
geiſtlicher Unduldſamkeit herzugeben. Das Jahr 1866 wirkte auch
in dieſer Beziehung wie ein die Luft reinigendes Gewitter, und
es erſcheint als ein gerechtes Verhängniß, daß beſonders jene Klein=
ſtaaten, wo die Verfolgung immer ſehr heftig tobte, aus der Reihe
der ſelbſtſtändigen Staaten geſtrichen wurden. So wurde Hanno=
ver und Kurheſſen unſern Miſſionen geöffnet und in Oſtfriesland
ein herrliches Werk angefangen.

In der ſechſten jährlichen Miſſions=Conferenz von 1861 wurden
22 Prediger, 1354 Glieder, 827 Probeglieder, 7 Kapellen mit
Predigerwohnungen, 40 Sonntagſchulen mit 245 Lehrern und 2254
Kindern berichtet. Das Jahr vorher war in Bremen ein neues
Gebäude für die Miſſions=Anſtalt errichtet und eingeweiht worden.
Jährlich traten nun eine Anzahl junger, frommer Männer in den
Dienſt des Herrn. Das Werk breitete ſich immer weiter aus.
Im Norden war es das Großherzogthum Oldenburg, dann weiter
Pommern, wo herrliche Siege gefeiert wurden. In Berlin war
durch L. Nippert eine Miſſion eröffnet und unter W. Schwarz
fortgeſetzt worden. Der damalige amerikaniſche Geſandte, J. A.
Wright, brachte es durch ſeinen Einfluß dahin, daß daſelbſt eine
große, ſchöne Kapelle gebaut wurde, in welcher jeden Sonntag auch
engliſcher Gottesdienſt gehalten wird. Ludwigsburg, Heilbronn,
Pforzheim und Frankfurt am Main bildeten die Hauptpunkte eines
ſüddeutſchen Diſtrikts, von welchen aus das ganze Land eingenom=
men wurde. In der Schweiz wurde der ganze proteſtantiſche
Theil zu einem Diſtrikte verbunden. In Baſel entwickelte ſich
unter den Miſſionaren L. Nippert und W. Schwarz mit ihren Ge=
hülfen ein blühendes Werk und wurde bald eine geräumige Ka=
pelle gebaut; Baſellandſchaft wurde dem Arbeitsfelde hinzugefügt.
Dem Zürichſee entlang wurde eine Miſſion nach der andern auf=
genommen, es dehnte ſich das Werk über den Albis nach Affoltern
hin aus; Schaffhauſen und St. Gallen wurden beſetzt und die

Missionare drangen das Rheinthal hinauf bis nach Chur, inmitten der gewaltigen Alpenwelt und entfalteten das Panier des Kreuzes. Bern, die schweizerische Bundeshauptstadt, wurde als Mission aufgenommen, im romantischen Emmenthale gepredigt; über Biel drang der deutsche Methodismus bis nach Genf und reichte dort dem französischen Methodismus die Hand, ja er erstieg das Jura-Gebirge, um in den großen Uhren-Dörfern Locle und La Chaur de Fonds den dortigen Deutschen das Heil in Christo nahe zu legen.

Das große Jubiläums-Jahr 1866 sah bereits den deutschen Methodismus zu einem Baume herangewachsen, unter dessen Zweigen die verschiedenen deutschen Volks-Stämme sich des Heils in Christo erfreuten. In diesem Jahre schenkte der edle John T. Martin in New-York $25,000 zum Bau eines neuen Missionshauses.

In der folgenden Conferenz = Sitzung 1867 in Zürich wurde beschlossen, die Anstalt nach Frankfurt am Main zu verlegen und hier ein gutes Eigenthum für diesen Zweck angekauft und ein schönes, praktisch angelegtes Gebäude errichtet. Ebenfalls beschloß die Conferenz den Druck eines neuen Gesangbuches. In der General-Conferenz in 1868, welche in Chicago gehalten wurde, wurde die Missions vollständig in die Zahl der jährlichen Conferenzen eingereiht und hat somit nun auch in der höchsten Behörde der Kirche ihre Vertreter.

Ein ununterbrochener Fortschritt, eine beständige Ausbreitung des Werkes Gottes kennzeichnet bis heute unsre Mission in Deutschland und der Schweiz. Der Schluß des Conferenz-Jahres 1880 zeigt folgende Statistik: 68 Reiseprediger, 9,338 Glieder, 2,353 Probeglieder, 73 Kirchen, 369 Sonntagschulen und 19,244 Sonntagschüler. Das hat Gott gethan!

Freilich repräsentiren diese Zahlen nur einen Theil des großen Erfolges, dessen sich unsere deutsche Mission fortwährend zu erfreuen hat. Eine große Anzahl von Gliedern aus allen Theilen des Werkes ist nach Amerika ausgewandert und trägt so das Ihrige zur Stärkung unserer deutsch-amerikanischen Gemeinden bei. Was aber in Zahlen nicht ausgedrückt werden kann, das ist der große und segensreiche Einfluß, den die deutsche Mission auf die Staatskirche selbst und namentlich auf die gläubigen Elemente in derselben ausgeübt hat.   Längst schon fühlten dieselben, daß für das geistlich darbende Volk mehr geschehen sollte, als die Kirche in officieller Weise ihm darbot; aber befangen von hochkirchlichen Vorurtheilen, erschreckt durch das Gespenst ungesunder Sektenbildungen, wagten sie es nur mit der äußersten Vorsicht, neben der Kirche Etwas für die Evangelisation des Volkes zu thun, und der Gedanke, dazu das Laien-Element heranzubilden, war ihnen geradezu unfaßbar.   Der Einfluß und das Beispiel der Methodisten hat hier eine große Aenderung bewirkt.   Haben sie auch nicht die ersten Sonntagschulen gegründet, so ist die allgemeine Ausbreitung derselben, namentlich aber auch die Klasseneintheilung besonders ihnen zu verdanken.

Unsere Regel, wo sich zehn Schüler zusammenfinden, eine Sonntagschule zu gründen, wirkte wundervoll.   Die bekehrten Seelen sehnten sich danach, etwas für den Herrn zu thun; hier hatten sie eine Gelegenheit dazu.   So entstanden überall, in jedem Dörfchen, wo es ein paar Methodisten gab, Sonntagschulen.   Die kirchlich gesinnten Gläubigen witterten erst große Gefahren für die Kinder, sie mahnten ab und tadelten, und schließlich blieb ihnen nichts übrig, als den Methodisten nachzuahmen, was sie denn auch thaten.   Heute giebt es, über das ganze Land zerstreut, eine Menge Sonntagsschulen, die von den Gläubigen der Staatskirche geleitet und unterstützt werden.

Dasselbe Schauspiel wiederholte sich hinsichtlich freier Gottesdienste für Erwachsene.   Es gab allerdings da und dort sogenannte „Stunden-" oder „Versammlungshalter," die eine kleine Anzahl Leute um sich sammelten, mit ihnen in der Bibel lasen und beteten. Aber diese Leute wurden von der orthodoxen Geistlichkeit nur mit

schwerer Besorgniß beobachtet und oft auf's ängstlichste vor Schwär=
merei und Sektirerei gewarnt. Heute gibt es zahlreiche religiöse
Versammlungen kirchlich gesunder Gläubigen, Missionare und Reise=
prediger durchziehen das Land und oft wird ein ebenso geordneter
und regelmäßiger Reisepredigtplan befolgt, wie die Methodisten ihn
haben. Und nicht das allein; diese evangelischen Kräfte inner=
halb der Staatskirche haben sich als „Evangelische Gesellschaften,"
„Vereine für innere Mission" u. dgl. organisirt. Getrieben von
dem mächtig vorwärts strebenden Rationalismus und dem dadurch
herbeigeführten Zerfall der Staatskirche werden dieselben immer
mehr zu Maßnahmen gedrängt, die schließlich gleichfalls zur Bil=
dung freier Kirchen führen müssen. Eines ist eine unläugbare
Thatsache: trotz dem Geschrei, daß die Methodisten noch das gute
Blut der Kirche aussaugen, besitzt dieselbe heute mehr gläubige
Elemente, und wird von diesen auf dem Gebiete der Seelenrettung,
der Wohlthätigkeit, der äußeren und inneren Mission, wie auch
christlicher Jugenderziehung mehr gethan, als dieses der Fall war,
bevor der Methodismus in Deutschland auftrat.

Welches wird die Aufgabe und Stellung des Methodismus in
Deutschland für die Zukunft sein? So wird vielfach gefragt.
Nicht zu läugnen ist, daß sich daselbst auf dem ganzen kirchlichen
Gebiete große Umwälzungen vorbereiten. Ob dieselben bald zur
Trennung von Kirche und Staat führen und so unserem Werke
noch mehr freie Bahn geschaffen werden wird, wer kann das sagen?
Eines aber bleibt gewiß: die Staatskirche als solche wird fort=
fahren, in immer größerem Maße als reine Staatsanstalt zu wirken.
Unglaube und Formalismus werden in derselben die Herrschaft
behaupten, die eigentliche Aufgabe der Kirche aber, die Evangeli=
sirung des Volkes, wird nur von einzelnen Elementen derselben
ins Auge gefaßt werden, die Erfüllung dieser Aufgabe fällt christ=
lichen Vereinen neben der Kirche, noch mehr aber den eigentlichen
Freikirchen zu. Damit ist aber auch die Stellung unserer Kirche
im alten Vaterlande hinreichend erläutert. Sie hat daselbst gerade

dieſelbe Berechtigung und dieſelbe Aufgabe, wie ſie der Methodis=
mus zur Zeit Wesley's in England hatte. Iſt Methodismus
Chriſtenthum im Ernſt, ſo hat unſere Miſſion die ihr von
Gott zugewieſene Aufgabe, auch in Deutſchland und der Schweiz
ſchriftmäßige Heiligung zu verbreiten. Dazu gebe das große Haupt
der Kirche ferner ſeinen Segen!·

Drei Lebensregeln für junge Leute.

Vortrag, gehalten bei der Schlußfeier des deutsch-englischen Collegiums zu Galena, Jll., am 6. Juni 1881 durch Rev. J. G. Bauer, Winona, Minn.

Zunächst wählt Euch den rechten Lebensberuf. Tausende sind unglücklich, weil sie nicht den ihnen von der Vorsehung bestimmten Beruf ergriffen haben. Die Welt — ein großes Arbeitsfeld — liegt vor Euch. Jeder ist bestimmt und ausgerüstet, sein Theil von der großen Arbeit zu thun. Die Welt gleicht der Werkstätte eines großen Meisters, wo eine Hand in die andere arbeitet. Vom geringsten Handlanger und Lehrling hinauf bis zum Werkführer hat Jeder seinen Platz und seine Arbeit; so verschieden auch die Stellung und Aufgabe jedes Einzelnen ist, sie sind alle nöthig. Sie arbeiten alle an einem Werk und für einen Herrn. So hier. Es sind mancherlei Gaben, aber es ist ein Geist, und es sind mancherlei Kräfte, aber es ist ein Gott, der da wirket Alles in Allem. Einer hat vom Herrn empfangen fünf Pfunde, der Andere zwei, der Dritte eins. Diese Verschiedenheit des Ganzen ist dargestellt in heiliger Schrift durch das Bild des Leibes mit seinen verschiedenen Gliedern, die aber nicht alle einerlei Geschäfte haben und doch Keines zu entbehren ist. Wie aber, wenn das Auge spräche: „ich will hören;" das Ohr: „ich will reden;" der Mund: „ich will Holz hacken;" die Hand: „ich will gehen;" und der Fuß: „dann will ich den Hut aufsetzen;" — was für eine Confusion würde hervorgerufen, und ausgerichtet würde nichts. Thut aber jedes Glied an seinem Orte das Seine, so ist eine schöne Harmonie da und der ganze Leib thut sein Werk und entspricht seiner Bestimmung.

Zur Construktion einer Violine nimmt man feine Saiten, zum Steinebrechen ein starkes Eisen. In einem Jeglichen unter uns erzeigen sich die Gaben des Geistes zum gemeinen Nutzen. Aber alles an seinem Platz. Es gibt nur einzelne Ausnahmen, wo Eltern berechtigt sind, bei des Kindes Geburt schon seine Zukunft zu bestimmen. Erwähle auch du dir, theure Jugend, keinen Beruf, weil er in deinen Augen glänzt oder weil er dir Lorbeern und Geld verspricht. — Folgende Regel dürfte beobachtet werden: Bete ernstlich um Licht von Oben, ehe du dir deinen Beruf wählst oder dich in eine Lebensverbindung einlässest. Laß die Sprache deines Herzens sein:

> „In allen meinen Thaten
> Laß ich den Höchsten rathen;
> Den Anfang, Mitt' und Ende
> Ach Herr zum Besten wende!"

Beobachte deine natürlichen Anlagen. Der Eine besitzt Rednertalent, gepaart mit gesundem Menschenverstand und Urtheilskraft, das Talent des Lehrers, Predigers, des Staatsmannes und des Advokaten. Bei einem Andern ist das feine Gehör vorherrschend, in ihm schlummert der Musiker. Die kunstgeschickte Hand kennzeichnet den Mechaniker. George Washington kommandirte in seiner zarten Jugend die Knaben in seiner Nachbarschaft und führte als Mann die Truppen der Colonien dieses Landes. Ein Knabe will Pferd, Wagen und Pflug, der andere spielt am liebsten mit Hammer und Nägeln. Das eine Töchterlein hält Schule mit seinen Geschwisterchen, während ein anderes lieber Puppenkleider macht; dieweil das Eine neben der Mama steht und auf ihre Hände schaut, zieht es ein Anderes weit hinaus über Länder und Meere. Jedes ist besonders angelegt. Wer sieht nicht im letzten Fall die zukünftige Gattin des Missionars oder des Touristen! Nach ernstem Gebet und Beachtung der natürlichen Anlagen sollte auch den besonderen Neigungen Rechnung getragen werden. Wie oft weinte und flehte ich vor der Mutter, sie möge mich doch nicht

in den Webstuhl zwingen; öfters erklärte ich ihr, nachdem ich aus=
gelernt, würde ich kein Stück mehr weben; aber alles Flehen half
nichts, ich mußte drei Jahre aushalten und bekenne, es waren die
drei unglücklichsten meines Lebens, und nicht ein Stück machte ich
als Geselle; fand aber große Schwierigkeit in andern Arbeiten,
welche ich nicht gelernt hatte und sich auch in meinem späteren
Leben nicht als mein Beruf erwiesen. O, hätte ich dürfen jene
schönen Tage meiner Jugend in einer christlichen Lehranstalt zu=
bringen! Ferner sollte die Jugend beim Wählen des Berufs mehr
auf die Stimmen achten, welche sich öfters hören lassen, wie zum
Beispiel: „Du wirst einmal ein Prediger;" „Das gibt einen tüch=
tigen Farmer;" „In diesem Jungen steckt ein feiner Maler." Das
sind öfters Gottesstimmen.

Ihr Eltern und besonders ihr Lehrer seid verpflichtet
der Jugend zu helfen in der Wahl ihres Berufs; so sollte auch
die Jugend solchen Rath ernstlich prüfen. Der Meister muß
wissen, was aus dem Marmorblock zu machen ist und wozu sich der
Stein verwenden läßt. Wagenräder macht man aus zähem Holz
und Eisen. Puppen, mit welchen die Kinder spielen, stopfen die
Mütter mit Sägespänen und Lumpen. Wachsfiguren, welche nur
zum Beschauen auf das Brett gestellt werden, bleiben hohl. —
Theure Jugend, hast Du Alles recht erwogen, und findest in Dir
gleiche Fähigkeiten und Neigungen zu dem einen wie zu dem an=
dern Beruf, so wähle Dir den, zu welchem Dir scheint die Vor=
sehung die Thüre zu öffnen; dieses geschieht öfters auf folgende
Weise: Es wird Dir besondere Gelegenheit geboten, Dich für einen
gewissen Beruf auszubilden, oder Du siehst, es mangelt an guten
treuen Arbeitern, und die Aussicht für eine Stelle und Existenz
scheint Dir sicher zu sein. Aber wähle ja keinen Beruf, für welchen
Du nicht gewachsen und daher auch nicht von Gott bestimmt bist.
Nur der fristet ein glückliches Dasein, welcher in seinem Ele=
mente ist. Ein tüchtiger Farmer ist gewiß viel glücklicher als ein
untüchtiger Prediger. Ein geschickter Handwerker nützt der Mensch=

heit viel mehr als ein lügenhafter Maschinen=Agent. Damit ist
nicht gesagt, daß ein jeder Agent ein Lügner sein muß. Ein
Methodisten = Prediger von Gott begnadigt, begabt, berufen und
erfüllt mit heiligem Liebesfeuer, ist glücklicher als mancher Kaiser
auf seinem Thron. Die treuliebende Gattin und fromme Mutter
genießt in dem ihr von Gott angewiesenen Beruf mehr wahres Le=
bensglück, als die Unberufene auf der Bühne. Die zufriedene Frau
des armen frommen Tagelöhners ist weit glücklicher in ihrem klei=
nen, reinen Heim, als die unzufriedene Matrone im glänzenden
Palast.

Ferner bereitet euch vor für den gewählten Beruf. Mancher
dachte, so scheint es wenigstens, die Welt gehe aus ihren Fugen,
wenn er nicht sofort hervortreten und sie halten würde. Blieb
doch selbst Jesus Christus dreißig Jahre in stiller Zurückgezogen=
heit, bis er nach dem Gesetz hervortreten durfte vor das Volk;
als er aber auftrat, verwunderten sich die Leute und sprachen:
„Wie kann Dieser die Schrift, so er sie doch nicht gelernet hat?"
Er hatte geforscht in der Schrift, lange bevor er zu Johannes an
den Jordan kam und von diesem als das „Lamm Gottes" und der
große Worfler ausgerufen wurde, der ihn an Größe so überrage,
daß er nicht werth sei, ihm seine Schuhriemen aufzulösen. Und
dann ging er noch vierzig Tage und Nächte in die Wüste, um
zu fasten und zu beten. Dann trat er auf, ausgerüstet zu lehren
und große Thaten zu thun. Die Zeit, Mühe und Geld eurer
Vorbereitung ist nicht verloren. Niemand beschuldigt den Holz=
hauer, wenn er Morgens, ehe er in den Wald geht, zuvor seine
Art schleift. Die Vorbereitung muß speziell für den Beruf sein.
Der Musikant stimmt sein Instrument. Der Landmann bringt Acker=
geräthschaft und Samen in Ordnung, ehe er ins Feld zieht. Der
Feldherr übt seine Truppen. Der Handwerker muß sein Handwerk
lernen. Die Hausfrau muß die Haushaltung führen. So —
wer lehren will, muß lernen. Die Vorbereitung darf nicht ein=
seitig sein, soll Erfolg erzielt werden. Jesus unterrichtete erst seine

Jünger drei Jahre lang, dann gebot er ihnen zu Jerusalem zu bleiben, bis sie angethan würden mit Kraft aus der Höhe.

Es wäre thöricht, allen Erfolg vom heiligen Geiste zu erwarten, aber noch thörichter, alles der Wissenschaft beizulegen. Es gibt ein wahres Sprichwort, welches aber oft mißverstanden wird, nämlich: „Der Himmel hilft nur denen, welche sich selbst helfen." Der heilige Geist unterstützt die Faulheit nicht. Er erinnert auch nur an das, was man gehört und gelernt hat. Manche wohl= meinende Leute sagen: „man muß sich auf Gott verlassen," wir sagen Amen dazu, aber wissen auch, daß Gott in seinem Worte sagt: „So Jemand nicht will arbeiten, der soll auch nicht essen." Darum bete und arbeite. „Man kann sich selbst bilden," sagen andere, „es gibt ja so viele selbstgemachte Männer." Diese Behauptung ist unwahr, das gelindeste gesagt. Einer lernt vom andern, ohne daß der andere dem Wortlaut nach sein Schullehrer ist. Der heilige Geist, Verhältnisse und Umstände, Bücher und Beispiele haben solche Männer beeinflußt, welche in den meisten Fällen eine gute gewöhnliche Schulbildung hatten; aber was für Mühe, Arbeit und Kämpfe es diese sogenannten selbstgemachten Männer kostete, das so unregelmäßig Gelernte eini= germaßen zu regeln und zu ordnen, das wird nur die Ewigkeit offenbaren. Sachkenntniß und Gotteskraft bedürft auch ihr zu eurem Lebensberuf. Gott ist ein Gott der Ordnung und wirkt durch Mittel. Systematisches Wissen ertheilt er durch systematisch gebildete Männer.. Dieses hat Bezug auf Theologie, Wissenschaft und Kunst. Ja selbst Geist und Kraft theilt Gott in großem Maße mit durch geistreiche Personen. Die Jugend, welche ihren Lebensberuf kennt und Gelegenheit hat sich für denselben vorzu= bereiten, ist moralisch verpflichtet sich ausbilden zu lassen, und zwar nicht nur das ABC zu lernen, sondern einen gründlichen Kursus durchzumachen, und selbst die ärmere Klasse ist in unsern Tagen nicht zu entschuldigen, da die Kirche versucht mitzuhelfen und man in diesem Lande über die Ferien ein hübsches Summ=

chen verdienen kann.   Arbeitet und spart, ihr jungen Leute! Ein
junger Mann, welcher die Arbeit auf dem Erntefeld scheut, wird
schwerlich etwas tüchtiges leisten in seinem Beruf.   Der Mittel
und Wege sind mancherlei, die zum Ziele führen.   Ich kenne
einen jungen Mann, der aber jetzt kein Junggeselle mehr ist.
Nachdem er und seine Geliebte zu Gott bekehrt waren und er
den Ruf zum Predigtamt vernahm, ging er in die Schule und
sie in den Dienst und sie schickte ihm den verdienten Lohn nach
Berea.   Er sparte tüchtig und kam mit achtzig Cents die Woche
durch.   Die Kartoffeln wurden rein abgewaschen, gebacken und
sammt der Schale verzehrt.   Ueber die Ferien arbeitete er tüchtig
und so kam es, daß er durchkam, denn seine jetzige Schwieger-
mutter sagte mir, er habe ganz dünn und blau ausgesehen, als
er heim kam, das heiße ich durchkommen.   Aber er hatte nicht
nur eine blaue Haut, als er heim kam, er hatte auch ein Diploma
in der Reisetasche und einen schönen Schatz von Kenntnissen im
Kopf und auch Gnade im Herzen, und jenes gutherzige Dienstmädchen und jener magere Student ernten schon die Früchte von
ihrer Arbeit.

Sie leben in recht glücklicher Ehe als Knecht und Magd des
Herrn.   Gott hat ihnen schon etliche Seelen zum Lohn gegeben
und sie selbst sehen gar nicht mehr so mager aus.   Vielleicht ist ein
derart Glücklicher oder ein so glückliches Paar hier, die sollten ja nicht
nachlassen, bis der Berg des Wissens erklommen ist.   Luther hat
es viel härter ergangen, wie bekannt that er die allergeringsten
Arbeiten und sang vor den Häusern, um sich durchzuschlagen.
So vorbereitet könnt ihr dann mit viel mehr Freude arbeiten.
Unvorbereitet etwas anzugreifen, bringt oft sehr viel Mühe, Kummer und Schmerz.   Auch dürft ihr auf viel mehr Erfolg rechnen.
Vor vielen Jahren kam eine Familie von Deutschland herüber und
ließ sich in Missouri, im großen Walde nieder.   Sie hatten Block-
häuser gesehen und wollten auch eines bauen; der Vater ging
mit etlichen starken Söhnen an die Arbeit, wie sie die Blocks an

Ort und Stelle brachten, weiß ich nicht, es hat jedenfalls man=
chen Schweißtropfen gekostet. Aber das Aufrichten wollte gar
nicht gehen, der ganzen Länge nach hatte sich einer nach dem an=
dern am Block aufgestellt, um ihn gleichzeitig in die Höhe zu heben,
aber es wollte nicht gehen.   Da, als sie sich eben abquälten, kommt
der Pionier=Prediger, er stellte einen der starken Jungen hinauf
auf die eine Ecke mit einem Seil, welches er am Ende des Blocks
befestigte, gebot den andern nachzuhelfen, oben anzubinden, dann
das andere Ende nachzuholen. Da sagte der Vater: „das geht
ja leicht, wenn man's nur anzufassen weiß." Darum lern fleißig,
wie die Sachen anzufassen.   Habt ihr einen Lebensberuf gewählt
und seid gut dafür vorbereitet, so sucht ihn zu erfüllen im Auf=
blick auf Jesum. Ihn euch in allen seinen Eigenschaften und
Tugenden zur Nachahmung vorzuführen erlaubt mir weder meine
Zeit noch Erkenntniß. Es wird Ewigkeiten nehmen, den Erkann=
ten und oft Beschriebenen völlig kennen zu lernen und zu sehen
wie er ist. Nur an etliche Charakterzüge will ich Euch erinnern.
Weisheit strahlt aus seinem Antlitz, entströmt seinen Lippen und
charakterisirt alle seine Thaten. Schon in seinem zwölften Jahre
verwundern sich die Gelehrten seines Verstandes und seiner Ant=
worten.   Seine Reden und Gleichnisse vor dem Volk, seine schla=
genden Argumente gegen die Schriftgelehrten und Pharisäer zeugen
von seiner Weisheit. Die Quelle, woraus diese Weisheit floß, war
sein weiser Rath, oder seines Herzens Gedanken. Gott ist, mensch=
lich geredet, ein denkendes Wesen. Er hat die Erde durch Weis=
heit gegründet und durch seinen Rath die Himmel bereitet. Es
heißt von ihm, wenn er etwas thun will, so bedenkt er es nicht
erst hernach. Seine Gedanken sind sehr tief. Er spricht: „So
viel der Himmel höher ist denn die Erde, so sind auch meine
Wege höher denn eure Wege, und meine Gedanken, denn Eure
Gedanken." Wie köstlich sind vor mir, Gott, deine Gedanken!
Jesus war auf Erden ein denkendes Wesen, davon zeugt sein
Sitzen unter den Lehrern, daß er ihnen zuhörete und sie fragete;

21

sein Fasten, Beten und Nachtwachen, dadurch holte er stets
neue Kraft für sein Tagewerk. Viele denken auch und werden
doch nicht weise, weil sie bösen Gedanken nachhängen. Gott
spricht: „Ich weiß wohl, was für Gedanken ich über euch habe,
nämlich Gedanken des Friedens und nicht des Leides." Lernet
von Jesu stets guten Gedanken nachzuhängen und böse sogleich
fortzusenden. Lernet von Jesu mit Bedacht und Weisheit zu
handeln; denkt ehe ihr redet, und lernet von Jesu zur rechten
Zeit zu schweigen. Ihr seid in der Schule angeleitet worden zu
denken, führt es aus so lange ihr lebt. Es ist weise anderer
Gedanken der Prüfung werth zu halten, aber Weisheit wird nur
der lernen, welcher selber denkt. Jemand mag eine gute Predigt
mit Erfolg nachpredigen, wird er es aber in der Regel thun, so
wird er je länger je mehr einem Sprachrohr ähnlich, durch wel=
ches ein anderer spricht, während der denkende Prediger je mehr
der Quelle gleicht, der es nimmer an Wasser fehlet. Die Haus=
frau, welche ein geheftetes Kleid gut nähen kann, wird dadurch
nicht lernen, selber eines zu schneiden. Hänget nur dem Guten
an. Seid euer Leben lang darauf bedacht alle zu beglücken, mit
denen ihr zusammen kommt. Betrübt nicht durch Sünde euren
Vater im Himmel, „denn die Furcht des Herrn ist Weisheit und
meiden das Böse, das ist Verstand." Sanftmuth und Demuth
ist ein anderer Charakterzug Jesu. Er spricht: „Lernet von mir,
denn ich bin sanftmüthig und von Herzen demüthig." Obwohl
er Gottes Sohn war, nahm er doch Knechtsgestalt an und ward
gleich wie ein anderer Mensch und an Geberden als ein Mensch
erfunden, und war gehorsam bis zum Tod, ja zum Tod am
Kreuz. So hoch und doch so niedrig, so weise und doch so be=
scheiden. Wie wenn er sich hätte zum irdischen Könige machen
lassen? Die Armen, Mühseligen und Beladenen hätten nicht
Muth gehabt ihm zu nahen, noch Vertrauen, daß er ihnen helfen
würde. Weil er so anspruchslos in dienender Gestalt auf Erden
einherging, zog er die Menge an sich. Mit seiner Herkunft,

Weisheit und Stellung zu prangen, ist im höchsten Grade ab=
stoßend. Jesus that es nicht, noch die wirklich Großen der Erde.
Dr. Nast, dem die alten Sprachen und Fremdwörter zu Gebote
stehen, predigt sehr einfach. Als vor etlichen Wochen der große
Schulmann, Bischof Foß in Winona gepredigt, sagte eine Schwe=
ster: „ich verstehe gewöhnlich die englischen Prediger nur theilweise,
diesen aber habe ich jedes Wort verstanden." Manche junge Leute
lassen es gelegentlich vernehmen, daß sie als Gelehrte gelten wollen.
Damit meine ich nicht, daß sie rein deutsch und rein englisch spre=
chen, sich würdig und anständig betragen und ein weises Wort
zur rechten Zeit reden, einen guten Rath geben und gerne in der
Sonntagschule arbeiten; auf solche Weise lasse ich es mir gefallen,
den Gelehrten zu zeigen, nein, das geschieht auf eine andere
Weise. Zum Beispiel: Der junge gelehrte Herr ist so groß ge=
worden, daß er sich nicht mehr erniedrigen kann für jenen alten
Vater eine Kuh zu melken. Das Fräulein hat es ganz verlernt
der Mutter die Stube zu scheuern. Man verachtet mit Geberden
und Worten den Ungelehrten, wendet sich in der Gesellschaft nur
an die höhere Klasse und gebraucht in öffentlichen Vorträgen
Fremdwörter, und die natürlichen Folgen sind, sie werden beson=
ders vom Alter und den Ungelehrten, welche doch öfters Verdacht
haben, des Stolzes und Hochmuths beschuldigt und können
nicht den Segen verbreiten, den sie verbreiten sollten. Sobald
sich Jemand in der Gesellschaft über Andere erhebt, ist die Har=
monie gestört. Gehet ihr von dannen, meine jungen Freunde,
und zeigt überall, wohin ihr kommt, daß ihr von Jesu Sanft=
muth und Demuth gelernt habt. Duftet wie das Veilchen unter
dem Zaun und wie die Blume im Garten, und wenn euch Freun=
deshände bringen in die Hütte der armen Wittwe oder in den
Palast des Reichen, so duftet still und bescheiden fort. Weisheit
mit Sanftmuth und Demuth gepaart, verleiht wahre Größe. Noch
ein Charakterzug dieses edlen Vorbildes: Es ist seine Thatkraft.
Er konnte am Ende seines Lebens zu seinem Vater sagen: „Ich

habe vollendet das Werk, welches Du mir gegeben hast, daß ich es
thun sollte." Jesus hat zu jeder Zeit und Stunde das gethan,
was sein Vater ihm aufgetragen hatte. Als seine Mutter vor
der Zeit Hilfe von ihm verlangte, sagte er: „Meine Stunde ist
noch nicht gekommen." Als die Pharisäer ihm sagten: Hebe dich
hinaus und gehe von hinnen, denn Herodes will dich tödten,
sprach er: „Gehet hin und saget demselben Fuchs, siehe, ich treibe
Teufel aus und mache gesund heute und morgen, und am Tage
darnach werde ich ein Ende nehmen." Er that nicht nur alles
zur rechten Zeit, sondern auch alles mit Ernst. Er opferte Gebet
und Flehen mit starkem Geschrei und Thränen, predigte gewaltig
und that große Thaten, so lange es Tag war. Erkennt ihr euren
Beruf, seid ihr dafür ausgerüstet, so thut im Aufblick auf Je=
sum alles zur rechten Zeit. Sei dein Beruf geringscheinend oder
groß in den Augen der Welt; ziehest du hinaus, um wie Paulus
zu predigen in Heidenländern, oder zu Hause zu arbeiten an der
Jugend in der Tages= oder Sonntagschule; trittst du ein in ein
Amt in der Kirche oder in dem Staat; treibst du ein Geschäft,
Handwerk oder die Landwirthschaft; ist es dein Beruf, Jungfrau,
einen alten Vater oder eine betagte Mutter zu pflegen, einer Schule
oder Familie vorzustehen, thue was Gott deine Hand finden läßt
und thue es frisch im Aufblick auf Jesum.

Ein Wort an den Präsidenten, die Professoren und Lehrer:

Euer Beruf ist einer der edelsten, den ich mir denken kann.
Der Schatz des Wissens, welchen ihr gelegt habt in den Geist
dieser Jugend, trägt nicht nur dreißig=, sechszig= und hundert=
fältig Frucht, sie wird auch tausendfältig; sie entwickelt sich
mehr und mehr in euren Schülern und durch sie in vielen andern
noch in künftigen Zeiten. Euer Charakter und Geist hat Ein=
drücke gemacht, die keine Zeit verwischen kann. Auf die Stu=
denten, welche gute Eindrücke vom elterlichen Hause, Kirche und
Sonntagschule hierherbrachten, habt ihr das Siegel gedrückt.
Sollten Euch Andere übergeben worden sein, deren Herz für das

Gute noch verschlossen war, Ihr habt gewiß eine Thüre zu ihrem Herzen gefunden und sie werden die Eindrücke aus ihrer Schulzeit nie wieder vergessen. Ihr tretet mit einem Jeden ein in's tägliche Leben und werdet zu ihnen reden, auch wenn ihr sie nicht mehr sehet. Haltet aus! Ist die Arbeit hart, der Lohn ist groß, jetzt schon im Blick auf die verrichtete Arbeit, groß, wenn sie Euch beim Abschied danken, groß, wenn sie Euch in zukünftigen Zeiten segnen, groß, wenn Ihr mit euren Schülern und solchen, welche Ihr zur Gerechtigkeit gewiesen, leuchten werdet wie des Himmels Glanz und wie die Sterne immer und ewiglich. Gott segne unsere Anstalten und besonders die der nordwestlichen Conferenz, ist mein Gebet. Amen.